蔣中正日記

Chiang Kai-shek Diaries, 1958

◆ 民國四十七年 ◆

民國歷史文化學社   國史館
Academia Historica

感謝

蔣經國國際學術交流基金會
世界大同文創股份有限公司

贊助出版

編輯凡例

一、本書為蔣中正民國四十七年 (1958) 日記，係根據日記原件打字排版。

二、本書卷首列有總序，旨在說明蔣日記之整體歷史意義與價值。

三、本書各年各冊均精選國史館授權使用照片若干幀，與日記內容呼應，不無左圖右史之義。後附索引，意在讀者易於檢索、利用。

四、日記內容本分「雪恥」、「注意」、「預定」等欄目者，本書均依照原有欄目處理。日記原件每月起始有「本月大事預定表」；每週附有「上星期反省錄」、「本星期預定工作課目」；每月月底附「上月反省錄」，全年日記之末並以「雜錄」、「姓名錄」殿之。本書悉依原有形式出版。

五、同日日記遇有草稿、抄稿、秘書抄稿並存時，則以最完整稿置前，其餘附後。

六、日記內文提及之相關人物與重要事件，編輯整理時酌加頁註。相關人物第一次出現時，當頁註釋其全名及當年或前後之職銜，以利查考。外國人名第一次出現時，當頁註釋其拉丁化全名，以資識別。

七、本書用字尊重現今常用字，俗字、簡字、古字等異體字改為正體字。惟遇通同正體字時，為因應讀者閱讀習慣及通俗用法，採用現今通用正體字，如「并」改為「並」，「証」改為「證」，「甯」改為「寧」等。

八、日記用詞保留當時用法，不以錯字視之。若與現今用詞有差異處，遵照蔣中正個人習慣用法，如：舊歷、古鄉、托管、烏乎、處治、火食、琉璜；及部分地名如：大坂、蔣林、角畈山。

九、日記中遇明顯錯別字詞，在該字後以〔　〕符號將正確字詞標出。遇明顯漏字，則以〔＿〕符號將闕漏字詞補入。無法判明者，則加註「原文如此」。本書收錄日記中所附帶之信函、手令、批示等稿件，非蔣原筆跡手稿者，以楷體字體表示。

十、日記中遇損壞、破損而無法辨識字跡者，以■表示。

十一、日記中提及人名偶有筆誤，以錯字訂正形式處理；外國人名譯音有前後不一致情況時，但見索引，不另做處理。書中出現編目「一、一、一、一、」者，為遵照原稿設計，不予修改。

十二、標點符號除原稿上所加之問號、驚嘆號、引號等外，僅以「，」「、」「。」「：」標之。

十三、本書涉及人物、事件複雜，議題涵蓋廣泛，編者思慮難免不周，如有錯誤疏漏，尚請讀者不吝指正，以便日後修整。

序　一

　　蔣中正，學界通稱為蔣介石，是國家級和世界級的領袖人物，早為史家研究的對象。日本學界有蔣介石研究會，臺灣中央研究院近代史研究所有蔣介石研究群，浙江大學有蔣介石研究中心，而學者個人研究蔣介石者，如楊天石、山田辰雄、黃自進等皆為名家。近年臺海兩岸各大學和研究機構，以蔣介石為主題所開的研討會，如「蔣介石與抗日戰爭」、「蔣介石與抗戰時期的中國」、「蔣介石與世界」、「日記中的蔣介石」、「蔣中正日記與民國史研究」等，亦結集了許多研究蔣介石的成果。

　　史學界之所以熱衷於蔣介石研究，除蔣之歷史地位重要外，蔣介石日記開放給史學界使用亦為重要因素。蔣日記初由自己保管，1975 年蔣介石死後由其子蔣經國保管，1988 年蔣經國死後由其子蔣孝勇保管，蔣孝勇死後由其妻蔣方智怡保管。蔣介石原望其日記存於臺灣，於其逝世五十一年後（2026）開放，後因蔣孝勇夫婦移居加拿大，日記乃被帶到該處。2005 年蔣方智怡將日記移存美國史丹佛大學胡佛研究所，並授權該所保管，2006 年起分批開放蔣日記給學者作為研究之用。蔣介石日記開放給學者作為研究之用後，各國學者紛紛前往史丹佛大學閱讀，學者並開始以蔣日記為主要資料寫論文或專書，使蔣介石的研究成果更為深入與豐富。

　　蔣介石日記，從 1917 年起記到 1972 年 7 月止，凡五十五年，四百五十萬字。其中 1924 年日記失落，1917 年的日記為回憶幼時至 1917 年之重要記事，僅約萬餘字。這五十五年，蔣追隨孫中山，並以繼承孫中山的革命志業自居，日記中所記，為民國史留下重要史料。日記史料往往反映一

個人的性格，蔣為軍人出身，做了國家領袖以後，對友邦，只望協助，不喜干涉；對部屬，只望服從，不喜爭權奪利。譬如抗戰勝利後，國家進入憲政時期，蔣的權力受約束，不能全力應付危局，乃制定動員戡亂時期臨時條款，使權力超出憲法以外；又如 1949 年 1 月，國民黨對共產黨有主戰主和之分，蔣主戰，副總統李宗仁主和，蔣辭職下野，另成立總裁辦公室，以黨領政領軍。及李宗仁避往美國，蔣復行視事，始得統一國家事權。

由蔣之日記，可略窺蔣之終生志業。但將蔣日記作為史料，像許多其他日記一樣，有不易了解處。譬如記朋友不稱名而稱號，記親戚和家人不稱名而稱親屬的稱謂或暱稱；對不便明說的事吞吞吐吐，語焉不詳；記事突兀，背景不明。在這種情形下，如能對日記作箋注，即可增加對日記內容的了解，由國史館授權，民國歷史文化學社所出版的《蔣中正日記》，即為箋注本，當能應合讀者需要。是為序。

中央研究院院士　張玉法

於翠湖畔寓所

2023 年 5 月 20 日

序　二

一部罕見的國家領導人日記

2006 年，「蔣中正日記」的開放，是民國史研究重要的里程碑；2023 年，《蔣中正日記》的正式出版，更是推展民國史研究令人矚目的一頁。

和蔣中正同時的美國總統羅斯福（Franklin D. Roosevelt,1882-1945）、英國首相邱吉爾（Winston Churchill,1874-1965）、蘇聯共黨中央總書記史大林（Joseph Stalin,1878-1953）、德國納粹頭子希特勒（Adolf Hitler,1889-1945），都稱得上是當年掀動國際風雲的「大人物」。羅斯福不寫日記，史大林沒有日記，邱吉爾的《第二次世界大戰回憶錄》，於 1953 年得過諾貝爾文學獎，具有的是文學創作之美的價值，畢竟不屬於歷史，也不是日記；1983 年號稱「新發現」的六十卷「希特勒日記」，轟動一時，僅僅十天之後，即被證明是舊貨商牟利的贗品。蔣中正（介石，1887-1975）應該是同一時代世界重量級人物中，唯一真正留有五十五年個人日記的領導人。

蔣日記不是中國傳統史官代撰的起居注，也非皇朝實錄，這部當代政治領袖用毛筆楷書親自書寫超過半世紀的日記，記錄一位曾是滬濱浪蕩子走向全國性政治人物的發跡過程，又提供一個「大」又「弱」的古老國家政治領導者，如何想方設法謀求一統天下，並期盼與國際接軌的一段艱難歷程的重要見證，是十分罕見的歷史素材。

　　有些審慎的歷史學者提醒道：「日記」作為史料，要分辨「真實的蔣」（person），與蔣「要我們知道的蔣」（persona），日記中能讀出真實的蔣，才是本事。蔣中正的日記複印本開放已逾十年以上，閱者、使用過的學者上千，沒有人懷疑它的真實性，沒有人說它是為別人寫的。作為民國歷史研究的第一手資料，作為民國史最珍貴史料，蔣中正日記的重要不可忽視，相當值得出版。

日記的本質與運用

　　日記本屬個人生活方式的記錄，是「我之歷史」，但不能沒有社會性——涉及他人、他事的記載，日記歷史文獻價值因此存在。故就歷史研究言之，史家早就視日記為史料之一種重要形式。清季以降，士紳大夫、知識分子寫日記者頗不乏人，日記創作風氣鼎盛。日記固屬私人，但頗多日記出諸官紳，所記內容，自不僅止於私密之內心世界，實多有涉軍國大事要聞者，於是日記又成為認識公眾歷史的重要憑藉。日記既有公、私之記載，也因此能打破正史之文獻表述與壟斷。所以「日記學」在近代史學研究中，不能不為史學界所看重。文化史家柳詒徵謂：「國史有日歷，私家有日記，一也。日歷詳一國之事，舉其大而略其細；日記則洪纖畢包，無定格，而一身一家一地一國之真史具焉，讀之視日歷有味，且有補於史學。」正因日記內容「洪纖畢包」，材料廣泛，如記載時間拉長，固為多元歷史留下大量線索，提供歷史研究絕佳素材，同時是執筆者記錄當下作為自行修身、事後檢討反思的依據，此即宋明理學家「自勘」、「回勘」的工夫，曾國藩的日記、蔣中正寫日記，多寓此意。蔣中正記日記，在生前即囑秘書作分類工夫，「九記」、「五記」及「事略稿本」均有自省及建立形象作用。以日記為主體，衍生出不同類型的版本，內容不免有取捨不同，品人論事可能輕重不一，而這正是「日記學」有趣的課題。多年以來，靠蔣日記撰寫出來的傳記，不在少數，論者已多，不待贅述。

　　1961 年 12 月，中央研究院院長胡適談到「近史所為什麼不研究民國史」，表示「民國以來的主要兩個人，一位是孫中山先生，他的史料都在

國史館裡；還有一位是蔣介石先生，他的史料誰能看得到？」這樣的情況，終於在 1980 年代以後出現了變化。1987 年 7 月 15 日，蔣經國總統宣告臺灣「解嚴」。對中國近代史的研究而言，實亦一嶄新局面的出現。新時期尤其受歷史學者歡迎的是，史政機構史料的空前開放。1990 年國民黨黨史會率先把重要史料一口氣開放到 1980 年代；國史館於 1995 年奉命接管近三十萬件的《蔣中正總統文物》（即「大溪檔案」），兩年後全部正式開放，對民國史學者而言，好比是近代史學界的一顆震撼彈。可以說，胡適眼中視若「禁區」的蔣中正時代史料，在蔣逝世三十年後，基本上已全數向學界開放了。這批史料的的確確是研治國民政府軍事史、政治史的稀世之寶，如今能全部亮相，是十幾二十年前歷史學者不敢想像的事，而這些正是能和「蔣中正日記」相互對應參證不可或缺的重要史料。

史家陳寅恪曾說：一個時代之學術，必有其新材料與新問題；取用新材料以研究新問題，則為此時代學術之新潮流。1960 年代兩岸對峙局面初成，修纂民國史之議，浮上檯面，民國史料的整理、開放，實極迫切。1990 年代以降，在臺北的國史館對蔣中正總統文物的整理、開放，甚至是出版工作，無疑具相當關鍵作用。1975 年，蔣中正總統過世後，「蔣中正日記」和後來的經國先生日記，從臺北移到加拿大，2004 年暫時落腳美國史丹佛大學胡佛研究所檔案館（Hoover Institution Archives, Stanford University），2023 年回歸臺北，這一段兩蔣日記「出走」「回來」的過程和故事，已為眾人所熟知。2006 年，存放在胡佛研究所的「蔣中正日記」決定率先向學界公開，這無疑的更進一步帶動了學界「蔣中正研究」與民國史研究的熱潮與興趣。蔣日記又促成了民國研究熱，其內容包含日記所涉新資料的挖掘、運用，研究範圍與議題的提出、研究途徑與方法的更新，以及如何重新看待「民國」等，這些討論與探索，使蔣中正研究、民國史研究更為紮實，也綻放出新的面貌。

日記外型

蔣中正自始所使用之「日記本」是有固定格式，早期使用商務印書館印製的「國民日記」，爾後自行印製固定格式，除每日記事外，每年有

該年大事表，每月有本月大事預定表、本月反省錄（後改為「上月反省錄」），每週有本週反省錄（後改為「上星期反省錄」）、下週預定表（後改為「本星期預定工作課目」）。蔣氏日記持續以毛筆書寫，除每日記事外，每週、每月、每年開始必定按照上述表、錄，檢討上週、上月之施政或個人行事，思考本週、本月、本年之預定工作，每年年終會對全年之政治、外交、黨務、軍事等工作進行分項檢討。1925 年 6 月沙基慘案之後，蔣痛恨英帝國主義者慘殺無辜中國軍民，日記稱英國為「陰番」以洩憤，並每日立下格言、標語誓滅「英夷」，時間長達一年又兩個半月。1928 年「五三慘案」發生後，有感於國難深重，自身責任重大，「國亡身辱」，集國恥、軍恥、民恥「三恥」於一身，於是年 5 月 10 日記道：「以後每日看書十頁，每日六時起床，紀念國恥。」此後，每天的日記前必記「雪恥」一項，以誌不忘國恥。抗戰勝利後，蔣氏 1945 年 9 月 2 日自記：「舊恥雖雪，而新恥又染，此恥又不知何日可以湔雪矣！勉乎哉！今後之雪恥，乃雪新恥也，特誌之。」1949 年來到臺灣，日記中雪恥一欄仍不間斷，因為「新恥」未止。

蔣中正日記的內涵

平心而言，從蔣的日記中的確可以看出作為一個從「平凡人」到「領導者」的心路歷程，無需刻意神聖化，也不必妖魔化。

許多人都知道蔣是用度非常節儉的一個人，他補破衣、不挑食，一口假牙，吃東西十分簡單。蔣不喝酒、不吸煙，只喝白開水，其實生活很是平淡。從他的日記中可以體會到，他是很容易結盟，又是容易結仇的人。結盟或許與上海的生活經驗有關，結仇就可能涉及他的個性。他的日記中看出他對人物批評十分苛刻，有軍人作風，黃埔軍校畢業生拿到校長所贈的寶劍上都刻有「不成功便成仁」的字眼，既現代又傳統。但因為他喜歡讀書，所以跟一般純粹的武人仍有不同，能趕上時代，展現一些文人氣息。他自承脾氣暴躁，對文官雷霆責罵，對武人甚至拳打腳踢，日記中常為自己的錯誤「記大過」，也常懺悔，雖然一直想克制自己，但是個性似乎不

易改變。1960 年 11 月，蔣對第九十九師師長鄧親民所製小冊內容不當，大動肝火，聲嘶力竭叱責，以致喉裂聲啞，半年之久，元氣才告恢復。蔣勤於任事，甚至過火，越級指揮壞了戰局，修整文稿苦了文字秘書。大小事情都會過問，碰到交通阻梗，親出指揮，看到街道周邊髒亂，就會破口大罵指斥官員。這些個性的表現，在日記中都可覆按。這正是親近幕僚楊永泰所講的，他「事事躬行」，常致「輕重不均、顧此失彼」。盟兄黃郛則批評他有「毅力」而欠「恢弘」之氣象，均屬中肯之語。

一般人展讀別人日記，除了「偷窺」心理外，多半對主人公不免有先入為主的印象。蔣中正從一介平民到作為一個國家領導人，他奮鬥的歷程，後人難免加油添醋、說三道四。如果平實的對蔣中正日記進行觀察，會覺得他是一個民族主義者，是孫中山的信徒，是一位虔誠的基督徒，他不喜歡英國，嫉俄、日如仇讎；日記中顯示他知道自己學養不足，常師法先賢、勤讀宋明理學。1930 年代當了中央領袖，還特別禮邀學者進行「講課」，甚至不斷向「敵人」學習，有他堅持與成功的一面。但長時期以來，尤其是部分西方媒體和他的政敵，一直視他扮演的是一個「失敗者」的角色，因此多從負面來理解。

蔣中正當過軍校校長、軍隊總司令、軍事委員會委員長、黨的總裁、國家主席、總統，一生的作為不能樣樣令人滿意，當然有多方面的因素，例如說在大時代裡頭要重建一個近代國家的制度與規模，當時確實缺少一個可以運作的規則；在兵馬倥傯中還要對付內外的腐敗與變亂，何況想迅速建立「近代國家」本來就是一種苛求，幾近不可能的任務。外交是內政的延長，蔣大半輩子與美國人打交道，他的「美國經驗」，酸甜苦辣備嘗，因國力弱，政治不上軌道，一路走來需要美利堅的扶持，根本上又難符美國「要一個強大而親美的中國」的期盼。在 1930 年代之後，美國由扶蔣、輕蔣、辱蔣，甚至倒蔣的戲碼，輪番上演，是有原因的。蔣一生對日本、美國愛恨交加，日記中透露了諸多內心穩忍的秘辛與苦楚。其次，蔣當時確實不夠重視黨組織，大部分的心力不是放在軍事，就是放在對付敵人。從某個角度看，1920 年代孫中山依違於英美政黨政治與列寧式政黨之間，

所幸蔣沒進一步學取極端嚴格的動員性政黨組織模式，保有了憲政理想。
但底層力量的薄弱，派系對權力的競逐，則加深他的黨組危機。1940 年
11 月，在日記中他自承「一生之苦厄，全在於黨務也」。從另一角度看，
孫中山西方民主政治的理想，他遵循，也心嚮往之，但最終做到的只是徒
有其名而無其實。另外，他在群雄中要衝出頭是有很多困難的，他的輩分
比較低，多半的成功是靠謀略與機運。1920 年代的北伐及其後，急功近利，
對各地軍閥採取收編、妥協政策，結果形成一個諸多山頭的統一，他似乎
只成無奈的「盟主」。同時當他有權力之後又甚為自負，不太接受挑戰，
一方面是尊嚴的問題，一方面是權力意識，一方面是支撐他地位的架構，
一方面是財政來源的困難，最後可能涉及到家族的網絡問題。他身處在農
業社會傳統未褪盡，資本主義浪潮下「現代國家」制度尚待建立的威權時
代，他的作為與形象很難符合後人的要求與期待，他做事的動機和過程，
大多可以在他的日記中捕捉、體會。

蔣中正日記的重要性已如上述，讀者讀過之後更大的感受：這是一套
有血、有肉、有靈魂的資料。1920 年代之後，日記中許多蔣、宋、孔有關
國家大事、家中生活細節的諸多紀錄，正顯現他們平實居家生活的寫照。
他除了讀書外，喜歡旅遊，對奉化「古鄉」，頗有依戀之情。平日生活不
失赤子之心，1933 年 10 月 4 日，中央忙於應付日本侵略，又忙於對付中
共問題時，他「與妻觀月，獨唱岳飛滿江紅詞」，這與蔣平日予人嚴肅刻
板印象，頗有落差。可見這日記提供的不只是歷史的發展線索，更重要的
是人性的揭露。歷史的研究本來就應該以人性作基礎，作有「人味」的研
究，這套日記正好提供了一份珍貴的原料。

蔣中正日記的公開，迄今已十數年，對海峽兩岸、英日美近代史學
界，究竟造成多大的影響？「蔣中正日記」自 2006 年開放以來，引來各
地史學家競相閱覽、關注與利用，是不爭的事實。除海峽兩岸學者有大
量論著，忙著開會、籌組成立研究中心、讀書會之外，西方學界也開過幾
次以蔣日記為主體的學術會議。不同國家的學者如陶涵（Jay Taylor）、米
德（Rana Mitter）、方德萬（Hans van de Ven）、戴安娜 · 拉里（Diana

Lary）、潘佐夫（Alexander V. Pantsov）等，近年均從不同角度切入，注意到日記的利用，其重要研究成果，有目共睹。即以潘佐夫的《蔣介石：失敗的勝利者》一書言，大量利用蔣的日記，又用俄羅斯的俄文檔案比證，娓娓道來，讓人覺得他真是講故事的高手。齊錫生的中文近著《分崩離析的陣營：抗戰中的國民政府，1937-1945》，其取蔣日記加之中西方檔案作精準比較，史事正負面並陳，同時賦予客觀詮釋，令人耳目一新。這說明研究者、讀者對日記有重大依賴，均能從中直接得到啓發，也就是說，對民國史研究，「蔣日記」之為用，是有相當積極而重要意義。

根據手稿本出版

　　蔣中正之日記，特別值得一談的是蔣記日記的時間長達半個世紀以上（共五十五年六十六冊），絕對難得。現存的日記，1915 年只有山東討袁一星期的記事，其他都在 1918 年冬永泰之役中喪失。1916 到 1917 年的日記也可能因為 1918 年在廣東戰役中遺失。1924 年正當孫中山致力改善中蘇關係、積極推動國共合作之際，蔣這一年日記則遍尋不著，誠為全套日記出版的最大遺憾。對 1918 年以前的行事，蔣曾經幾度補述，有一部份詳細敘述了他幼年的回憶，附在日記手稿之前；有一部分放在 1929 年 7 月的雜記及 1931 年 2 月的回憶中，嚴格說來不算是日記。1918 年以後雖有部分潮濕霉爛、水漬污染（尤其 1935-1936 年），所幸修補之後，大體完整。

　　從外型上看，蔣中正日記分為四種形態：蔣中正日記原本、蔣中正日記手抄本、蔣中正日記複印本及蔣中正日記微卷；放在胡佛研究所的蔣中正日記複印本是提供學者閱讀者。事實上，日記的版本應該只有一種，即是目前暫存美國史丹佛大學胡佛研究所之日記原本的「手稿本」，其他所有與日記相關的「版本」，都是由「手稿本」發展出來的。這套《蔣中正日記》是依據原件一個字一個字「刻」（Key）出來的，絕對真實，可靠性無庸置疑。附加的註腳，力求周延，同時方便讀者的索解。

這是學術界、出版界的盛事

日記不可能是個人全部生活的百科書全書，不能求全。日記記載的主觀性與選擇性也顯然的，故而日記史料的利用，更需要其他材料的對應和比較，是而斷章取義、各取所需、過度詮釋，都非所宜。歷史家有好的材料，更應具有好的歷史研究素養和技藝，這是學者可以同意的共識。

過去幾年，能親自參閱蔣中正日記者，畢竟有限，於是許多抄錄者形成的《蔣中正日記》地下版充斥，揭密居奇者正不在少，故而學界及社會各界要求正式出版蔣日記的呼聲極高。最近，日記出版的時機已告成熟，我們的出版立場是學術的、嚴謹的，我們的要求是明確的，這一定會是學界、社會各界期望的出版方向！

我們感謝蔣家家人的同意、國史館陳儀深館長的出版授權、蔣經國國際學術交流基金會錢復董事長、朱雲漢前執行長及今執行長陳純一先生對本案的贊助、世界大同文創公司的支持，使日記順利出版。當然，史學界的朋友，我們曾為蔣中正的善政、失政與作為爭得面紅耳赤，也曾為日記中一個字、詞的辨識吵得翻天覆地，我們的真情是為學術，最大「野心」是努力以嚴謹、負責態度維護出版品水平。這一方面，我們學社同仁自董事長至編輯同仁的付出與辛勞，全在不言中。

我們自信這會是一套擁有「精準」、「正確」特質，具權威性版本的《蔣中正日記》。相信這絕對是民國史、近代中國出版史的一樁盛事。

民國歷史文化學社社長　呂芳上

2023 年 8 月 10 日

序 三

　　蔣中正，字介石，浙江奉化人。早年在中國率軍東征、北伐、領導對日八年抗戰，到戰後由訓政走向憲政，於 1948 年當選行憲後第一任總統。1949 年中央政府遷臺後，蔣氏於 1950 年宣布復職為總統並得到美國的支持，迄 1975 年過世為止，是近半個世紀以來統治臺灣最久的領導人，對近代東亞歷史的發展影響深遠；而蔣中正在臺灣，人們對他的評價卻褒貶不一，可說是毀譽參半。

　　中日戰爭的勝利是蔣中正政治生涯的最高峰，獲譽為世界四強的「偉大領袖」，但短短不到四年時間，就從高峰跌到谷底，變成中共口中的「人民公敵」。另一方面，在威權統治時期的臺灣，他被黨國體制宣傳為「民族的救星」、「世界的偉人」，迄 1987 年解嚴之後，臺灣社會與學界才逐漸擺脫言論自由、思想自由的限制，重新審視蔣中正的歷史定位。直至今日，不論是海峽對岸，或是臺灣社會內部的不同群體，都對蔣中正的功過得失，存在著相當對立與矛盾的詮釋，離所謂的「蓋棺論定」，可能還有一段遙遠的距離。

　　關於蔣中正的學術研究，其契機始於 1995 年總統府分批將「大溪檔案」（即「蔣中正總統檔案」）從陽明山中興賓館移轉至國史館庋藏。該批檔案，是蔣中正統軍領政期間之親筆手稿、文件、電令、諭告，也有經過幕僚統整之檔案彙編、事略稿本，並有蔣氏之相關文物照片等，時間涵蓋 1924 年至 1975 年，為研究蔣中正生平及國民政府、國共內戰、1949 年至 1975 年間中華民國在臺灣之歷史的珍貴重要史料。經過本館初步編目

整理，兩年後即全部正式對外公開，是當年學術界的一大盛事。其後，本館更在「蔣中正總統檔案」的開放基礎上，為開拓研究視野並嘉惠學界，從中披沙揀金，先後出版《蔣中正總統事略稿本》82 冊、《蔣中正總統五記》、《蔣中正先生年譜長編》12 冊，後續並將觸角拓展至戰後臺灣史，先後出版《中華民國政府遷臺初期重要史料彙編－中美協防、臺海危機》5 冊及《二二八事件檔案彙編（17）－大溪檔案》等，這些都是完整取材自「蔣中正總統檔案」的原始文獻，從以上出版主題的多元性來看，不難一窺近 30 萬件的「蔣中正總統檔案」，絕對是中華民國史研究者必須參考的材料。

1988 年蔣經國總統逝世後，蔣家家人將兩蔣日記攜至海外，最終寄存於美國史丹佛大學胡佛研究所檔案館。2006 年史丹佛大學胡佛研究所檔案館正式對外開放《蔣中正日記》的閱覽服務，以致以《蔣中正日記》為文本的歷史書寫，方興未艾。本人為了研究二二八事件、1949 大變局、兩次臺海危機以及 1971 年失去聯合國席位的經過等大問題，亦屢次飛去史丹佛大學抄錄蔣日記。隨著日記內容的不斷披露，海峽兩岸與國際漢學界都有研究蔣中正的學界團體與國際會議，出版的研究論著更是隨著時間累積而呈倍數成長。然而受限於時間與成本，絡繹不絕前去史丹佛大學抄錄的學者，往往只能選擇自己最需要參考的部分，而難窺其全貌，這也使得至今《蔣中正日記》雖有多種版本在坊間流傳，但終究都不是正確而完整的內容。

《蔣中正日記》起自 1917 年，迄至 1972 年 7 月止，除了 1924 年份佚失外，大致完整地保存了蔣中正一生橫跨 55 年的日記，其內容不僅是私人之內心世界，更多涉及軍國大事要聞者，對於歷史研究之重要意義，實不言可喻。本館掌理纂修國史及總統副總統文物之典藏管理及研究，長期致力爭取兩蔣日記返國典藏，歷經 10 年纏訟，終於在 2023 年臺灣及美國法院都將兩蔣父子「任職總統期間的」文物所有權判給國史館；加上從 2014 年呂芳上前館長開始、歷經吳密察前館長以及本人任內的溝通努力，陸續得到蔣家後人的捐贈，今日國史館遂擁有這批兩蔣文物的完整所有

權。有鑑於社會各界對於開放日記之殷切期盼，本館立即著手規畫《蔣中正日記》的出版工作，惟考量日記內容卷帙浩繁，決定先從蔣中正就任中華民國行憲後第一任總統任期（1948-1954）的日記開始出版，後續再根據任期及年度依序出版。

這次《蔣中正日記》之所以能夠快速而順利出版，要感謝呂芳上前館長所主持的民國歷史文化學社，因學社內的編輯同仁早已著手校正日記內容的正確性，也為日記中提到的人物及事件作註解，使得日記的深度、廣度大為提升。相信藉由《蔣中正日記》的出版，必定有助於呈現一個有血有肉、在感情上常常天人交戰、在理性上屢屢自我挑戰、在政治上功過參半的政治人物，也就是更真實的蔣中正。

國史館館長

2023 年 8 月 31 日

蔣中正日記
Chiang Kai-shek Diaries

圖像集珍

民國四十七年開始的一天我已
恥一進入了四十一歲的新的歲首我的
事業我的歷史積依照頂定以方針前進
自信不以再作研究在不必再有顧慮成敗
利鈍一般推天帝已惟有我的生命我的生活
仍我發個人生應作新的檢討和影響的快定
低要研究究竟的歸宿我誠為過去以人
生雖受了洗禮服得臺書但我的心仍是臺慶
而沒有充實的事西這樣過去悟得要臺慶一書
成為電書素我的人生依不隨悟目今日起應當道求
真理克實我的心臺慶書乃新的生活新的生命完成信仰
我新的人生應不事責天地父平室了我達樣一個人一道元

一月一日（元旦）星期三 氣候光明溫度 地點

日記原件。1958年1月1日。

「（昨）晚宴史班爾孟紅衣主教，彼對中國真誠友愛可感，九時半完。」（1月2日）

「（昨）十一時參加軍中克難英雄與政士三百餘人團拜，頒獎後照相，聚餐。」（1月1日）

「晚宴藍欽餞別，並以『同舟共濟』四字贈之。」（1月2日）

「上午主持海軍官校畢業典禮後，巡視理化與
通信教室設備，甚新為慰。」（1月25日）

「上午到陽明山研究院，對臺省本黨第四
屆全省代表大會致詞約四十分時，尚覺未
盡其意也。」（1月28日）

「見日新聞記者團橫田
等，談一小時畢。」
（2月10日）

「與官軍遺族子女百餘人談
話、照相。」（2月15日）

「十一時與妻由埔里橋乘
車視察霧社水壩，在大武
招待所打尖、便餐。」
（2月18日）

「昨晚七時半杜勒斯來宴，其心身康健如昔，為之一慰，宴後正式敘談二小時，結果尚佳。」（3月15日）

「十時到忠烈祠主祭革命先烈後，與辭修同車到青年節大會宣讀文告畢。」（3月29日）

「晚經兒等為其母祝暖壽，設宴聚餐後觀影劇，家庭團圞快樂為人生至寶。」（3月20日）

「（昨）為妻生日來賀之女客補請茶點畢。」（4月8日）

「十時到南港中央研究院，參加該院長就職典禮，致辭約半小時，聞胡答辭為憾，但對其仍以禮遇，不予計校。」
（4月10日）

「晡到婦聯會參加其八周年紀念會，甚完備。」（4月17日）

「接見土耳其總理孟德斯，約談二十分時，乃是有經驗之政治家乎。」（4月28日）

「昨（一）日十七時在中山堂約美顧問團校官以上人員及其家眷六百餘人茶會握手，此乃每年為其顧問團在臺成立之紀念日也。」（5月2日）

「午課後四時半親迎伊朗國王於機場如儀，六時半國王來訪，暢談一小時，甚覺其年青英明與憂勞為國，可愛也。」（5月14日）

「本周接待伊王完全以誠相見，未知其內心究竟有否感覺，但余對其人甚覺其為一青年英明老練之君主也。」（5月17日後之上星期反省錄）

「上午先視察雷達站設備畢，再往測天島巡視海軍基地與造船廠，皆有心得。」（6月10日）

「九時先視察第四九師部後乘艇至八罩島、將軍澳，此為八年以來所時想考察者也，十三時半回馬公。」（6月11日）

「十時起飛，來金門駐原處，氣候與故鄉一樣為快。」（6月12日）

「晡與伯玉乘車視察,第三坑道仍未照我之原意也,巡視兩棲偵察隊與雀山新坑道,再轉馬安瀾師部埕下後即回,已近八時矣。」(6月12日)

「十時到鳳山陸軍官校,主持卅四年校慶紀念典禮後,召見顧問、校長、教授與訓練中心各主官後會餐。」(6月16日)

「十時後與經兒出發，視察谷關新電力廠，經青山、達見視察二百廿公尺最高水壩形勢，再經佳陽至梨山站，視察合歡溪流為止，即在梨山午膳後，乃由原路返谷關，正五時半也。」
（6月21日）

「上午入府舉行黎巴嫩公使呈遞國書典禮。」
（8月2日）

「登山先至指揮部即營部所在地，即轉北沃突出部排哨據點視察，回營部訓話、照相後約十時。」
（8月19日）

「沿途視察工事，乃由福沃陸船直航西犬島視察，指示後仍登原艦，已八時餘，乃即起碇，休息，晚課。」（8月19日）

「此次巡視馬祖、金門，自覺得益甚多，對將來作戰補益必大也。」（8月20日）

「接見美陸長布洛克君談一小時餘，彼甚對我熱心也。」
（8月30日）

「十時主持秋祭革命先烈典禮。」（9月3日）

「十時到陸軍官校舉行第
廿七期生畢業典禮，此為
本校新制（四年）之第一
期也，光陰之速，無任興
歎。」（9月30日）

「五時約華僑回國慶祝團三百餘人茶會。」（10 月 15 日）

「十時半杜來會，即提出其預擬之説帖，其
內容消極方面不要我做者五項，其重點要在
無形中成為兩個中國之張本，並要我主動聲
明願為可靠停火之安排，無異求和投降也。」
（10 月 22 日）

「昨午前帶緯國與武、勇二孫車遊埔里醒靈
寺一匝即回，正午侍從人員與至親等共二十
人聚宴。」（10 月 28 日）

「午課後帶武孫泛舟，至玄藏寺後山西灣之陳家村，其幽靜可愛，惜向西北耳。」（10月30日）

「帶伯玉、經、武等遊湖，視察高砲陣地回。」（11月1日）

「再下約三公里即為合歡埡口，即幹路與支路之交接點，其對面即為崎萊山脈，風景形勢甚宜，乃與同行者合照幾片。」（11月2日）

「轉桃園機場,參觀 F104、
F101 及 F100、C119、
RF100 各種機型,最感欣賞
者惟 C119 型機,將為我復
國計畫之導發要具乎。」
(11 月 27 日)

「正午孝章母女來拜別,膳
後即回去。」(12 月 7 日)

「午課後記事,帶武、勇巡
視舊神社與要塞部附近,預
七師部總覺缺少活力也,晚
課。」(12 月 7 日)

以上照片均由國史館授權使用

目錄

目錄

民國四十七年大事表 [1]

急迫浮露。寬緩深沉。

生活的目的在增進

人類全體之生活

生命的意義在創造

宇宙繼起之生命

　　　　　蔣中正

急迫浮露。寬厚深沉。

積極備戰。創造時勢。

一、空降游擊部隊七月以前編訓完成。

二、機動部隊與兩個軍充實，六月內完成。

三、黨的整頓與重新改造。

四、政治的改革與上進。

五、本年工作重點由國際問題轉入於臺省社會及黨政組織與人心之安定方面，此乃反共復國之根本問題。

六、本年國際關係到了戰爭邊緣之最後關頭，其間必有一段邪惡妥協的最危險階段，但必將由這黑暗而進入光明之一面，識者多以為憂，而余對今年前途最抱樂觀，並信此乃上帝仁愛之真理所在也。

1　「蔣中正日記」在一月份起頭之前「大事表」內，先附載不同時間之箚記，出版時即依日記原標排印。

七、空降遊〔游〕擊的具體計畫為本年對大陸發動反共革命的主動行動之一。

八、軍友銀行之設立。

九、防空公債發行之籌備。

十、整頓社會風氣的着手之點。

十一、行政革新方案（制度與組織）。

十二、倡導「誠」與「實」的精神建設運動。

十三、黨政軍人簡單手〔守〕則。

十四、節約運動與儲蓄運動之具體實施辦法。

十五、明年以建立將校團以實踐社為中心的建軍工作為第一要務，以健全軍
　　　士制度與建立（國防）三軍聯合大學及國防研究院為優先計畫。

關於黨政軍革新之具體工作

一、改組中央黨部，經國[1]任副秘長。

二、軍隊統制之加強方針：甲、優待老兵。乙、提高士官待遇。丙、裝甲兵、
　　陸戰隊、憲兵、衛戍部隊士兵之純一性（專用老兵）。

三、保安司令部改為警備司令部。

四、青年救國團改為社會性組織？

五、教育部工作變動太大，應求定求實。

六、整頓警察：甲、建立人事制度。乙、建立教育制度。丙、建立公共福利
　　制度。

七、整頓社會風氣，取締流氓為第一步工作，取締奢侈浪費為經常工作。

八、臺省黨部主要任務與工作之規定：甲、協和臺省與大陸同胞之感情。乙、
　　激勵恨匪與仇匪心理。丙、發揚愛國愛民族之精神。

九、培養司法風氣，使社會風氣嚴肅，建立政府威信。

1　蔣經國，字建豐，蔣中正長子。曾任中國國民黨中央改造委員、總統府機要室資料組
　　主任、國防部總政治部主任等職。時任中國青年反共救國團主任、國防會議副秘書長、
　　行政院國軍退除役官兵就業輔導委員會主任委員，7 月 15 日出任行政院政務委員。

十、行政院人事與組織之健全。

十一、行政改革方案與具體實施計畫之督導。

十二、建軍「前展〔瞻〕」與「雷霆」二計畫之督導，及軍友銀行之建立。

十三、軍事思想整體的理論與原則之建立。

十四、忠勇與「敢死」教育之加強。

本年國際形勢之展望與可能發生之大事

一、共匪進犯金馬，發動東亞戰爭。

二、中東問題，俄帝利用納塞[1]侵佔敘利亞、黎巴嫩與約但、也門、沙地等國。

三、阿拉伯與以色列之衝突與美、英之干涉引起大戰。

四、印尼革命與寮國、高棉之顛覆活動。

五、緬甸與泰國之顛覆危機。

六、共匪不能進入聯合國。

七、美、俄北極圈內之競爭及裁軍與核子武器之禁止會議的宣傳運動。

反攻戰爭之準備計畫（十一月七日記於日月潭）

一、金門防衛武器火力之加強，先克制敵匪砲火使之無效，而後再進行毀滅廈門附近砲位與工事，以為直接在廈門登陸發動反攻之基本準備。

二、特種部隊之訓練與目標及其工作要領之積極準備（十一月六日之記事）。

三、四十八年七月至十月為準備完成之時期。

四、時與勢最為重要，戰備完成後，必須待時乘勢，方能事半功倍。今日反共戰爭形勢：甲、美、俄軍力競爭之機勢必然爆發。乙、共匪惡貫滿盈之機勢，非由其內潰自殺，必有反共革命之爆發。丙、國軍戰備完成，

1　納瑟（Gamal Abdel Nasser），又譯納塞，泛阿拉伯主義倡導者，為 1952 年至 1970 年間埃及實際最高領導人。1956 年起，擔任埃及總統一職。本年 2 月，合併埃及和敘利亞，建立「阿拉伯聯合共和國」，仍居總統身分。

沉機待時，不患無勢可乘。丁、毛匪[1]狂妄之發展不己〔已〕，必有自投羅網之一日，奪取金、馬是其朝夕不忘與不安之病根也。戊、積極推動大陸反共革命之形勢，以造成我軍事反攻之時機，是為我軍根本之圖。

五、明（四十八）年以時以理，當為我反攻成熟時期，但屆時若無勢可乘，則仍應忍耐待機，不可操急從事，反礙大計。只要軍權掌握不失，總有雪恥報復之時也。

六、政治號召及宣傳方針：甲、六大自由與二大自由之修正？乙、中共革命委會之組織。丙、匪區反共同心會之發展及簡約。子、立即恢復家庭團聚，保障工作與生活之自由。丑、均分公社田地。寅、均分房屋住所（每家分居）。寅[2]、保障努力反共、熱心愛國、為公服務之人民生命之安全。卯、反對掘墳肉葬、拆散家庭等之暴政。

本年總反省錄之補充各點

一、七月間行政院長更調與該院之改組正為適時，八月以後共匪對金門砲擊封鎖開始，俄黑[3]助匪對美大事威脅皆無效果，而我軍政與社會且因此益加堅強與安定，卒能打破此一重大危局難關，實與行政院及時改組有其影響也。

二、本年俄共（黑裡雪夫）與毛匪間之矛盾，其可言者特加記錄，以資參考：
（子）毛在俄（一九五七）共四十周年革命紀念節國際會場上，作其長達二小時（野〔夜〕郎自大）之演說中，已引起俄共不滿之情緒。（丑）因之俄共阻止毛首訪問東歐各附庸之（計畫）行程，以毛本已宣布其訪

1　毛澤東，字潤之，湖南湘潭人。1945 年，出任中國共產黨中央委員會主席。1949 年 10 月，中華人民共和國成立，獲選中央人民政府主席。1954 年，獲選國家主席。
2　原文如此。
3　赫魯雪夫（Nikita Khrushchev），日記中有時記為黑利雪夫、黑魯雪夫、俄黑、赫酋、赫魔、黑裡雪夫，蘇聯最高領導人。時任蘇聯共產黨中央委員會第一書記，本年 3 月出任蘇聯部長會議主席。

問東歐之預定計畫也。（寅）莫洛托夫[1]由外蒙訪北平與毛密談之結果，當然使俄不安也。（卯）外蒙共黨內訌，中派與俄派之爭引起蒙共清黨，俄派戰勝。（辰）毛匪反對俄共主張，在聯合國召開高階層會議，最後無形打消，此乃毛匪之力乎。（己〔巳〕）在金門砲戰最後階段，俄黑聲明不參予中國內戰，此乃予毛匪抽腿之制命一擊也。（午）俄黑屢次發表反對人民公社之主張。（未）俄共秘密通令東歐共產附庸，不認毛匪為有重要地位之領袖。（申）北平會議中，對臺海戰爭與高階會議，雙方意見相反之爭持，但其該會主張多半是毛匪佔勝，而最後因其金門砲戰卒告全局慘敗耳。（申）[2]去年對金門砲戰計畫，早定於前年毛匪在俄會所商決，其內容完全以恫嚇美國退出臺海為主旨，即抄襲其民四十四年一江山與大陳原有之方案耳。（酉）朱可夫[3]清算與馬林諾夫斯基[4]繼任，皆與此有關也。（戌）黑裡雪夫（一九五八）春自任部長會議主席，獨裁告成。（亥）毛匪同年秋乃宣告退出政治地位，其中相互關係密切，更非淺鮮也。總之毛匪（一九五七年）在俄演講野〔夜〕郎自大之氣燄，並以其中、俄二共黨共同領導國際共產之野心暴露，以及本年召集韓、越等共酋在平會議，籌組亞洲各國聯盟歸毛匪指揮統一之主張，皆為俄共所不能容忍者，此為中、俄共即黑魔與毛匪之根本矛盾，毛匪危在旦夕矣。

1　莫洛托夫（Vyacheslav M. Molotov），蘇聯外交官，曾任蘇聯人民委員會主席、蘇共中央政治局委員、外交部部長（原稱外交人民委員）。1957年，反對「去史達林化」政策，要求罷免赫魯雪夫不果，遭指控為「反黨集團」。時任蘇聯駐蒙古人民共和國大使。
2　原文如此。
3　朱可夫（Georgy K. Zhukov），蘇聯軍事將領，生涯四次獲得「蘇聯英雄」名銜。二次大戰期間，於蘇德戰爭指揮多次重大戰役，獲頒元帥軍階。戰後歷任駐德蘇軍司令、陸軍總司令、國防部部長、中央政治局委員等。在 1957 年的國內政潮中，雖公開反對莫洛托夫等人，仍遭波及，淡出政治視野。
4　馬林諾夫斯基（R. Y. Malinovsky），蘇聯軍事將領。二次大戰期間參與蘇德戰爭，獲頒元帥軍階；又於大戰末期投入蘇日戰爭，獲頒「蘇聯英雄」名銜。冷戰時期升任「蘇聯遠東軍隊統帥」（1947 年至 1953 年），曾於韓戰期間協助訓練、補給北韓與中國對美作戰部隊。1957 年 10 月取代朱可夫，出任國防部部長。

三、金門砲戰至九月杪，毛匪親到前線再三苦告，嚴令匪軍停止砲擊，其命令詞意之滑稽昏亂，殊非想像之所能及，實為中外古今所未有之奇談。若將自我對中外記者之聲明與對美聯社、對杜勒斯[1]指責其措辭失當之談話，以及雙十節之告書兩相比較，自覺對準戰局理直氣壯之言行，雖略自慰，但亦只是無負於軍民之期望而已。

春季課程表

本年各季課程表一如往年無異，故不特著。

歷年日記中所載記事，乃記每朝前一日之事而非記當日之事。

1　杜勒斯（John F. Dulles），又譯陶勒斯、陶拉士、杜拉斯，美國政治家，共和黨籍，曾短暫為參議員，1950 年至 1952 年為杜魯門總統外交顧問。1953 年 1 月至 1959 年 4 月任國務卿。

一月

蔣中正日記
Chiang Kai-shek Diaries

蔣中正日記
Chiang Kai-shek Diaries

民國四十七年一月

本月大事預定表

1. 對共匪開闢江西山區公路（十二條）的戰術研究。

2. 實踐社教官之調職計畫。

3. 原子時代戰略與戰術思想及其法則之研究。

4. 臺省國民與社會教育要旨與重點之確定，加強民族意識與光復祖國之責任感、向慕心和向心力與團結力，史巴達式教育。

5. 應急計畫之研訂程度如何。

6. 機構歸併計畫（汪奉曾[1]調任侍衛官）。

7. 國防大學校長與教育長人選。

8. 古宮博物運美展覽。

9. 海軍官候選名冊與人事主官由國防部派任。

10. 海軍服務社總幹事由聯總派。

10.[2] 黨的重新改造之研究。

11. 幹部管理與考核之組織。

12. 武器購價之查明與報銷。

13. 清理積案。

14. 擬訂本年主要工作與目的。

1　汪奉曾，湖南長沙人。1955 年 2 月，任國防大學校副教育長。後任陸軍預備部隊司令部參謀長、陸軍作戰發展司令部參謀長。

2　原文如此。

15. 上年度反省錄之着手草擬。

16. 行政院與中央銀行職分與人選。

17. 今年的危機與去年的大難經歷。

18. 社會兇險與不正現象如何消除。

19. 立、監兩院幹部之組織與負責。

20. 行政管理組織之改革案及委員會財務管理，與物的管理及人的管理。

一月一日（元旦）　星期三　氣候：光明

雪恥：民國四十七年開始的一天，我已進入了七十一歲。新的歲首，我的事業、我的歷史祇依照預定的方針前進，自信不必再作研究，亦不必再有顧慮，成敗利鈍一聽於天而已，惟有我的生命、我的生活，即我整個人生，應作新的檢討和新的決定，總要研究其究竟的歸宿和終極的目標。我認為過去的人生雖受了洗禮、信仰了基督，但我內心仍是空虛而沒有充實的東西，這樣過去就將要虛度一生，而成為毫無意義的人生，能不悔悟。自今日起應依照這個信仰，追求真理，充實我內心的空虛，求得新的生活、新的生命，完成我新的人生，庶不辜負天地父母生了我這樣一個人 — 瑞元[1]。

一月二日　星期四　氣候：雨

雪恥：昨（一）日六時半起床，朝課畢，審讀元旦印成文告，尚有錯誤，加以修正。十時在中山堂團拜，親誦文告，尚覺稱意。十一時參加軍中克

1　瑞元為蔣中正幼名。

難英雄與政士三百餘人團拜，頒獎後照相，聚餐，回寓，記昨日事。午課後，研讀「勝利生活」二課，與妻[1] 車登七星山即回，至華興育兒院（大陳義民子女）視察，其整潔親熱可嘉，回寓，入浴。晚宴史班爾孟[2] 紅衣主教，彼對中國真誠友愛可感，九時半完。散步，晚課。

本（二）日朝課後，研讀勝利生活後聽報一小時。上午在寓記事，記上周反省錄。午課後記上月反省錄，頗覺欣奮而費力。晚宴藍欽[3] 餞別，並以「同舟共濟」四字贈之，十時後客散，晚課。

一月三日　星期五　氣候：雨

雪恥：一、每朝夕軍官必須有靜思與反省時間，十分時的勸導作為修養基礎。二、臺南工科大學與軍校切實聯系合作。三、各軍種官校工業機械設備之充實列為第一優先。四、軍官教育與軍官團，特設統御領導力與警覺應變之特科教育，注重團結與細心考察所部之心理與防止異動教育。五、大陸老兵明年滿役之法案應即改變。六、中級官職之調職應以同軍而不同師為原則，何如。

1　宋美齡，原籍廣東文昌，生於上海。蔣中正夫人。1950 年 1 月自美國返臺後，陸續創辦中華婦女反共抗俄聯合會、華興育幼院等。1953 年 10 月，出任中國國民黨中央婦女工作委員會指導會議指導長。

2　史培爾曼（Francis J. Spellman），又譯史班爾孟，美籍天主教神職人員，持反共立場。1939 年，出任紐約總教區總主教。1946 年，受封司鐸級樞機，直至 1967 年任內逝世。

3　藍欽（Karl L. Rankin），又譯蘭卿、藍卿，美國外交官。1949 年出任美國駐廣州總領事，後轉駐香港擔任總領事。1950 年 8 月，出任駐華臨時代辦兼公使。1953 年 4 月，出任駐華大使。1958 年 1 月 3 日離任。

朝課後記事，入府見徐傳霖[1]、石志泉[2]等，召見調職人員二名，主持財經研究會報第一次。午課後研閱勝利生活二篇，清理積案，與妻車遊市區與總統府前電燈裝置式樣，回觀「隱身神童[3]」電影，晚課。

一月四日　星期六　氣候：晴　溫度：懾〔攝〕七度

雪恥：一、國防大學考核之改正。二、克難節約與戰時生活的具體實踐辦法，為今年施政方針之一。三、機動部隊使用之條件與地區應明訂為要。四、共匪軍力情報之研究。五、軍官教育之重點。六、新兵教育之方針。七、防制暴行與違紀之要領應自教育（官與兵）着手。八、中小學之教育方針及重點之檢討與決定。

朝課後記事，入府見美雷德福克[4]教授夫婦，召見調職人員五名後軍事會談，對國防大學徐校長[5]教育與考核不力，加以面斥，指示軍中要務十項。午課後研究勝利生活二課，記上月反省錄，晡散步觀月，澄澈團圓，席地凝觀者久之，氣候新清寒冷，無異故鄉過年時節為感。晚課。

1　徐傳霖（1879-1958），字夢巖，廣東和平人。1950 年，出任中國民主社會黨代理主席。1953 年 7 月，出任光復大陸設計研究委員會副主任委員。曾於 1954 年參選第二任總統。1955 年 1 月，被推選為中國民主社會黨主席。1957 年與黨內其他勢力合流，改主席為主席團制，與戰翼翹、石志泉共同執行主席職權。本年 1 月病逝。

2　石志泉，名美瑜，字友漁，又號友儒，湖北孝感人。曾任司法行政部次長、司法院副院長。1954 年曾參選副總統。時為中國民主社會黨主席團主席。該黨自徐傳霖逝後，即由張君勱遙領主席一職，石志泉等人則以副主席身分繼續主持黨務。

3　《隱身神童》（*The Invisible Boy*），科幻劇情片，講述一個男童與機器人聯手打倒超級電腦而拯救地球的故事。赫爾曼・霍夫曼（Herman Hoffman）導演，理查德・艾爾（Richard Eyer）、菲利浦・雅培（Philip Abbott）、戴安・布魯斯特（Diane Brewster）主演，美國米高梅影業（MGM）製作，1957 年 10 月發行。

4　魏復古（Karl A. Wittfogel），又譯雷德福克，美國哥倫比亞大學教授，中國歷史專家。

5　徐培根，字石城，浙江象山人。曾任軍事委員會航空署署長兼襄中央航空學校校務、駐美軍事代表團參謀長等職。1951 年 4 月任國防部作戰參謀次長，1954 年 8 月調任國防大學校校長，1959 年 4 月調任國防研究院教育長。

上星期反省錄

一、西歐六國建立共同市場與原子資源聯營的協定，於元旦實行有效。

二、英首相[1]建議與俄商訂互不侵犯的莊嚴公約，以為趨向世界裁軍的初步，及舉行談判為最高巨頭會議鋪路（四日夜廣播）。此又予俄國分化之機會，但俄塔斯社已表示不滿，反擊其粗野誣俄，而美國二黨參議員皆積極反對其提議，此乃新年第一不祥之消息也。

三、上年除夕（星二日）與藍欽談話，及星四日為藍欽餞別，對公對私皆算了結一事，未致錯誤。

四、元旦文告比較稱意，但因草擬太晚，最後付印仍有錯誤耳。

本星期預定工作課目

1. 郭彥[2]調防大教育長。

2. 趙振宇[3]、周中峯[4]可任軍長（孟述美[5]）。

3. 第一軍長與裝甲兵司令之人選。

4. 胡炘[6]調侍衛長。

5. 荒漠甘泉新譯本修訂開始。

6. 對臺灣教育與社會政策之研究。

1　麥米倫（Harold Macmillan），英國保守黨人，1955 年 12 月至 1957 年 1 月任第一財政大臣，1957 年 1 月至 1963 年 10 月出任英國首相。

2　郭彥，號少華，四川隆昌人。1953 年 6 月，任裝甲兵旅旅長，1955 年任裝甲兵司令部司令。1955 年 9 月，調任國防部聯合作戰計劃委員會委員。

3　趙振宇，號思昊，河南商城人。1951 年自緬甸輾轉來臺，任第一軍第五十八師副師長，1954 年 7 月升任師長。1957 年 12 月任陸軍總司令部第五署署長。

4　周中峯，字秀山，河北慶雲人。1957 年 4 月任國防部第五廳副廳長，11 月調任第一軍團司令部參謀長。本年 5 月，調任第一軍軍長。1960 年 8 月調任政工幹部學校校長。

5　孟述美，廣東崖縣人。1955 年 12 月任第十軍副軍長，1963 年 1 月調任陸軍士官學校校長。

6　胡炘，字炘之，浙江永嘉人。1955 年 9 月任裝甲兵司令部司令，曾任 1957 年中樞國慶閱兵總指揮官。1958 年 8 月，調任國防部作戰參謀次長室助理參謀次長。

7. 原子戰術及防毒訓練之具體計畫。

8. 防空設備與訓練之具體計畫。

9. 戰時生活及勤儉風尚之具體進行程序。

10. 監察院與行政院糾紛之解決辦法。

11. 各級軍校長階級應提高至上、中將。

一月五日　星期日　氣候：晴　溫度：懾〔攝〕七度

雪恥：一、聯合參謀作業的處所從速決定。

昨夜十時後就寢，至今晨七時半起床，實為最能熟睡之一夜，前後熟睡足在八小時以上，可知體力已完全恢復而有餘矣。朝課畢已九時，用膳，聽報，記事，往蔣林堂禮拜回，審核荒漠甘泉，新譯本較舊譯本為佳。正午到華興育兒院參觀小幼童表演，甚佳。午課後與妻車遊山上一匝。晚閱貞觀政要崇儒學篇，觀影劇動物農場[1] 後，晚課。

一月六日　星期一　氣候：晴

雪恥：一、監察院對中央銀行問題嚴重應作決定：甲、對于院長[2] 應先明告情形。乙、監察委員陶百川[3] 等故意與黨及政府為難，決不容許其敵對陰謀得

1　《動物農場》（*Animal Farm*），英製動畫劇情電影，根據喬治‧歐威爾（George Orwell）同名小說改編，1954 年出品。喬伊‧巴徹勒（Joy Batchelor）、約翰‧哈拉斯（John Halas）聯合製作、執導。

2　于右任，原名伯循，字誘人，爾後以諧音「右任」為名，陝西三原人。時任監察院院長。

3　陶百川，浙江紹興人。新聞工作者、政治人物。歷任上海《民國日報》編輯、上海《晨報》總主筆、香港《國民日報》社長、重慶《中央日報》總社社長、國民參政會參政員、制憲國民大會代表等職。1947 年 12 月，當選第一屆監察委員。

侵。丙、對總統直屬機構必須經過總統批准命令，不然無法再談反攻復國問題。丁、不要為一二害群之馬來毀滅我反攻復國前途。

朝課後記事，十時到陽明山參加遺族學校卅周年紀念會，對一般學生三百餘人致訓回，記上周反省錄與本周工作表。午課後審閱共匪與蘇俄軍力情報，甚為重要，晡與妻車遊山上。晚令緯兒[1]來談聯參工作情形後，散步時對宏濤[2]談監察院事，憤怒斥責又失體態矣，晚課。

一月七日　星期二　氣候：晴

雪恥：一、現代戰爭原子武器之編裝與戰術之研究與訓練（防大與指參）為本年優先工作之一。二、山地運輸工具車輛之研究，進戰如何。三、化學戰防護訓練，應擬訂全部整個完成計畫。四、禁止逃兵復補。五、海軍福利與被服不良及浪費甚多。六、空軍飛行員應學習初級俄語。七、原子戰爭中社會生活之研究與準備，疏散第一防護第二建築方針。

朝課後記事，經國來談監察院情形，入府召見調職人員四名後召開一般會談，指示中央銀行及軍隊，非總統命令不得由監察院任意調查之方針，以及對監察委員無理取鬧之決心，寸心煩悶苦痛。重要幹部皆不知輕重是非，更不明利害得失，而以個人之權利是視，中央無風格、無骨氣、無精神，可歎。

1　蔣緯國，字建鎬，蔣中正次子。曾任陸軍裝甲兵司令、國防部第三廳副廳長。時任國防部第五廳廳長。本年9月，回任陸軍裝甲兵司令。

2　周宏濤，浙江奉化人。自抗戰後期開始，長期擔任蔣中正秘書。1950年3月起，任總統府機要室主任。1952年10月起，兼任中國國民黨中央委員會副秘書長。本年3月，出任財政部政務次長。1959年3月，辭卸黨職。

一月八日　星期三　氣候：晴

雪恥：昨午課前後心緒沉重，但仍審閱軍事情報為快，晡與妻巡視基隆市，較前整潔進步矣。晚觀日製影劇頗佳，晚課。

本（八）日朝課後記事，對黨務無進步、無精神，不勝憂悶，中央領導幹部（常委）絕無革命求新精神，亦無志氣，而只看個人權利為其最大任務，可痛。今後對黨應從新改造：甲、政策。乙、組織。丙、幹部管理辦法。丁、黨性、骨格、風度。戊、任務目標。己、自我與心理之改造。庚、缺點之研究與業務之發展等項方案之要綱。上午以獨自考慮黨務，故未到常會，甚恐出席時憤怒不能自制耳。午課前後清理本年積案十餘件，皆甚重要而且得益甚多。晚膳後觀影劇，晚課。

一月九日　星期四　氣候：晴

雪恥：一、幹部最大缺點為官僚政客習氣難改，辦事敷衍應酬，得過且過，絕無根本改革與澈底解決之決心與精神，更不從最主要方法的組織與幹部之管理及考核入手，所以本黨在黨內並無對黨敬畏心理，因之紀律蕩然，而在黨外視之為官僚與衙門不值一文的東西，如此何能領導今日反共革命，完成抗俄復國、雪恥復仇之任務，思之惟有悲傷，可不積極振作、廉頑立懦乎。

朝課，記事，入府見英議員狄林[1]，並無重要問題，惟知英人對共匪的苦頭仍沒有嚐足為怪，聽取電子通訊的原理報告。午課後，批示與公超[2]談對菲

1　狄林（William B. Teeling），又譯悌林，愛爾蘭作家、旅行家，英國下議院議員，保守黨籍。中華民國的堅定支持者，於本年 1 月 3 日二度訪問臺灣。1960 年 2 月，與「自由中國之友協會」主席達拉斯（George Dallas）等人士，同獲頒授景星勳章。
2　葉公超，原名崇智，字公超，廣東番禺人。1949 年 10 月任外交部部長，本年 8 月出任駐美大使。

與東南亞聯盟的活動問題後,見朱約翰父子[1]茶點。晚觀美製戰爭與和平[2]影劇,可說最佳品。晚課。

一月十日　星期五　氣候:晴

雪恥:一、彈導飛彈與誘導飛彈之性能分別。二、反攻軍總司令登陸軍司令與兩棲聯合作戰司令等人選之決定。三、共匪對臺破壞路線之陰謀:甲、以待遇問題來減低軍隊士氣。乙、挑撥軍政與黨的關係。四、民意代表不可再以軍隊待遇之要求以市恩於軍隊,而打擊士氣與增加軍政間之裂痕。五、軍人在民意機關之告發問題。

朝課後記事,入府會客,召見嚴家淦[3]與馬明道[4],主持情報會談,甚覺去年社會治安不良,但經驗與進步亦多也。午課後批示要公十餘件,對匪軍副師長[5]來投誠之報告等皆有益。晡帶狗散步,以狗作反抗甚覺不快,憤怒不已,繼思狗尚如此,則於何怪,因之對監察員之無理取鬧反覺心平矣。

1　裴偉德(John H. Jouett)上校,及其子裴約翰少校。裴偉德,抗戰時期中央航空學校美籍總顧問,領導美國顧問團協助建立航空教育。
2　《戰爭與和平》(*War and Peace*),美製劇情電影,根據列夫·托爾斯泰(Lev Nikolayevich Tolstoy)同名小說改編,派拉蒙影業(Paramount Pictures Corporation)1956年發行。金·維多(King Vidor)導演,奧黛麗·赫本(Audrey Hepburn)、亨利·方達(Henry Fonda)主演。
3　嚴家淦,字靜波,江蘇吳縣人。1957年8月任行政院政務委員,1958年3月二度兼任財政部部長。自1948年行政院美援運用委員會成立,至1963年改組為國際經濟合作發展委員會,長期兼任委員、副主任委員,時兼任主任委員。
4　馬明道,北平市人。曾任駐土耳其副武官、駐埃及武官、國防部專員。時任駐伊拉克武官,其後擔任駐約旦武官。1960年10月奉調回國,任國防部高級參謀。後任教於政治大學東方語文學系土耳其文組,從事伊斯蘭研究。
5　張清榮,1957年任解放軍福州軍區高砲第六十三師副師長,於12月17日晨,駕漁船向金門守軍投誠,後改名張春生。

一月十一日　星期六　氣候：陰

雪恥：昨晚膳後散步，此心仍悶悶不解，回後閱貞觀政要文史篇完，晚課。

本（十一）日朝醒時，不覺已過七時，實（前後）睡足八小時，為最難得之佳象。朝課後記事，入府會客，召見調職人員後，主持軍事會談指示十餘項，批示公文。午課後，研究治安機構歸併與統轄方案頗費心力，此一總機構應歸省政府直轄而不歸國防部為宜。晡約陳[1]、俞[2]、張[3]、張[4]、謝（冠生）[5]等，討論對監察院彈劾俞[6]院長案，本擬置之不理，復應再三檢討，仍以依法申辯為宜，於是一面不能不決心對監察院黨紀之整頓，否則社會與紀綱不能維持，更何能談反共復國耶。晚散步後觀影劇（野火[7]）甚不行，中止。晚課。

上星期反省錄

一、監察院對行政院長彈劾案其臨時會議又無理取鬧，對黨紀與黨信絕不理會，而中央常委形成一群無氣節、無骨的集團，奄奄無生氣之現象，更足悲傷。

1　陳誠，字辭修，號石叟，浙江青田人。1954 年 5 月，就任第二任副總統，1957 年 10 月，獲任中國國民黨副總裁，1958 年 7 月，二度出任行政院院長。
2　俞鴻鈞，廣東新會人。時任行政院院長、中央銀行總裁。1954 年 6 月任行政院院長，本年 6 月 30 日辭職獲准。生涯三度擔任中央銀行總裁，在職期間自 1945 至 1946 年、1948 至 1949 年、1950 至 1960 年，任內病逝。
3　張羣，字岳軍，四川華陽人。1954 至 1972 年任總統府秘書長。
4　張厲生，字少武，河北樂亭人。1954 年 8 月接任中國國民黨中央秘書長。1959 年 3 月，受任駐日大使。
5　謝冠生，本名壽昌，字冠生，浙江嵊縣人。1950 年 5 月任司法院副院長，1958 年 6 月升任院長。
6　俞即俞鴻鈞。
7　「野火」，香港製劇情電影，1958 年北斗影業公司發行。張徹、李湄執導，李湄、高原、楊羣主演。內容講述女子宋海華苦海歷劫的人生。

二、此次行政院決議其院長不能到監察院被質詢案，證明其副院長[1]別有用意，可謂卑鄙之小人，如何處理。

三、愛克[2]對其國會新年之國情咨文，以實力保證安全的政策，並無新穎之處，但其內外影響大體不差也。

四、俄共又於九日向美、英各國提出其和平（宣傳）之主張，進一步追擊美國與分化其西方盟國之策略，幾乎有使美國還手不及之苦痛。

五、共匪所訂戶口管制條例，控制人民居住與行動，將更使我反共運動困難矣。

本星期預定工作課目

1. 對監察委員訓戒要旨：（一）監院在大陸上情形雖受匪宣傳挑撥，然不至如今日之甚，而今日監院言行已超過共匪所要求之程度。（二）監委是御史，有風格、有正氣、無私無我，而以其國利民福與忠於國家為主。（三）不損毀他人以自標榜。四、明是非、識大體、知本末，不輕使職權，以自重自愛。五、立國之道：甲、法律。乙、義務。丙、權利。丁、公德。戊、正義氣節。己、知恥自愛。庚、負責自制。辛、有形的物質、組織、生活。壬、無形的精神（合群）、道德。

---

1 黃少谷，湖南南縣人。1954 年 5 月任行政院副院長，1958 年 7 月出任外交部部長。

2 艾森豪（Dwight D. Eisenhower），又譯艾生豪、愛生豪、艾克、愛克，時任美國總統，共和黨籍。1951 至 1952 年，任歐洲盟軍最高司令，負責北大西洋公約組織的軍事行動。1953 年 1 月至 1961 年 1 月間，擔任兩屆美國總統。

一月十二日　星期日　氣候：晴

雪恥：一、審核預算要旨：對於另〔零〕星小數支出應特別注重，不可概括總數為定。二、漏稅舞弊案。

昨、今二日均以監察院不肖之徒的無恥言行，影響於國家前途甚大，無任悲憤，惟昨夜睡眠尚佳。今晨朝課後記事，手擬對監察委員談話要旨，上午與胡璉[1]談話，彼對政治實際問題能加體察為快。禮拜後，與叔銘[2]談治安機關重組方針，予以指針。午課後研閱勝利生活二篇，有益。晡與妻起程，七時前到角畈，遊憩解愁。晚膳後散步，晚課，觀影劇（馬戲團[3]）頗佳，十一時寢，服安眠藥。

一月十三日　星期一　氣候：晴陰

雪恥：一、今日黨員任務：第一在救國救民，即完成反攻復國使命。第二是民意機構的權利與法律。第三乃是個人的待遇與生活問題，否則國與民永沉不救，則稱你機構權利何在，而個人將淪為奴隸，生命竟不保矣。二、今日五院在臺，應以為國效命服務，盡到反攻復國的職責，而不是較量權利、爭論榮辱的時地，如必以行使權利為主，則須知你們民意代表的權利的行使等於對國家與人民殉葬的權利，而不是復國救民之權利，應加注意。朝課後記事，手擬對監察院講稿要旨，散步。午課後，研閱荒漠甘泉與勝利生活甚有益。晚觀影劇，晚課。

1　胡璉，字伯玉，陝西華縣人。1957 年 7 月回任金門防衛司令部司令官，1958 年 10 月接任陸軍總司令部副總司令。

2　王叔銘，本名勳，號叔銘，山東諸城人。1952 年任空軍總司令，1957 年 7 月升任國防部參謀總長，1959 年 7 月調任總統府戰略顧問委員會副主任委員。

3　《馬戲團》，疑指 1958 年春間在臺上映的《大馬戲團》（馬純岱導演，石英、趙雷主演，香港邵氏兄弟影業出品），也可能指 1957 年在臺上映的《沈常福大馬戲團》（唐紹華導演，戴綺霞、李行、王琛、沈常福大馬戲團等演出，臺北聯邦影業出品）。

一月十四日　星期二　氣候：上晴下陰　晨前大雨　地點：角畈

雪恥：來山三日，考慮對監察院不法之徒的荒唐狂妄言行，非加以澈底懲治，不能建立紀律，維持威信，乃自反省與檢察以後，甚覺不如變換方式與態度，和他們平心靜氣的加以理喻情感，或更於大局有益。又讀勝利生活至戰勝愚頑粗劣之世界（五月五日）章，更使我對黨員開除黨藉〔籍〕、以示懲治方法，並非對黨與革命惟一有益之事，並讀荒漠甘泉數篇，皆使我獲益無窮。

朝課後手擬對監院講話要旨三小時之久。正午與希聖[1]談講稿要旨八目與內容重點足有一小時餘方畢，甚覺心神疲乏也。午課後記事，研閱勝利生活二篇，審核俞[2]院長對監察院彈劾案申辯書後，批示其如期提出為宜。晚觀影劇，閱報，晚課。

一月十五日　星期三　氣候：陰

雪恥：一、紐約時報小沙子白克[3]已對我作四周圍攻計畫，其行動且已在歐美與臺灣該報記者積極開始，應加注意。

昨夜服藥後，睡眠仍不甚佳。今晨朝課後，研閱荒漠甘泉與勝利生活，十一時前與妻乘車回蔣林。午課後批示將官晉級名冊後，見屬生與叔銘，關於治安機構歸併隸屬問題，與明日召集監察院黨員談話會之準備等事。晚校閱談話稿畢，晚課。

1　陶希聖，原名匯曾，字希聖，以字行，湖北黃岡人。歷任革命實踐研究院總講座、中國國民黨中央常務委員會委員、立法委員。1955 年起，為蔣中正主擬《蘇俄在中國》書稿，1956 年 12 月出版。
2　俞即俞鴻鈞。
3　沙資勃克（Cyrus L. Sulzberger II），又譯小沙子白克、小沙絲白克，美國新聞記者，1940 年代和 1950 年代《紐約時報》（*New York Times*）外國通訊員。

一月十六日　星期四　氣候：雨　寒

雪恥：一、中央對監院黨部整組應立即採取行動。二、談話稿應着重於其彈劾案提出，未經過黨部和中央審核手續，亦未報告總裁徵求其意見，此為最大之根本錯誤，並不對其彈劾案之法律依據有所指責。三、南京下野情形與關係一段，應可增補。四、對監院于委員[1]所舉四點的答覆，亦應補充，並對監院在南京之言行態度之頌贊應強調。

六時起床朝課後，整理對監院談話要旨，幾乎三小時之久。十一時在中山堂召集監委黨員與中央委員全體訓話，第一次約一小時三刻，宴後答監委陳述不正之點，約談卅分時畢，散會。吊徐傅霖喪。午課後研閱荒漠甘泉，重修講稿。晚與希聖、公超談話，晚課。

一月十七日　星期五　氣候：雨　寒

雪恥：本日四種不利的消息：甲、美駐華大使忽另調人（鍾華德[2]將使印尼）。乙、胡某（秋原[3]）無意識的悲觀書件。丙、美國記者與臺灣政客反動派勾結利用，動搖外國觀聽。丁、辭修手段言行風度毫無改正，令人灰心，而黃少谷之自私政客作風，其心不可問。中央情形如此，不能不憂慮倍至。此次監察院對俞鴻鈞彈劾風潮，其最初的原因還是在中央本身有矛盾形成，這一對政策不利的重大影響只有痛心，自承我知人不明，終至失敗一生

1　于鎮洲，號子清，河南西平人。第一屆監察委員，為監察院俞鴻鈞案處理小組十一位成員之一。本日蔣中正邀集中國國民黨中央委員、中央評議委員及黨籍監察委員近二百人餐敘，會中于鎮洲等監委先後發言，對俞案表示意見。

2　鍾華德（Howard P. Jones），又譯瓊斯，美國外交官員。時任美國國務院主管遠東事務副助理國務卿。本年 3 月至 1965 年 4 月，任美國駐印尼大使。

3　胡秋原，原名曾佑，筆名未明、石明、冰禪，湖北黃陂人。1948 年當選第一屆立法委員。1949 年往香港，任《香港時報》主筆。1951 年到臺灣從事文化教育工作，歷任臺灣師範大學、政治作戰學校教授，中央研究院近代史研究所研究員。

而已。朝課後記事，入府召見全漢昇[1]、羅賢書[2]等六員後，主持財經會談，心緒不佳。午課後批示公文，晡觀影劇，膳後與妻車遊市區回，晚課。

一月十八日　星期六　氣候：雨

雪恥：昨日以中央矛盾致起消極，感想真可謂之「說不出」的苦痛，但昨夜睡眠甚佳，已入正常為樂。晨醒反省局勢，並未如胡某所說之危急，乃由一般心理之人為的造成所致，對事灰心與對人失望之情緒，只有以積極奮發、忍痛負重之精神出之，幸而矛盾情形發覺尚早耳。

本晨朝課後記事，入府召見調職人員五名，李運成[3]舊日將領皆可用也。主持軍事會談，指示預算審核應注重細目，減除浪費為第一要義，省市地方預算應再核減，勞軍費用應撤消。午課後批閱公文，對少谷印發胡秋原函件甚驚奇，其用心何在，約岳軍談此事，乃為有意在行政院自相矛盾也。晚觀影劇後晚課，今晚睡眠不佳也。

上星期反省錄

一、本周全部心神幾乎為監察院不法越規言行所困惑，其影響所及不僅對外
　　交與共匪所利用，以損害政府威信與力量，而且引起臺灣本省人對內地

1　全漢昇，廣東順德人。中國經濟史學家。1949 年 1 月隨中央研究院歷史語言研究所
　　遷臺，累遷為終身職研究員；並受臺灣大學校長傅斯年囑託，任教臺灣大學經濟系。
　　1952 年至 1955 年並兼系主任。
2　羅賢書，安徽宿松人。1956 年 4 月任國防部高級參謀，1957 年 4 月任第三十四師參謀長，
　　時任預備第四師參謀長，後任預備第五師副師長，1963 年 2 月任第二十七師副師長。
3　李運成，字樹功，湖南湘陰人。1954 年 5 月任金門防衛司令部副司令，時任國防大學
　　學員，後調任第一軍團副司令，1959 年 11 月調任澎湖防衛司令部司令。

遷臺人員之輕侮，必將動搖反本〔共〕復國之基地，尤其遷臺人員將無
死所。此中關係，陶百川等反動之罪惡，其肉將不足食矣。于右任之老
滑、不負絲毫責任，更為黨德憂也。

二、人心浮盪，社會澆薄，在在可導致卅七〔六〕年二二八臺灣之事變，一
般政客官僚惟以爭權奪利是尚，不顧其死日將至，尤其中央與行政院內
部愚頑自私之太多，卅八年南京之覆輒〔轍〕，如稍不慎即將重蹈矣。
應如何積極防止，不使八年忍辱耐勞之心血竟化於一旦也。

本星期預定工作課目

1. 衛生環境。

2. 社會秩序。

3. 服務精神。

4. 友共風氣不可放縱。

5. 約馬友義克[1]與德議員訪問團茶會。

6. 約宴蒲倫脫[2]分處長。

7. 軍官團教育程目與計畫應分別規定。

8. 對風紀儀容應特別規定。

9. 段昌義[3]應派美留學。

10. 凡軍中慰勞與講演人員應須經國防部核准。

11. 懲戒委會之組織與產生及職權應研究。

1　馬尤尼克（Ernst Majonica），又譯馬友義克、馬尤尼卡，西德聯邦議院（Bundestag）
　　議員兼中德文化協會主席。

2　卜蘭德（Joseph L. Brent），又譯白倫特、蒲倫脫、勃蘭特、白蘭達，美國外交官，美
　　國經濟合作總署駐華分署署長。

3　段昌義，號仲斌、龍望，安徽合肥人。1957 年 2 月任第六十八師副師長，4 月調任革
　　命實踐研究院實踐學社教官。1958 年 2 月調任第一軍參謀長，1961 年 11 月調任預備
　　第八師副師長。

12. 立法與監察二院之黨團秘密組織。

一月十九日　星期日　氣候：陰

雪恥：今晨醒後，對於監察院胡鬧之對策，最後擬召集中央級各民意代表，立、監委與國大代表，全體在臺人員作評判與信任投票，以民主方式來對監員之跋扈造亂也。對目前局勢應作最後準備，以維持復興基地與實力，否則必致影響民眾對政府之輕侮與對內地人之卑視以啟其背叛之心理，此將為國家最大之致命傷也。

朝課後記事，上午鴻鈞來見，談遷臺時江杓[1]購械款項出賬事，並談財經計畫，彼尚未表現消極之意為慰。禮拜後往士林公所投縣議員選舉票回，記上周反省錄。午課後審核對監委談話記錄稿，至深夜方畢，大體尚可，但仍須大事修正耳，晚課。

一月二十日　星期一　氣候：晴

雪恥：一、八全大會時，以劉健羣[2]、賀衷寒[3]等未能參加中央組織關係，乃有從中煽動不滿現狀之黨員中民意代表，引起人心浮動，造成此次監委彈劾俞

1　江杓，字星初，上海人。1954 年 7 月，回任國防部常務次長。1955 年 11 月，調升行政院政務委員兼經濟部部長。1958 年 3 月，獲聘總統府國策顧問，復兼行政院駐美採購服務團主任。

2　劉健羣，原名懷珍，字席儒，貴州遵義人。曾任三民主義力行社書記，第一屆立法委員。1948 年當選立法院副院長，一度代理院長職務。1950 年 12 月升任立法院院長，翌年 10 月辭職，仍任立法委員。

3　賀衷寒，號君山，湖南岳陽人。曾任三民主義力行社書記，第一屆國民大會代表。1950 年 3 月，出任交通部部長。1954 年 6 月，獲聘總統府國策顧問。1962 年 11 月，任中國國民黨中央設計考核委員會主任委員。

鴻鈞院長之風潮，乃覺大會時對舊有不良幹部如何安置問題未能深加考慮之失策也，以後應加補救以消除內患也。二、談話稿中應補充者：甲、希望不願受我領導者自動脫黨，另組政黨，不可借名黨員而在黨內破壞本黨，此比任何敵人對革命危害更大，應勸其光明行動脫黨，反為他人所敬愛也。乙、彈劾案中對行政事務之疏忽，即以違法失職之罪名加諸行政首長之上，如其並無叛國殃民與貪污不法之罪，則實無彈劾之必要。

六時起床後，除朝、午、晚三課如常舉行，以及午膳後散步、午睡共約一小時半以外，自晨至暮皆修改談話稿，足有十二小時之久，惟精神並未感覺疲乏為慰。

一月二十一日　星期二　氣候：晴

雪恥：一、美共和黨參議員陶沙克[1]對華士兵退役金援助計畫之提異議一事，殊值注意，此或為該黨對華態度與政策改變之表示，抑或今年希望我補助乎。二、講稿補充部分，大陸上黨部往往對不規、吵鬧的黨員遷就他、怕懼他，而其對於守分循規的黨員反使不加重視、不予聯絡，所以養成了欺善怕兇的惡習。這些人來臺以後仍舊存着這種觀念，我自改造時代起要求中央澈底改革這個作風，凡是反黨違紀者一概不予理會，任其自由行動，看他如何就行了。

朝課後記事，入府與陶亦樂[2]談話，接見西德議員團[3]，約談一小時，甚慰。批閱。午課後重修講話第二次稿，至晚未完。晚觀影劇，晚課，十一時半寢。

1　賓克生（Everett M. Dirksen），又譯陶沙克、賓甘，共和黨成員，時任美國參議院議員。1959 至 1969 年為參議院少數黨領袖。

2　賓意爾（Austin K. Doyle），又譯賓亦樂、陶亦樂、杜亦樂，時為美國海軍將領，1957 年 7 月至 1958 年 8 月任美軍協防臺灣司令部司令。

3　西德國會議員友好訪問團團長、聯邦院副議長野格（Richard Jaeger），及西德聯邦議院議員馬尤尼克（Ernst Majonica）等人。

一月二十二日　星期三　氣候：陰雨

雪恥：一、內部統一的自然生活。二、靈性生活與生命。三、自我本能與潛意識。四、道德與精神。五、暴怒、疑惑與懼怕的心理之研究。六、冒險心與責任心。七、怠性與消沉，灰心與喪志。八、推動力與創造力。九、生命深處的道德力。

五時半起床朝課後，即整補前講稿至十一時方完，到中央主持總動員會報下段。午課後重整前稿，晚觀影劇後晚課，十一時前寢，睡眠頗佳。關於本日增補講稿中，本黨分成二個政黨之主張，余乃焦心操慮，認為惟一救黨之辦法，惟恐主要幹部不能贊成為慮。

一月二十三日　星期四　氣候：陰

雪恥：今晚為美合作分署長卜蘭德餞別，並與陶亦樂、鮑文[1] 商討軍援問題。

六時起床，朝課後續補前稿，對中央常會指示務須貫澈余分成兩黨之主張，不辜負八全大會對本黨革新與復望〔國〕之期望一段完。上午入府，召見去年情報優績人員卅餘名，予以嘉勉，召見調職人員六人，並見王雲五[2] 副院長，聽取其在美考察胡佛委員會整政調查報告之大意。午課前後研閱勝利生活與荒漠甘泉，晡約西德議員訪問團茶會。

1 　包文（Frank S. Bowen Jr.），又譯鮑文、包恩、鮑恩，時為美國陸軍將領，美國軍事援助顧問團團長，1956 年 9 月 18 日到任，本年 7 月 14 日離任。
2 　王雲五，字岫廬，籍貫廣東香山，生於上海。1949 年到臺灣，主持臺灣商務印書館。1954 年 8 月，出任考試院副院長。1958 年 7 月任行政院副院長，兼總統府臨時政治改革委員會主任委員。

一月二十四日　星期五　氣候：陰

雪恥：近日心神不佳已極，甚以今年這一年之最後成敗關頭，不知如何忍耐渡過矣。

朝課後記事，入府會客，召見調職人員後批示公文，主持宣傳會談，對於一般黨務之無知識與方法，不能生存於現在之世界，甚為苦悶，尤其是內地來臺之民意代表與知識分子驕橫惡劣，不知其為臺藉〔籍〕人民之輕侮賤視，將無立足餘地之環境茫然不悟為憐。午課前後審閱講詞印本，晡到高雄獨自散步，悶悶不樂，晚課後九時半寢。

一月二十五日　星期六　氣候：晴　溫度：六十七
地點：高雄

雪恥：昨夜睡眠尚佳，起床時忽報「白浪'」（新犬）昨夜在書房地毯上便溺，污臭不堪，又動無謂之腦〔惱〕怒。朝課後見報，知監察院對彈劾俞案又提出補充資料，於懲戒委會增加困難。彼等對中央秘長本允打消補提，而乃背信補提，可知黨員之無紀不德已極，黨事不可復為矣。上午主持海軍官校畢業典禮後，巡視理化與通信教室設備，甚新為慰。聚餐時叔銘報臺藉〔籍〕士兵一名因被打自殺，其親母受臺省反動派之鼓惑，竟欲藉此以發生風潮，更令心神苦痛。午課後感覺此時最要忍耐，讀孟子養氣章「必有事焉而勿正，心勿忘，勿助長」句，漸漸平息矣。記事後與經兒同往大貝湖視察，順道視察圓山分旅館，不料白浪出門後即不見，直至八時後始尋獲，此乃失而復得之欣快，甚於一切之喜悅，可說本日終日憂悶而最後能轉快樂也，晚課。

1　白浪、白郎、佩狼、佩朗（Brown），蔣中正的愛犬。

上星期反省錄

一、本周重心工作注力於對監察委員之黨員講話錄之修整，其間關於救黨方法為分成二黨之主張一節更為重要，但常會全不贊成，經兒亦以為不宜，但其間接的副作用，即望中央能以此切己反省負責革新一點，或能發生影響乎。

二、臺灣縣市議員之第三次選舉已順利完成，本黨仍能獲得百分七十八之多數，而民、青兩黨僅為百分之五，連其同路人在內亦不過共為百分之十五而已。

三、西德議員訪問團之態度言行皆足令人起敬愛之心。

四、本周心神苦悶，幾乎時生消極之念，惟時閱荒漠甘泉與勝利生活，亦時能自反自制耳。

本星期預定工作課目

1. 年節金：吳〔胡〕旭光[1]、沈秘書[2]、陳希曾[3]、王家域〔棫〕[4]、傅。

2. 新兵會客室應在門房，衛兵所不可在寢室附近。

3. 空降訓練營廁所與游泳池應特談清潔。

4. 空降團副團長韓其澤[5]口結不順。

5. 財經研究（方針）報告。

1　胡旭光，江蘇無錫人。1956 年 2 月調任國防部聯絡局局長，並任總統軍事翻譯。

2　沈錡，號春丞，浙江吳興人。1952 任總統英文秘書，11 月起兼機要秘書，1954 年 8 月兼中國國民黨中央第四組副主任。1956 年 2 月，出任行政院新聞局局長。

3　陳希曾，名祖興，浙江吳興人。1938 年 3 月至 1945 年 11 月，任軍事委員會委員長侍從室第一組（總務組）組長。1945 年 10 月至 1948 年 5 月任國民政府參軍處總務局局長。1948 年 5 月至 1949 年 1 月任總統府第六局局長。後移居香港。

4　王家棫，筆名王孫、朴人，江蘇常熟人。曾任中國國民黨中央宣傳部國際宣傳處專門委員、行政院新聞局副局長等職，時任中央通訊社副社長。

5　韓其澤，山東淄川人。時任陸軍空降步兵教導團副團長。

6. 對懲戒委會處理俞事之注意。

7. 中央銀行購械款項之報賬。

8. 臺灣各縣市議會選舉經過之研究。

一月二十六日　星期日　氣候：晴　夜雨

雪恥：近日心神苦悶，不僅黨的本身甚感無法承受，尤其是中央黨部形成為官僚政客的一群，簡直是無志氣、無作為、無出息的酒囊飯桶，如何能表率群倫，振作革命精神，完成反共復國實現主義之使命。屬生秘書長如此，其他的幹部亦無出其右者，皆不過如此，此乃本黨惰性頹風習慣養成，認為無法轉移，亦無挽救之道，若不重起爐灶，決無新生之望矣。

朝課靜默時，一片包和涵虛、充沛光明之景象，雖其時與地有關，而亦修養進步之象徵乎。記事，膳後散步巡視畢，往屏東視察空降訓練情形一小時餘，頗覺有益。正午上機飛臺北，午課後與妻車遊淡水回，入浴。晚記上周反省錄，閱貞觀政要，晚課。

一月二十七日　星期一　氣候：陰雨

雪恥：一、對於中央黨部幹部的官僚政客習性，已成不可救藥之痼疾，此種敷衍塞責、因循苟且之作風，自非一朝一夕之事所來者已久，至今已成為積重難返之絕症，可說是無是非、無邪正、無優劣，乃至無志節、無廉恥之一群，不知其將何以繼續革命歷史矣，憂心忡忡，不知所止。

朝課後記事，上午批閱公文，清理積案，午課後審核將領讀訓心得（蘇俄軍事思想），數月來最大之積案，今日竟如計清理完成，略覺自慰，但黨務與國際形勢之惡劣，不能使人樂觀耳。晚觀影劇，閱政要批示後，晚課。

一月二十八日　星期二　氣候：晴

雪恥：一、菜根譚：降魔者先降自心，心伏則群魔退聽，馭橫者先馭此氣，氣平則外橫不侵。近日橫逆時來，心氣多懷不平，讀此乃覺如服冷劑，熱燄全消為快。

朝課後記事，此心仍憤悶不平，上午到陽明山研究院，對臺省本黨第四屆全省代表大會致詞約四十分時，尚覺未盡其意也，回寓。閱經兒去年日記，其間有言：「我們雖尚未成功，但並未失敗，只要有了我們存在，就有我們勝利最大的根據。」此實我所常言的「存在就是希望」之意，可知其修養已有進步。午課後召見謝冠生同志，商討監察院對俞[1]彈劾案補充意見書，並無增加新的證據，除行政上有小問題不能不依法申戒外，餘皆無重大關係，乃決以依法申戒，早了此案，為最後方針也。

一月二十九日　星期三　氣候：陰

雪恥：昨閱監院對俞補充書，其對我「暫不受其調查」之命令仍隻字未提，可知其尚有忌憚之心，亦未對調查中央銀行事再有爭執，故決先依法了案，而對於其違反黨紀案則另予處理，此亦逆來順受之一法乎。晡見胡璉司令官談金門彈藥存貯必須進入山洞為要之意，切告其勿忘。養魚消遣，心氣漸平矣。晚車遊市區，道路寬平、建設進步為慰，閱卷，晚課。

本（廿九）日朝課後記事，上午主持中央常會，對黨部與常委頓生無望乃至絕望之心，可說是一個官僚政客之一群，毫無革命與新生之氣味，尤以屬生之圓滑不實為甚，簡直無一人能為黨國略負一點責任，盡其革命應盡職任耳。

1　俞即俞鴻鈞。

回寓批示，午課後審核孟緝[1]讀書心得有益為慰，晚觀影劇，晚課。

一月三十日　星期四　氣候：陰

雪恥：一、禁止各總部擅約政客講演與談話。二、最近一般政治環境與共匪在臺宣傳陰謀，可說以胡秋原之思想與方式為最高路線，而以抹煞領袖地位與減損領袖威望，乃使一般黨政人員在不知不覺之間，無形中逐漸毀滅反共之領導中心，使之自動瓦解，而後彼匪乃可不費什麼力量，一舉而能滅絕臺灣也。今日宣傳重點應特別着重於此一問題之對策也，但不能以正面反擊出之。

朝課後記事，上午入府會客，召見國際問題研究委員與調職人員後，批閱，與岳軍談臺灣近情及黨政關係改正關係之組織等，甚有益。午課後審核將領人事與中少將晉任人員案，大體完成，亦頗費心力也。晚與妻車遊淡水回，審定李德哈達[2]戰略論重印之張[3]序等文畢，晚課。

1　彭孟緝，字明熙，湖北武昌人。1954 年 8 月，擢升為副參謀總長，兼代參謀總長，旋真除。1957 年 7 月調任陸軍總司令部總司令並兼臺灣防衛總司令。

2　李德哈特（B. H. Liddell Hart），又譯李德達、李德哈達，英國軍事記者、軍事理論家、戰略學家。主要著作包括《戰略論》（*Strategy*）、《第一次世界大戰戰史》（*A History of the World War, 1914-1918*）、《第二次世界大戰戰史》（*History of the Second World War*）等多部戰略理論、戰史，並編有《隆美爾戰時文件》（*The Rommel Papers*）等。

3　張其昀，字曉峯，浙江鄞縣人。時任教育部部長。1950 年，任中國國民黨中央改造委員會委員兼秘書長。1954 年 6 月，出任教育部部長。本年秋，相繼出任革命實踐研究院及國防研究院主任。

一月三十一日　星期五　氣候：陰　夜雨

雪恥：一、周至柔[1]、張厲生、蔣經國、黃振〔鎮〕球[2]之職務。二、陸軍
減員計畫不可實施。三、今日又聞一位老華僑在臺以年老自輩〔卑〕而自
殺，此種悲觀惡風應設法消弭，仍在組織與方法及人事如何改良耳。

朝課，記事，入府召見晉升少將人員五名，主持軍事會談，聽取縮減軍事員
額計畫報告後，甚覺叔銘對事太主觀不協調為慮。午課後，批閱公文後，車
遊市區，秩序尚佳。晚觀影劇（美陸戰隊訓練與精神）甚佳，晚課。

1　周至柔，原名百福，字至柔，以字行，浙江臨海人。1957 年 8 月，調任臺灣省政府主席，
　　兼臺灣省保安司令部司令。
2　黃鎮球，字劍靈，廣東梅縣人。1957 年 6 月，調任臺北衛戍總司令部總司令。1958 年
　　7 月就任臺灣警備總司令部總司令，8 月回任總統府參軍長。

上月反省錄

美空軍於月底發射怪獸飛彈，越大西擊中全程五千里之目標，如真為事實，則其洲際飛彈完全成功矣。

一、美國人造彗〔衛〕星（探險家）於卅一日發放成功，反共世界精神為之一振，此事影響大局，對於美、俄科學武器競賽中乃又入一新階段，對我反攻復國當有轉好（影響）關係乎。

二、美、俄文化交流以二年為期之協定，已於廿七日簽訂，其後果如何，不可預料也。

三、新疆回族反共獨立之消息，必為俄共所指使無疑。

四、敘利亞、也門歸併埃及的運動之實現，乃為俄共在中東滲透陰謀之重大成就之第一步。

五、國際型態：甲、俄共在一月十日又提新建議，追迫美國急開巨頭會議。乙、愛克覆俄酋去年之函意，提出六點建議予以還擊，比較有力。丙、英首相在年初主張與俄訂立不侵犯條約之怪象，但俄反予以為其言辭對俄不恭敬之抨擊。丁、西歐六國共同市場與原子資源之聯合經營，已於年初實施。戊、巴克達公約廿一日在土耳其開會，杜勒斯乃以美國觀察員身分參加，以壯其聲勢，但仍空洞不實耳。己、韓對日態度之轉變乎。

六、共匪戶口登記證辦法之發布，其管制更進嚴密，予我情報人員與組織活動更為困難。

七、匪區反右派鬥爭尚未停止，其偽人民代表大會之初，對於反共分子與尾巴黨派如章、羅[1]聯盟之首要等，予以正式革除。

八、匪部上山下鄉運動，皆遭遇各種之反抗與無聲之抵制，其後果必將不堪設想也。

九、本月本身實為精神上最苦痛且遭受重大之打擊：甲、由監察院彈劾俞鴻鈞案所引起之後果發展至此，殊所不料，此為最大之原因。乙、辭修言行好弄小術，不識大體，令人失望。丙、行政院內黃少谷態度鬼祟無聊，致為外界所乘，最為傷心。丁、中央黨部常會形成為官僚政客的一群，毫無革命生氣，尤以厲生之油滑敗事，以致黨失威信，憤激悲傷無已，此為八年來最大一次之悲痛與失望也。[2]

1　章、羅，即被中共指控為「章羅同盟」的章伯鈞、羅隆基。章伯鈞，安徽桐城人。中國民主同盟和中國農工民主黨的創始者和領導人之一，中華人民共和國交通部部長，《光明日報》社社長。他在 1957 年反右運動中，被打為「中國頭號資產階級右派分子」。羅隆基，字努生，江西安福人。中華人民共和國成立後曾擔任民盟中央副主席、森林工業部部長、全國政協常務委員和全國人大常委會委員等職務，反右運動開始後備受批判，有中國第二號「右派」之稱。

2　第十至十五條記於 2 月 1 日反省錄後。

蔣中正日記
Chiang Kai-shek Diaries

二月

蔣中正日記
Chiang Kai-shek Diaries

蔣中正日記
Chiang Kai-shek Diaries

民國四十七年二月

本月大事預定表

1. 第一軍長周中峯或郭彥？何俊[1]？

2. 恢復中央政治會議與憲法研究小組。

3. 黨政關係加強的方法。

4. 聯系民意代表與反動人士之組織。

5. 發起時局坐〔座〕談會（黨部與社會）。

6. 軍事會議要旨與本年主要工作及方針之指示。

7. 組織各種顧問研究委員會，以收容各種不同之智識分子與中立主義者。

8. 民意代表機構的黨員新登記辦法。

9. 恢復政治會議（負責）制，何如。

10. 德國貿易與潛艇之訂購計畫。

1　何俊，字識之，湖北沔陽人。1955 年春調任第一軍副軍長兼馬祖守備區指揮官，1957 年 5 月調任第十七師師長兼馬祖守備區指揮官，1958 年 12 月離任。

二月一日　星期六　氣候：晴　夜雨

雪恥：一、反動政客自命為自由分子者，近日之論調約有三種：第一為胡秋原以抹煞領袖之地位，使反共革命失卻中心者。第二為左舜生[1]以臺灣為美之殖民地，視今日政府為傀儡以搖動人心，認為反攻絕望，造成為兩個中國之影響。第三為成舍我[2]以今日政府為戊戌年之清廷腐敗無知，不久將被革命所必然淘汰者。此三者皆為共匪所期望，而彼等又以反共為名，故其作用與影響必比共匪正面宣傳之大過十倍而不止也。

朝課，記事，入府召見讀書心得優者五員，主持財經會談，審核外匯政策決定原則，頗為慰。午課後，為華僑梅其駒[3]在臺自殺而憂慮，會客，並屬王稼域〔家棫〕重編荒漠甘泉新譯本，其譯筆甚佳為慰。晚閱緯國等心得書，晚課。

上（一）月反省錄續

十、臺灣人心浮盪、風習澆薄、社會不安之象日增，最應注重如何使之設法
　　消弭：甲、宣傳輿論界。乙、民意代表。丙、教育界。丁、工商界。
　　戊、反動組織（自由中國等）皆應分別處理。

1　左舜生，譜名學訓，號仲平，字舜生，以字行，湖南長沙人。曾任中國青年黨中央執
　　行委員會委員長。1949 年到香港，創辦第三勢力反共刊物《自由陣線》。先後在香港
　　新亞書院、清華書院任教。
2　成舍我，名希箕，又名漢勛，湖南湘鄉人。1948 年當選第一屆立法委員，誼屬革新俱
　　樂部。中共接管北平前，走南京，再移居香港，與王雲五、左舜生等人發起《自由人》
　　三日刊，繼續鼓吹民主自由、反共救國理念。最後於 1952 年冬定居臺灣。1956 年在
　　臺北創辦「世界新聞職業學校」。
3　梅其駒（Ernest K. Moy, 1895-1958），美籍華人，活躍於美中兩國報界，持反共立場。
　　於 1950 年代投入美國「援助中國知識人士協會」（Aid Refugee Chinese Intellectuals,
　　Inc.）會務，協助南渡港澳的知識分子移居美國、臺灣、東南亞等地。1956 年 9 月來臺，
　　在臺北市經營商行。本年 2 月 1 日在中華路美軍招待所服藥自殺，遺書自謂精力耗盡，
　　為國永懷忠貞，願為中美兩國祝福。

十一、此次縣市議員之選舉,惟臺北市高玉樹[1]等一派之反政府言行甚於共匪之所為,毫無忌憚,應予處置。

十二、臺藉〔籍〕士兵最近亦發生槍殺上官與自殺等行動,應特別注重與解決辦法。

十三、監察院十一人小組在我對其勸導後,而仍提其補充彈劾之追究書,可痛,實予我以最大之激刺,可說最近心神之焦急皆出於此也。

十四、本(一)月工作:甲、荒漠甘泉之新譯本(王家域〔棫〕)見之手不釋卷,對於勝利生活之研究亦加倍努力,此乃有進益乎。乙、將領去年讀書心得之評閱,關於陸軍者已大部完結。丙、空降特種部隊已開始編訓,但美之傘具尚未到來。丁、臺省黨部第四次全省代表會已如期舉行。

十五、美共和黨參議員寶甘對我軍援發生異議,小沙子白克等對我作有計畫的在美、歐、臺灣皆作反宣傳與誣陷。

本星期預定工作課目

1. 改正社會風氣與政治積習,乃為本年最重要之工作。
2. 中央日報社論與宣傳應統一負責。

1　高玉樹,臺灣臺北人。1951年競選臺北市第一屆省轄市民選市長落選,即赴美參加美國經濟合作總署訓練,1953年返臺任聯勤第四十四兵工廠技術顧問。1954年以無黨籍身分再度競選成功。1957年競選連任第三屆臺北市市長選舉失利,選後擔任臺中駐臺美軍顧問。1960年放棄競選第四屆臺北市市長,與李萬居、雷震籌組中國民主黨。

二月二日 星期日　氣候：陰晴

雪恥：一、布雷[1]遺書應印發。二、共匪對臺陰謀活動方式及其宣傳間接路線之揭穿。三、共匪謀害領袖之計畫：甲、直接殺害。乙、間接毀謗，動搖威信，抹煞地位。四、發動時事坐〔座〕談會的各種方式與長期不斷的計畫，以及分別負責聯繫與說服的計畫。五、教育界、藝術界與民意代表等各方面，組織集會討論之大綱結論的準備。

朝課後記事，上午召見王、彭[2]、毛（景彪）[3]等，商討軍隊今年之員額問題已獲解決。禮拜後與鴻鈞談行政院改組問題，午課後接見符立德[4]茶點，與妻車遊山上。晚觀影劇（伊士坦堡[5]），晚課。

二月三日　星期一　氣候：晴

雪恥：黨務要目：甲、對監察彈劾案在黨立場應如何處理。乙、立、監二院黨員組織如何改正。丙、黨政關係如何加強組織與領導方法。丁、今後

1　陳布雷（1890-1948），名訓恩，字彥及，筆名布雷、畏壘，浙江寧波人。民國時期報界評論家，後得蔣中正延攬，開啟黨政生涯，曾任中國國民黨中央宣傳部副部長、中央政治委員會副秘書長、國防最高委員會副秘書長、軍事委員會侍從室第二處主任等職，被稱為「蔣中正之重要文膽」。1948 年 11 月 13 日，服用過量安眠藥致死。寫給蔣的遺書以個人「年迫衰暮，無補危時」抱憾，又因「一般老百姓之中毒素宣傳，以散播關於公之謠言誣衊者，不知凡幾」而自己未能盡力挽回，表達了「萬萬無可自恕自全之理」。

2　王、彭即王叔銘、彭孟緝。

3　毛景彪，號嘯峰，浙江奉化人。蔣中正內侄。時任國防部第一廳廳長。本年 8 月，出任國防部人事參謀次長。

4　符立德（James A. Van Fleet），又譯菲列德、符理德、菲列塔、菲列得，美國陸軍將領，曾任第八軍團司令、駐韓聯合國軍總司令。1953 年退役後，曾擔任艾森豪總統的遠東特使。本年 1 月 31 日，以二十世紀福斯公司（Twentieth Century Fox）顧問身分訪臺，協商電影《六福客棧》（*The Inn of the Sixth Happiness*）拍攝事宜。

5　《伊斯坦堡》（*Istanbul*），美國環球影業（Universal-International Pictures）1957 年發行。約瑟・波夫尼（Joseph Pevney）導演，埃洛・弗林（Errol Flynn）、康尼・波卻（Cornell Borchers）主演。內容講述一場鑽石爭奪風波所串連起的異地羅曼史。

對黨員管理與態度應改為嚴正與淘汰。戊、中央應檢討去年對社會、對黨員之態度與方法，目無黨紀、目無政府之恥辱負責改正。己、過去這種自輕自侮、自暴自棄之心理與作風應如何澈底改正。庚、無革命氣氛、無志節、無廉恥的習性，乃是革命致命傷，如何能改變為廉頑立懦的作風。

朝課後手擬講目，上午到各軍事學校校長講述班，約講一小時一刻，最後對於反動文人有意抹煞領袖地位與威望一點，特別強調警戒，自覺失態為苦。回記事，午課後約金宏〔弘〕一大使[1]茶點後，散步觀魚消遣，與經兒談時局與本黨現狀，勸我不要焦急傷神。晚觀影劇，晚課。

二月四日　星期二　氣候：陰雨

雪恥：一、革命是要轉移風氣、克服環境，而非為環境所克服、所轉移，成為無骨氣的、被汰淘的賤種。二、領導革命機構最大任務，在預測一般的趨勢，防止敵方陰謀，強固本身陣基。三、革命方法與環境就不能全憑法律，而且有時要打破法律，以維持革命利益。四、違紀非法手段來對違紀叛徒。五、說明共匪最近對臺陰謀手段與間接宣傳方法。

朝課後記事，考慮對宣傳會談指示要旨，入府召見優秀人員七名，主持宣傳會談約二小時，作重要指示。午課後批閱公文，核定治安機構組織系統與職權較為重要。與妻車遊市區回，入浴，晚散步，研閱貞觀政要法律章，讀唐詩，晚課。

1　金弘一，韓國獨立黨人。1948 年 6 月返韓，相繼出任韓國陸軍士官學校、陸海空軍參謀學校校長。1951 年 10 月至 1960 年 6 月，出任韓國駐華大使。

二月五日　星期三　氣候：雨

雪恥：一、美、俄關係有妥協可能。二、美國有不反對共匪加入聯合國與共匪參加裁軍會議可能，我們今後所靠的，只有內部統一堅定，不為任何外來形勢所動搖，並有自立奮鬥之準備，方能渡過難關，轉敗為勝。此一形勢（未來）應使一般幹部預知與預防，惟有組織分子求精而不求其多的這一原則，方能使內部真正統一而堅定。

朝課後記事，手擬講詞要旨，上午主持中央常會，對於中央的精神與風氣及其毫無革命氣氛，坐待失敗的現象加以指明，以期常會能因刺激而有所改革也。約講一小時餘，是否能發生效力甚無把握為慮，惟盡我心力而已。

二月六日　星期四　氣候：雨

雪恥：昨午課後閱經兒去年日記，有益。見公超談新加坡競算補助事，與經兒談上午對常會訓話之效果如何。晚與妻車遊市中回，閱貞觀政要，晚課，十時後寢。

本（六）日朝課，記事，上午在國防部內視察太白演習（圖上）的實施，對於裁判與管制業務已比前大有進步，尤其是計算與推算更合實情為慰。午課後，審閱經兒日記，感想無涯，尤其對於家事部分為然。與妻車遊山上一匝，晚散步，閱政要，晚課，寢。本日時覺日前在黨部常會太躁急為悔。

二月七日　星期五　氣候：雨

雪恥：一、李彌[1]學業問題。二、國防大學名額應以國防部校官佔優先。三、防空業務系統與組織如何情形。四、野戰工事與排班工事作業如何分任。

朝課後記事，入府召見江杓、譚伯羽[2]等，主持財經會談，指定預算要領與總收支之數目，並說明貫澈對監察院調查行政業務之人員暫不受理之命令。午課後審核裁員與歸併機構之報告書，與嚴家淦談財物管理之組織與美菲制度甚為重要。晚宴日籍教官，晚課。

二月八日　星期六　氣候：雨

雪恥：一、軍政之心理防護計畫與工作。二、美國三軍統御術輯要，研究發展與全面戰爭、戰爭與科學方法、作戰研究與發展等書檢呈。三、軍中變態心理之研究組與工作計畫具體方案。四、譯密簡速的研究與訓練考選（記憶力）之獎進方案。五、中國生產力中心的組織如何及其內容查報。

本日醒後已七時，朝課後緯兒來報告其太白演習工作要點之經過及其中美聯合作戰組織與工作現狀，上午入府見楊格[3]及夏勤鐸[4]等後，主持軍事會談

1　李彌，字炳仁，號文卿，雲南騰衝人。1951 年 1 月任雲南反共救國軍總指揮。1953 年 11 月至 1954 年 5 月間，迫於聯合國決議，部隊從緬北撤回臺灣數批。1956 年 1 月調任國防部聯合作戰計畫委員會委員。

2　譚伯羽，名翊，字伯羽，湖南茶陵人，譚延闓之子。曾任駐瑞典大使館代辦、駐德國商務參事、經濟部常務次長、交通部政務次長等職。時任國際貨幣基金會執行幹事。

3　楊格（Arthur N. Young），美籍經濟學者，1929 年至 1946 年為國民政府財政顧問，1947 年為中央銀行顧問。1957 至 1958 年，任國際合作總署（International Cooperation Administration）財務顧問。1958 至 1959 年，任美國西方學院（Occidental College）講師。

4　夏勤鐸，安徽壽縣人。曾任行政院駐美採購服務團中油組組長、資源委員會駐美辦事處技術組組長，時任中國石油公司駐美代表。

畢，召見陳、俞、張、張[1]等，商討對監院調查是否在此時接受方針與兩院整組等事。午課後記昨日事，見巴西大使[2]後車遊。晚觀日製「明治」影劇[3]，感慨頗深。晚課，散步。

上星期反省錄

一、近日因胡（秋原）、左[4]、成[5]等反動言論，不自知其已為共匪作工具，以促我反共領導中心之崩潰的憤悶，尤其是見中央黨部之高級幹部只知自私投機，毫不為黨政如何研討改革求新，以消除即將來臨之危機，對於布雷規戒之遺書毫不動心，對於我在上月監察委員之指示與處理，常會既作鄭重之檢討，而其最後則不取行動，以致毫無結果之情形，更為悲痛，乃知此種幹部真所謂心死無望，屬生之政客圓滑言行，喪失革命志氣，特別使我懊喪。故本周在國防大學教官講習班宣傳會談，以及中央常會連作三次嚴重訓話，以期黨軍幹部皆因受此激刺而有警覺與悔改也，然而黨的部門恐終無效益為慮。但財經會談之預算方針及軍事會談之員額政策與太白演習甚有進步，故心神雖甚沉重，而工作並非無益耳。

---

1 陳、俞、張、張即陳誠、俞鴻鈞、張羣、張屬生。
2 杜善篤（Labieno Salgado dos Santos），巴西駐華大使，1954 年 9 月 3 日到任，9 月 25 日呈遞到任國書，1959 年 12 月離任。
3 《明治天皇與日俄戰爭》（明治天皇と日露大戰爭），1957 年日本新東寶株式會社發行。該片由渡邊邦男執導，嵐寬壽郎、高田稔、田崎潤等人演出，在日臺等地迭創票房紀錄。據讀賣新聞社高木健夫隨日本新聞記者團訪臺後報導，蔣中正接見該團成員時表示觀賞過「明」片兩次，對當時日本所展現出的國家精神相當感動。
4 左即左舜生。
5 成即成舍我。

本星期預定工作課目

1. 指揮官組織能力第一。

2. 組織與幹部及領導方法之關係。

3. 敵我之分的認識。

4. 政治管理業務制度與物的管理總務總署之組織（集中與規格標準）。

5. 行政效率委員會。

6. 預算財務制度。

7. 礦金收價應提高。

二月九日　星期日　氣候：雨

雪恥：一、本黨革新方案之擬訂委員會。二、中央日報社論應由委員會負責決定，不可以任何個人單獨交付發表。三、政治委員着手研究與籌備。四、兩院黨藉〔籍〕重登記與發給黨證之後，再組政治委員會。五、五院正、副院長（非黨員似亦可聘任加入）為當然委員，其各院秘書長派為該會秘書。六、時事坐〔座〕談會籌備與實施。七、團結、統一、負責、協力為革新之目標（新速實簡，解決問題）。

朝課後記事，聽報，記上周反省錄。午課後記上月反省錄，感慨最大、激刺最深，自知憤激過甚，有傷身心且礙要務，但非此無法改造黨務也。晚觀影劇，膳後晚課。

「公正、精誠、和愛」。

二月十日　星期一　氣候：雨

雪恥：一、軍事會議開會詞要旨：甲、檢討缺點和特別重要的缺點。乙、改正缺點，補充未完的工作。丙、本年工作目標與發展的方向及重點：子、基本（下級幹部）教育領導與觀察（心理、心防），生活（家庭）同甘苦、共起居、親如手足、恩威並濟、寬猛得宜。丑、心理戰術、政治戰術、哲學（心神的修養）。寅、戰術重點，分合奇正、原子與化學戰防護戰術與作工（石工、土工）能力加強。丁、敵人的進步、態度、言行、儀容、禮節、紀律。

朝課，記事，入府主持國父月會，聽取王雲五行政改革考察報告甚有益後，見日新聞記者團橫田[1]等，談一小時畢。公超報告墨西哥政府態度不良。午課後批示要公，接見美新任機動艦隊司令[2]，車遊回，入浴，散步，晚課。

軍官團教育：警覺應變、合作協調、整潔。

二月十一日　星期二　氣候：陰　晡晴

雪恥：一、軍官教育團以典範令為第一主要課目，每周必作二小時以上之研究。

朝課後記事，九時到國防大學主持軍事（國光）會議，聽取彭[3]總司令陸軍（年度）報告，與鮑文談話。午課後，自二時半起聽取梁、陳、黃三總司

1　橫田實，曾任大連《遠東新報》北京特派員、同盟通信社東亞部長。戰後在《產經新聞》工作，並創刊《世界日報》。1956 年起擔任日本新聞協會事務局局長、理事。
2　布萊克本（Paul P. Blackburn Jr.），又譯勃萊克、布勒克朋，美國海軍將領，時任第七十二機動艦隊司令。
3　彭即彭孟緝。

令[1]報告，以陳嘉尚最佳，梁序昭最差。六時回寓，與妻車遊山上一帀，膳後散步，讀何滿子歌[2]。晚課，閱港報。

二月十二日　星期三　氣候：晴　午夜最寒
溫度：華卅八 – 卅二度

雪恥：一、伊拉克與約旦二國合併為阿拉伯聯邦，以對抗埃、敘二國合併。

朝課，記事，九時起在軍事會議，聽取王[3]總長作年度報告二小時，頗為扼要，繼聽取徐培根作戰爭十大原則之說明書，甚不合理，其腦筋思維終是偏差不正，可歎。故當場決定先頒發十項原則的名目，而不附加說明，以其之說明反使讀者更混亂不明也，蔣堅忍[4]報告，士氣尚可。午課後修正教官講習班講稿未完，約見雷士頓[5]，聽取其在華盛頓工作經過報告。晚觀日俄戰爭影劇，為軍事會議高級將領說明內容，有所啟發也。晚課，十一時寢。

1　梁、陳、黃三總司令即海軍總司令梁序昭、空軍總司令陳嘉尚、聯勤總司令黃仁霖。梁序昭，福建閩侯人。1954 年 7 月，調任海軍總司令。1957 年 6 月，留任海軍總司令二年。1959 年 2 月，調任國防部副部長。陳嘉尚，字永祥，浙江杭州人。原任空軍作戰司令部司令，1955 年 3 月升任空軍總司令部副總司令。1957 年 7 月升任空軍總司令部總司令。黃仁霖，江西安義人。1947 年起任聯合勤務總司令部副總司令，1954 年 7 月兼代總司令，1955 年 6 月真除。1958 年兼任東吳大學董事長。
2　《何滿子歌》是唐朝詩人元稹創作的一首樂府詩。白居易記載：何滿子是開元年間滄州的歌者，因犯罪，臨刑前，進此曲贖死，竟不得免。後人即就何滿子之曲，名何滿子，作為詞牌。
3　王即王叔銘。
4　蔣堅忍，字孝全，浙江奉化人。1956 年 7 月，調升國防部總政治部主任，1961 年 1 月，調升國防部常務次長。
5　雷斯敦（Richard A. Risden），又譯雷斯頓、雷士頓，美國陸軍將領，軍事顧問團副團長兼陸軍組組長。

二月十三日　星期四　氣候：晴　溫度：卅八－卅度

雪恥：乃木[1]吊其次子在二〇三高地陣亡詩：「爾靈山險豈難攀，男兒功名期克難〔艱〕，鐵血覆山山形改，萬人齊仰爾靈山。」

朝課後續修講稿，九時到軍事會議，聽取酈院長[2]人造衛星與新武器發展之報告，甚有益。李熙謀[3]作宇宙線之講演不甚佳，又聽取科學管理之報告。午課後續修講稿完，接見日記者團茶會。晚在陽明山莊，與知識黨部三百餘教授等聚餐，談話二小時，甚覺有益，回入浴，晚課，十一時寢。

二月十四日　星期五　氣候：晴　溫度：卅九

雪恥：乃木之詩（吊其長子陣亡於金州南山）：「山川草木轉荒涼，十里血〔風〕腥新戰場，征馬不前人不語，金州城外立斜陽。」

朝課後記事，九時到軍事會議聽取國防部對軍中問題七項報告，與王[4]總長綜合報告與結論，此為四十一年以來歷次會議所未有之誠摯報告，可知叔銘行政能力之優良，乃非前幾任總長所能及也。今日未午睡，但靜默之午課未間，午後仍聽取報告，召見外島軍師長十二員。晚觀影劇，散步，晚課，十一時前寢。

1　乃木希典（1849-1912），1896 年至 1898 年任臺灣日治時期第三任總督。1904 年 2 月，日俄戰爭爆發，出任第三軍司令官，負責指揮旅順會戰。長子乃木勝典中尉、次子乃木保典少尉皆戰死。

2　酈堃厚，號敏樹，浙江諸暨人。1950 年 7 月任國防部兵工研究院首任院長，對火箭、飛彈、核武器均有獨到研究。1959 年 8 月調任聯勤總司令部生產署署長。

3　李熙謀，字振吾，浙江嘉善人。1955 年 5 月任臺灣省立博物館館長，兼行政院原子能委員會執行秘書，及教育部科學教育委員會主任委員。1958 年 8 月接任教育部常務次長，兼任交通大學電子研究所第一任所長。

4　王即王叔銘。

二月十五日 星期六 氣候：陰 溫度：五十

雪恥：一、俞[1] 院長辭職之處理：甲、俞准辭中央銀行總裁兼職，准由俞飛鵬[2] 兼代。乙、辭行政院長事應毋庸議不准。二、星一是否特開常會目的：甲、改革兩院黨部之組織與黨員之重登記。乙、說明本黨之危機，中央之作風已經成為被革命之對象。丙、說明匪黨對臺之陰謀與間接宣傳之深入。丁、時局與國際上未來之隱憂。戊、設置政治委員會。

六時起床朝課後，整理訓詞要旨，九時主持軍事會議大會裁定，王[3] 總長提議六項並訓示一小時畢，召見宗南[4] 等三員。午課後，大會聽取鮑文團長與陶亦樂之代表對大會之報告後，再作訓示一小時，閉幕回，與官軍遺族子女百餘人談話、照相。晚聚餐，閱報，晚課。

上星期反省錄

一、共匪周逆[5] 專任其總理，而以外交部長一缺讓於陳毅[6]。二、共匪響應北韓共匪撤退令，韓外國軍隊之宣傳已為美國所拒絕。三、共匪本年預算支出比去年更增十餘億圓，其對人民已盡之骨髓，不知其又將如何刮削矣。四、反右派鬥爭中據其所宣布的已有五十萬人。

---

1 俞即俞鴻鈞。
2 俞飛鵬，字樵峯，浙江奉化人。1947 年 7 月任行政院政務委員兼糧食部部長，1949 年 6 月任招商局董事長，1954 年任中央銀行副總裁。
3 王即王叔銘。
4 胡宗南，原名琴齋，字壽山，浙江孝豐人。1951 年 8 月化名秦東昌，前往大陳列島，出任江浙反共救國軍總指揮兼浙江省政府主席。1953 年 7 月任總統府戰略顧問委員會顧問。1955 年 9 月，出任澎湖防衛司令部司令官。1959 年退役，復任總統府戰略顧問。
5 周恩來，字翔宇，浙江紹興人。時任國務院總理兼外交部部長。本月卸下外交部部長一職。
6 陳毅，原名陳世俊，字仲弘，四川樂至人。時任上海市市長、國防委員會副主席、中共中央軍事委員會委員副主席、國務院副總理。本月起兼外交部部長。

二、本周工作：甲、王雲五行政改革之考察報告甚有益。乙、接見日記者團二次。丙、全力主持軍事國光會議，其間氣候最寒，然而精神充沛不倦，每晨皆於六時前後起床，其間且有無暇午睡之時，自覺大會報告進步比往年為佳，但仍未能盡我所言耳。丁、對知識黨部聚餐問答殊覺有益。戊、懲戒會對俞院長[1]申誡案，俞提辭呈，決予慰留，對於監察院彈劾案能望從此告一結束也。

三、印尼蘇門答拉革命軍已於十六日成立反對其印尼蘇卡洛[2]親共政府。

本星期預定工作課目

1. 製訂實踐學社守則，其要目：甲、道義之勇。乙、正氣與正義。丙、至誠（守信篤實）（實踐）（諾言）。戊[3]、負責。己、禮儀、榮譽。庚、氣節。辛、忠孝（殉職）。壬、（光榮戰死）（生死觀）。癸、儉樸（克己）。丁、堅忍（不屈不懈）貫澈到底（惟義是視，至死不渝，惟見一義，不見死生）。
2. 修正中央訓詞，校核對監委訓詞。

二月十六日　星期日　氣候：雨

雪恥：一、舊歷新年約集常委等聚餐與指示本年度的中心工作，何如。二、是否召開評議委員會。三、旅行中計畫：甲、本年國際間可將發生的情勢與我有關的事。乙、去年總反省錄。丙、本年工作與研讀計畫。丁、對美警

1　俞即俞鴻鈞。
2　蘇卡諾（Sukarno），日記中有時記為蘇丑，印尼政治家，1945 年 8 月至 1967 年 3 月任總統。
3　原文如此。

戒與反攻政略以及要求必須的問題。

朝課後記事，聽報，上午與岳軍談慰留俞鴻鈞方式後，禮拜畢，寫李德哈達戰略論封面。午課後研閱勝利生活四篇，並審閱講詞後，與妻巡視市況，以明日即大除夕也。膳後散步，讀唐詩，晚課。

二月十七日　星期一　氣候：雨

雪恥：今日為舊歷大除夕，最大的憂慮為黨的中央幹部已完全失去了革命性，對於革命前途雖有成功的信心如昔，而其高級幹部的現狀和性能皆在被革命的淘汰之例的形勢，又不禁悲從中來。本定下午常會時親自出席指示與訓誡，甚覺不會得有效果，而徒傷身心，反引起若輩自卑與灰心，故想去復止。朝課後記事以外，終日審閱經兒去年日記，其修養與經歷乃比前年已有進步，而於我亦不少益趣為慰。午課前後對於中央幹部之精神與作風，如何能使之澈底改變問題，甚費心力，亦手擬若干要目準備書面告戒，猶恐未有把握耳，以其積重難返，若非上帝賜恩，已非人力所能為力，望其重生矣。

二月十八日　星期二　氣候：雨

雪恥：昨晡重習總理[1]在黃埔二篇訓詞，甚有所感，晚召經、緯二家與華秀[2]及宋甥孫[3]等在寓團圓，聚餐過年後觀影劇，晚課後寢。

1　孫中山（1866-1925），名文，字逸仙，化名中山樵，廣東香山人。曾任中華民國臨時大總統，中國國民黨總理。

2　蔣華秀，蔣中正姪女。曾任安徽省立煌縣中正小學校長兼教員，來臺後在靜心托兒所及靜心小學從事教育工作。

3　宋伯熊、宋仲虎，即宋子安之長子、次子。

本（十八）日為舊曆元旦，放假二日度春節。昨晚因吳逆國楨[1]在美法庭為逃官宣威[2]辯護，而又大放謠諑誹謗政府，因之痛憤不已，強自克制無效，乃服安神片方得入眠。今晨七時前起床，朝課，燃燭供奉基督與先慈[3]遺像之前，經兒來拜年，交還其去年日記。上午記上周反省錄，經、緯全家與親戚來拜年，吃圓子與年糕湯後，與妻巡遊市內一匝。午課後閱日本武士道概說，頗有益，晚妻約其女友十餘人聚餐，並作桌上跑馬戲為樂，聽杜姚谷香[4]等清唱，續閱前書，晚課。

二月十九日　星期三　氣候：雨陰

雪恥：一、本黨革新委員會研究的宗旨：甲、改革精神，變化氣質。乙、打破官僚政客的惡習，不負責、不誠信、投機取巧、自私自利的頹風（欺人自欺、不知廉恥）。丙、整頓紀律加強組織，形成戰鬥體，每一黨員恢復其同仇敵愾、共患難、同生死的革命精神，服從命令、執行決議為黨員對革命的天職和責任。

七時後起床，朝課，上午記事後獨在庭院遊覽，訪鳥養魚取樂。以妻傷風，

1　吳國楨，字峙之、維周，湖北建始人。1949 年 4 月，辭上海市市長職務；12 月任臺灣省政府主席兼保安司令，至 1953 年 4 月辭職獲准。5 月 24 日偕妻出國，滯美未歸。

2　當時在美國受訓的海軍陸戰隊上尉軍官宣威，對吳國楨的文章產生共鳴，特意前往拜訪，決定叛逃，並向美國申請政治庇護。美國軍方將其逮捕，計畫遣送回臺灣。吳國楨等召開記者會，為宣威呼籲。結果，美國國務院表態不干預此事，隨後移民局作出判決，宣威得以留在美國生活。

3　王采玉（1864-1921），蔣中正之母親。十八歲前夫故去，二十歲再嫁蔣肇聰為繼配，1887 年，生蔣肇聰次子蔣中正，後又生一男兩女：蔣瑞蓮、蔣瑞菊、蔣瑞青。

4　杜姚谷香，藝名姚玉蘭，平劇名伶，1928 年嫁給杜月笙，成為四太太。1949 年 4 月，隨杜月笙赴香港。1951 年 8 月杜月笙病逝後，遷居臺灣，受到宋美齡、孔令偉照顧。

獨往辭修、右任、岳軍各家賀年。午課後約見監察委員陳志明[1]、丘念台[2]等五人予以訓示後，散步養魚，研閱武士道概說，得益甚多。晚觀幻術後，桌上作跑馬戲為樂，晚課。

二月二十日　星期四　氣候：晴

雪恥：一、本年基本要務，為恢復革命精神，重建民族道義，打破今日不知廉恥、不講氣節、不負責任、不明禮義（利害）、貪生怕死、投機取巧、好逸惡勞、圖樂畏難的亡國心理，是為我最重的任務。二、分類編輯歷來講詞，而以打破生死關頭為第一要件。三、實踐學社守則之製訂。四、重申軍人讀訓與黨員守則之實踐及其測驗與互勸的辦法。

朝課後記事，閱武士道概說完，十時前入府，見澳洲記者克茹恩[3]夫婦後，與俞院長談其職務工作，又見陶亦樂中將，談其檀香山軍事會議經過，約卅分時。見岳軍與柏園[4]，批閱公文。午膳後起飛，在機上休息，午課。五時半到日月潭，氣候風景皆宜人，但心神憂慮多於舒樂耳。膳後散步，閱勝利生活，晚課，十時前寢，失眠。

1　陳志明，號之漢，西康西昌人。歷任三民主義青年團西康支團部幹事長、中國國民黨中央宣傳部專門委員、中央組織部特派美國黨務指導員、中央候補監察委員。時任第一屆監察委員。

2　丘念台，初名伯琮、國琮，入中學時更名琮，其父為臺灣先賢丘逢甲。1946年春受任為監察院監察委員，8月籌組「臺灣光復致敬團」，晉見國府黨政軍各界，進行全面性的溝通與觀察。1947年二二八事件後，3月27日赴臺宣撫，主張寬大處理、停止逮捕。其後當選第一屆監察委員。

3　克茹恩（Frank Clune），又譯克魯恩，澳洲記者，蔣中正簽名贈送《蘇俄在中國》英譯本。

4　徐柏園，浙江蘭谿人。1953年後任行政院外匯貿易審議委員會（外貿會）主任委員。1954年5月27日至1958年3月19日出任財政部部長。

二月二十一日　星期五　氣候：晴

雪恥：一、國之所以生存於世界，與人之所以立於天地之間者，乃以道義為之根也。道義之所以表現於人類世界者，惟誠與信而已。中國今日之所以遭受此空前浩劫者，其種目不一，而推究其最大之原因，乃在於人欲橫流、誠信掃地，故人人以欺詐虛偽相尚，不知廉恥、禮義為何物。反觀大陸淪陷前後之史實，更信其必先道義淪亡，而後國族皆隨之而淪亡之說為不我誣也。

古人云：誠者物之終始，不誠無物。故今日吾黨不言復國濟民則已，否則必先以建立黨員誠信而恢復民族道義與革命精神為第一本務耳。

朝課後獨在室外靜觀臺上早餐，聽報，散步回，記事。審核對監察委員講稿，並讀曾滌生致賀耦庚（誠）[1] 書。

二月二十二日　星期六　氣候：晴陰

雪恥：昨午課後修正前稿畢，獨自遊潭，登對山玄藏寺[2] 觀鐘後回，入浴，晚觀影劇後晚課，以未聞對山新掛之鐘聲為悵，因九時正在觀影劇，故未之能聞耳。

續昨（一）故今日所需求之黨員決不是特智奇才、謀略卓越之策士，而是篤實踐履、誠信無欺、貞幹負責之志士，因為今日黨政積習益尚虛偽，誠如古人所說：奸弊所在，蹈之而不怪，知之而不言，彼此塗飾，聊以自保，泄泄成風，阿同駭異。每讀此句，不禁為之長歎惜也。

1　即曾滌生復賀耦庚中丞書。曾國藩（1811-1872），初名子城，譜名傳豫，字伯涵，號滌生，清湖南湘鄉人，湘軍領導人物，官至武英殿大學士、兩江總督、直隸總督，同治年間封一等毅勇侯，諡文正。與李鴻章、左宗棠、張之洞並稱「中興四大名臣」。賀長齡（1785-1848），字耦庚、耦耕，號西涯，晚號耐庵，湖南善化人。清嘉慶進士。道光年間歷任江蘇、福建等省布政使，後官至雲貴總督。

2　應指玄光寺，寺內供俸玄奘法師頂骨舍利，後隨 1965 年玄奘寺建成而移奉。

朝課後散步，上午記事，續修前稿，接經兒除夕所寫意見書甚有見地，乃是一篇魏徵文體之諫言，在今日幹部中所未能有者也。午課後修改「蘇俄在中國」英文修正版之答讀者的緒言，實為駁斥共匪工具白懷德[1]之批評也。晡獨自遊湖一小時回，入浴，晚散步後續修前文，晚課，夜失眠。

上星期反省錄

一、美、英飛彈基地協定已於上周（十五日）正式完成。

二、史塔生[2]辭卸裁軍職務是一個好消息。這人真是一個勢利而無政治常識的小政客。

三、法國與突尼西亞的衝突或可由美調解，不致發生自由世界的危機。

四、埃及與蘇丹發生邊疆之糾紛。

五、俄提南、北韓為非核子區與召開國際會議。

六、共匪聲言撤退其駐北韓之匪軍。

七、共匪發行公債攤派至每一士兵以三圓為限。

八、內部工作：甲、提革新本黨之要領。乙、研閱武士道概說有益。丙、我偵察新機被匪在黃海擊落。

一[3]、十九日（即舊曆初二日）晨，我海軍在馬祖附近海面擊沉匪雷艇三艘。

1　白修德（Theodore White），又譯白懷德，美國新聞記者、歷史學家和小說家。抗戰時期曾任美國《時代》周刊（*Time*）駐華記者，對國民政府施政表現未表認同。返美後，撰有《中國的驚雷》（*Thunder Out of China*）等作品，又以記述 1960 年、1964 年、1968 年和 1972 年美國總統選舉過程而著稱。

2　斯德生（Harold E. Stassen），又譯為史太生、史塔生，美國共和黨人。1953 年 8 月至 1955 年 3 月任美國援外總署署長，1955 年至 1958 年任裁軍事務總統特別助理。以長期尋求共和黨提名參選美國總統而聞名，在 1944 年至 1992 年間，歷九次未果。

3　原文如此。

本星期預定工作課目

1. 修正對監察員講稿。
2. 修正蘇俄在中國英文修正本之緒言稿？並對中央訓詞。
3. 實踐學社守則目錄。
4. 對中央委員告誡書。
5. 革命精神教育講詞中的生死觀與人生觀的類集。
6. 去年總反省錄。
7. 本年重要工作目錄。
8. 本年外交政策與展望之研究。
9. 整頓黨務與革新行動之綱要。
10. 準備行政革新方案之研究。
11. 加強戰力振作士氣之具體方案（軍友銀行）。
12. 整頓社會改造風氣之着手點。
13. 發行防空公債之計畫。
14. 津補軍費款項與計畫要點。

二月二十三日　星期日　氣候：晴

雪恥：近日甚思黨、政、軍人重訂簡單守則，尚無具體的結果，惟擬先為軍官或名為實踐守則十條，而以忠恕為先，其次如勤儉、誠實、信義、仁愛、孝（敬）友、明智（謀）、勇敢（決）、嚴（密）謹、忍耐、均衡（豪俠、仗義、堅忍、公正、修養）、廉恥、志節（操）（生死、是非、利害、順逆）等義，皆應納入在十條內容涵義之中，而以「踐履篤實」為其基礎也。

生命、責任、榮譽。疑慮、恐懼、忿怒。

昨夜睡眠不佳，今晨七時起床，朝課，記事，在臺上用膳聽報。上午續修答讀者緒言大體已完，但最後決定不予發表，以免被其共黨同路人等（白懷德）

利用也。午課後批示公文，與妻車遊埔里初級農學即舊日神社，甚不整潔。晚獨遊潭中，觀月聽鐘，靜默，晚課畢登岸回寢。

二月二十四日　星期一　氣候：晴

雪恥：自卅八年本黨革命失敗中正遷臺以後，深自檢討其失敗之基因，乃覺已往三十年革命與從政之中，昔以為至誠待人，坦直（接物）處世，一片為黨為國肫肫之忠貞可告，無愧無怍而無負於平生自期者，澈底反省悔悟之餘，在如此悲慘之失敗與恥辱之崩潰，甚至往日所謂共甘苦、同生死之同志，而最後患難相從、榮辱與共者，廖〔寥〕若晨星，自悟其咎不在於他人，而實由自我之缺陷之太多，至此乃悔對人對事皆無篤實之考慮與深切之認識，尤其對學術之剽竊皮毛，對黨政則驕矜武斷，只有虛妄浮夸、賣智弄巧、釣名沽譽，而無篤實踐履之言行，推原其由皆由於不誠無信所致耳。

二月二十五日　星期二　氣候：晴

雪恥：昨（廿四）日朝課後記事，用膳聽報，對共匪本年度預算支出反增加二十餘億匪幣，甚為大陸同胞如何過活憂也。上午初次審核對中央常會數次訓戒稿，午課後整理為整黨逐日隨意手錄語意各記後，與妻散步遊潭，晚膳後散步回，觀影劇，晚課。本日對告戒黨員書之文體與內容考慮甚切，故仍未能安息耳。

本（廿五）日朝課後記事，聽報，接美副國務卿「哈塔[1]」函聲明，其政府對我三千人傘兵新增部隊，必須依照協防條約實施之內，即不許我單獨使用也，

1　赫塔（Christian A. Herter），又譯哈達、哈脫、赫特、哈太，美國政治家，1953 年 1 月至 1957 年 1 月任麻薩諸塞州州長，1957 年 2 月至 1959 年 4 月任國務次卿。

此種殘酷與侮辱之來，只有順受不校耳。上、下午皆修正對常會訓示稿未完，晡與妻遊潭，談靈性修養問題，妻之進步甚大為慰。晚獨泛舟，觀月聽鐘為樂。午課、晚課如常。

二月二十六日　星期三　氣候：晴

雪恥：一、假定兩年之內反攻尚未開始，則屆期國民代表大會人數不足無法召開時，只有移繳總統職權於副總統繼任，而自我出國遊歷，實行退出政治的計畫，以及使後繼者繼續進行其反攻復國任務，而不致中斷或有什麼變化與遭遇任何困難，此乃今日不能不早為之，所當為余對黨國歷史最大責任也。朝課後散步、唱詩，嘗誦「遠近山河淨」等句，不啻生此身「望秦川」之懷。記事，續前文，上、下午皆修正常會講稿未完，午課如常，至晚傍頭腦刺痛，乃獨自泛舟遊潭，閱工商日報「反共與民主」之社論痛斥海外政客之謬論，乃知公論未泯，聊作自慰，晚觀電影「海底血戰[1]」美片極佳。晚課後入浴，就寢，睡眠不佳也。

二月二十七日　星期四　氣候：晴

雪恥：（續前文）故自卅九年繼續視事以來，無論在學術修養與生活行動上，惟一本其誠與實為重生與復興之準則，以為黨政軍社之表率自任，此即「實踐」與從頭做起二口號之所由來也。在此八年期間，自認為無論對黨務改

造、政治改組（中央與省）以及軍事（整頓）重建，莫不以此誠實二字為其基準，迄今再作第二自我檢討與反省，更覺一切現象皆是只具形態，而實際上仍見其欺偽不誠、虛浮不實一如往昔，特別是精神上與習性上每況愈下，無根之萍、無源之水。黨政同志之間，對人處事皆以自欺欺人相當，故社會上所表現之各種奢侈浮滑〔華〕，乃至窮兇極惡、無所不為且習以為常而不以為怪。今日彈丸基地內容與實情如此，若不澈底覺悟，再作根本精神習性上之改造革新，而欲再侈談反攻復國，其誰信之，自欺乎，欺天乎。昔賢以為救浮華者莫[1]

二月二十八日　星期五　氣候：晴

雪恥：昨（廿七）日三課如常，上、下午皆修正前講稿，至晡全稿方完，甚費力也。晚遊潭觀月，聽鐘自娛，心神安靜。

[2]如質，積玩之後必須振之以猛，意在斯乎，故今日臺灣之積弊與個〔痼〕疾，必須在精神上與習性上猛烈改造，從頭做起，而由中央領導中心首為之倡，自領袖與各負責幹部人人革新精神、改造習性，無論待人接物，處世任事，一本至誠與篤實為其共同守則，決不再自欺欺人，以沾污本身與革命歷史自任。吾信惟有這一條道路，方能使黨國起衰振弊，自救救黨與救國，重挽本黨革命領導之信譽，不再貽笑世人與示範後世則幸矣。

本（廿八）日朝課，記事，重修前講稿。十一時與妻由埔里橋乘車視察霧社水壩，在大武招待所打尖、便餐，由饒、戴二員導巡至發電所，其設置已完成為快。途中午課，回潭已五時，入浴，閱報，觀影劇，散步，晚課。

1　接次日日記，原日記格式如此。
2　接上日日記。

上月反省錄

一、周匪在北韓發表其駐防北韓的匪軍撤退，與主張南、北韓統一及由中立
　　國監視其全韓之統一選舉，此一宣傳攻勢雖不致發生目前效用，但在不
　　久將來或能發生不測的後果。

二、美箴言報載毛匪在俄（去秋）與俄協議今夏侵犯臺灣（而以空降部隊為
　　主）擴張其勢力範圍至印度洋，俄認為此一舉動美國將為接受俄共之調
　　停以達其目的之說，應特注意。

三、共匪內部情形：甲、本年預算數比去年增加二十億圓。乙、陳毅調任
　　外長。丙、反右派鬥爭初步統計為五十萬人被其鬥爭。丁、攤派公債至
　　士兵。

四、國際反共形勢：甲、緬甸宇奴[1]與高棉親王「奇亞諾[2]」皆公開反共。
　　乙、中東也門王國加入埃、敘、阿拉伯聯合共和國。丙、伊拉克與「約
　　但」成為聯合國以對抗埃及。丁、蘇丹、沙地阿拉伯皆與埃及納塞[3]交
　　惡。丙[4]、蘇門答臘反共革命軍政府成立。

五、突尼西亞與法國衝突甚烈，美、英調解尚無結果，又巴基斯坦總理[5]對美
　　公開反對甚烈。

六、俄布[6]對愛克幾次不斷的致函，促開高階會議，並表示願在美開會之意

1　吳努（U Nu），又譯宇努、努，緬甸政治家，曾任總理，1957 年 2 月至 1958 年 10 月
　　再任總理。
2　施亞努（Norodom Sihanouk），又譯奇亞諾，曾任柬埔寨國王，1955 年 3 月退位，後改
　　任首相。
3　納瑟（Gamal Abdel Nasser）。
4　原文如此。
5　費羅茲‧汗‧農（Feroz Khan Noon），巴基斯坦共和黨人，1957 年 12 月至 1958 年 10 月
　　任總理。
6　布里茲涅夫（Leonid Brezhnev），蘇聯政治家。1957 年莫洛托夫「反黨集團」事件後，
　　遞補為蘇共主席團正式委員。1960 年代起，相繼出任蘇聯最高蘇維埃主席團主席、蘇
　　共中央第一書記、蘇共中央總書記、蘇聯最高蘇維埃主席團主席（國家元首），掌權
　　十八年。

且遷就先開外長會議，惟附有預先決定高階會議日期條件，美未承受其提議。

七、俄提亞洲非核子區及亞洲集體和平公約，以及舉行統一韓國之國際會議以響應周匪之宣言。

八、西方國家情形：甲、美、英飛彈基地協定成立。乙、美國裁軍代表史塔生辭職。丙、英國民意測驗（美蓋洛克公司）贊成共匪加入聯合國者在百分之五十以上。

九、自我工作與國家情形：甲、懲戒委員會為監察院彈劾俞[1]院長案，判定俞受申戒之處分。乙、俞院長宣布辭職即加慰留，此案得告段落。乙[2]、王雲五在美作行政考察報告，決定組織行政改革委員會直屬總統府。丙、對中央手擬本黨革新要旨之指示，自覺重要。丁、軍事會議如期完成。戊、改正外匯財經方針與預算方針之決定。己、四次重要訓詞：子、宣傳會談。丑、各軍校教官講習班。寅、中央二次訓話。卯、接見日本記者團二次。辰、對知識黨部大專教授三百餘人聚餐、談話。在陽明山晚間氣候最冷，但尚能耐寒不倦也。巳、閱武士道概說有益。

十、我偵察機在膠州沿海被匪擊落。

十一、我海軍在馬祖附近擊沉匪魚雷快艇三艘，並另傷三艘，此在舊歷元月二日晨也。

十二、軍事（國光）會議連開五日，每會親到主席，適在舊歷臘月底氣候最寒時節，但身心康健並無倦意為快。

1　俞即俞鴻鈞。
2　原文如此。

蔣中正日記
Chiang Kai-shek Diaries

三月

蔣中正日記
Chiang Kai-shek Diaries

民國四十七年三月

三月一日　星期六　氣候：晴

雪恥：一、對民意代表重登記之說明，今後反共復國事業將進入於最後最險惡的環境，必須對黨有嚴守紀律、服從命令、實踐誓約、存亡與共、生死不渝和犧牲個人自由，供獻一切，以建立全黨自由之革命戰鬥精神，使黨的組織真能成為反共抗俄、完成復國救民之戰鬥體，與太平洋上堅定不撼、名實相孚〔副〕之反共堡壘和人類之自由之燈塔。凡是不能忍受此一考驗與不願犧牲其個人一切而供獻於黨之黨員，則應及時退出本黨之組織，以期（分道揚鑣〔鑣〕）各不相妨、公私兩全也。

朝課後記事，批公，聽報。上、下午皆重修監察委員講稿，午課如常，晡與妻遊潭，晚獨自泛舟觀月回，修稿，晚課。

對反共前途事業有信心、有毅力、有團結一致、志同道合之志節。

上星期反省錄

一、平生自以為待人接物一本至誠，即使事業失敗或人多負我，而於心泰然，毫無愧怍，但最近反省結果，余以誠待人，而其事仍多不成且人多背棄者，其惟一癥結所在，乃為誠而不實也。其中最大之病根，第一為對人無切實考察、對事無精密觀測，以致造成不實在、不澈底、不嚴密、不正確、不警覺等痼疾，總之輕浮急迫、空泛淺薄、含混籠通，不能真

心實力以解決一切問題，此皆不實有以致之，故其意雖誠而其心不實，所以百事無成，雖幸有小成而最後又敗，此仍不誠之過也。

一、此次在日月潭種植梅苗數百本，在涵碧樓及其分館周圍大體告成，甚願十年以後，在八十足歲時，仍能重遊此地賞梅觀月耳。

本星期預定工作課目

1. 考慮與杜勒斯談話之要領。

2. 伊朗大使[1]呈遞國書。

3. 記上月反省錄。

4. 綜核去年日記。

5. 修正中央與監院二講詞完。

6. 本年度重要工作計畫。

7. 對哈太來函之研究。

8. 大陸革命運動加強之具體計畫。

9. 國際大勢之推斷。

10. 共匪內容之研究。

11. 整黨與整政及人事之研究。

三月二日　星期日　氣候：上晴　下陰　夜雨

雪恥：一、今後取士任人必以誠實為第一，如能以才智與誠實兼備是為上者，否則寧捨才智而取誠實之同志，只要其誠實者能有識見、能有信心，而

1　艾蘭慕（Abbas Aram），伊朗駐華大使，1958 年 2 月 25 日到任，3 月 5 日呈遞到任國書。

不為任何外物浮言所動，則其成就必比智能者為堅定而壯大，此乃四十年來觀人取士之經驗，並非空動〔洞〕之理論也。

朝課後記事，聽報，上、下午皆重修對中央常會講稿。午課如常，晡與妻散步，車遊，以其心有所憂、精神不佳即回，修稿，晚觀影劇後晚課，入浴。

三月三日　星期一　氣候：雨陰

雪恥：一、俄共此次主張召開三十國外長會議，而未提中共之名，此其果遷就西方乎？是其急欲在夏季開成高階層會議之策略更為明顯。二、共匪公債攤派至士兵每人三元之事實，應在國軍人特別宣傳。三、主張發行防空公債五億臺幣之計畫，應從提示。

朝課後記事，上午批公後續對修監察委員講稿至下午六時完成，午課如常，晚觀國製影劇「異國情鴛[1]」，其編劇與劇情最佳，實為突出之劇本也。晚課後入浴。

三月四日　星期二　氣候：陰雨

雪恥：一、與杜勒斯談話要點：甲、反攻大陸可能性問題。乙、美匪日內瓦談判停止問題。丙、東南亞公約加盟問題。丁、高階層會議可能性。戊、共匪加入聯合國可能性。己、對全般國際性之看法。癸[2]、對遠東形勢之看法。辛、軍經援助問題。

1　《異國情鴛》，1958 年在臺上映的劇情電影，由香港邵氏與韓國演藝株式會社聯合出品。屠光啟、全昌根聯合執導，尤敏、金振奎主演。內容講述一段跨國戀情隨著女方母親冰釋誤會而終成正果的故事。
2　原文如此。

朝課後記事，上、下午皆修正對常會講稿，增補重要數段。午課如常，晡與妻往埔里市內巡視元宵民情回，途中妻多作消極之語為慮，晚觀美製影劇不佳，晚課。

三月五日　星期三　氣候：晴

雪恥：一、昨為舊歷正月十五元宵，近日常念少年在家鄉度年快樂情景，武山廟燈頭戲與蕭王廟大拜，以及童昏時代，先慈對我追述二歲時，看到孫家大晒場水潭上搭樹彩牌樓，其燈燭反映水中，顯現我高興奇異的笑貌等閒話，皆使我至今仍不能忘懷也。對於我十二歲春，青弟[1]病重，先慈在夜中看護不眠之悲態，其形容不出之景象尤使我感念，不肖之心情浮現於腦中，夢魂難忘矣。朝課後，續修監院講稿後，記事。十一時伊朗艾大使遞國書、聚餐，午課後修稿。五時與妻遊潭，晚膳後仍與妻泛舟，觀月聽鐘為樂。以妻體力漸弱恐有癌症，勸其赴美醫治也，晚課。

三月六日　星期四　氣候：晴

雪恥：一、「革命愈困難，志節愈堅貞。黨國愈孤危，精神愈團結。」「決不趁火打劫，亦不混水摸魚。」「騎牆模稜、投機取巧、逃避困難、委卸責任，乃為革命的敗類、黨國的蟊賊，凡革命志士應人人為戒。」
朝課後續修講稿，早膳，聽報約一小時，上午記事、遊覽，記上月反省錄。正午與妻往玄藏寺傍野餐回，午課後續修講稿，晡與妻車遊魚池道上，晚觀劇後晚課。因雲層低垂，故不能遊湖觀月，十時三刻就寢。

1　蔣瑞青（1894-1897），譜名周傳，蔣中正幼弟。

三月七日　星期五　氣候：晴

雪恥：本年度基本工作在整黨與整政為重心，但應先黨而後政為着手。

朝課後續修對中央常會講稿，近午與妻泛舟遊潭約一小時回。午課後記事，續修講稿（對監察委員黨員）。晡與妻泛舟遊潭，約半小時回。晚膳後觀影劇，十時晚課。

本日增補講稿二篇中，各有數段最為重要，亦甚精綵〔彩〕，可知長篇文字必須有較長時間從容修飾，方能臻於完美耳。

三月八日　星期六　氣候：上雨　下晴

雪恥：一、日本與共匪貿易協定，以其中有貿易機構互掛其本國國旗一條，我應嚴重抗議。

朝五時半未明起床，朝課後續核讀對監委講稿，全文仍有重要修正。午後一時美駐華新任大使[1]來館呈遞其到任國書，羅克番爾第三子[2]夫婦同來宴會。午課後核修前稿後，與妻遊潭回，入浴，膳後散步，晚課，十時寢。近日對於國際情勢與反攻前途，皆不願作深入思考，乃有聽天由命之想，可乎。

上星期反省錄

一、埃及與蘇丹、突尼西亞、沙地阿拉伯，皆發生互相攻訐與暗殺陰謀等重大問題。

1　莊萊德（Everett Drumright），又譯莊乃德，1958 年 2 月 17 日受任美國駐華大使，3 月 3 日到任，3 月 8 日呈遞到任國書，1962 年 3 月 8 日離任。

2　約翰・洛克菲勒三世（John D. Rockefeller III），美國慈善家，洛克菲勒家族第三代成員，小約翰・洛克菲勒（John D. Rockefeller Jr.）長子。曾資助太平洋國際學會、亞洲協會等。

二、美國與伊朗駐華新大使呈遞國書。

三、北韓擊落美巡邏機一架。

四、俄提召開外長會議，其主張有卅國外長參加，而未提及共匪之名。

五、蘇門答臘革命軍基地被印尼軍空襲轟炸，此必俄共積極掌握印尼政府之
　　最好機會，俄且警告西方，不得接濟印尼革命軍，而且為東南亞公約開
　　會以前發表其亞洲區不設飛彈基地，以恫嚇亞洲各國，此乃其慣技也。

六、本周仍核修前二講稿完成。總統府設立行政改革委員會，組織成立。

本星期預定工作課目

1. 對杜勒斯談話提要：甲、印尼革命軍協助問題。乙、共匪六月侵臺情報
　　與準備工作。丙、共匪在北韓撤軍與韓國統一問題。丁、加入東南亞聯盟
　　問題。戊、放寬突擊範圍與反攻大陸諒解問題。己、冷戰轉入主動與掀起
　　大陸反共革命運動以不發生大戰限度為準。庚、降落傘具與編訓及運用問
　　題。辛、琉球共黨問題。壬、最高會議俄如提出兩個中國問題，美的態度
　　如何。癸、遠東對俄共重點究在何處，與中國地位究置於何地。子、在中
　　國扶持第三勢力之用意與結果。丑、遠東危機在中國政府削弱。寅、日本
　　中立路線已決定。

三月九日　星期日　氣候：晴

雪恥：一、前兩講稿應再修正之點：甲、士兵對美記者談話節。乙、沆瀣一
器〔氣〕與羞與為伍句。丙、隱蔽欺蒙以為恐我加憂傷身的顧慮，認是好
意，但我對於重要大事是不會隨便發怒傷身，倒是欺蒙敗事更使我傷身，而
且加重我罪累，乃是最不忠實的所為等七處。

朝課後記事，上午重校對中央常會講詞全文完。午課後重校對監委講詞

後，與妻遊潭三刻時回，入浴，閱報，膳後觀影劇，散步。以「白朗」（犬名）不聽話，關在房門外予以懲處。

三月十日　星期一　氣候：晴

雪恥：一、行政院人選以陳與周[1]為宜。二、傘具新到幾多查報。

朝課後記事，補修前二講稿，上午審閱外交政策有關文件，並研究陶亦樂與鮑恩向叔銘報告談話記錄，有益。正午與妻遊潭一小時回，午膳仍不給白朗飯食懲之。午課後與妻車遊，至觀音橋水源入口參觀，再至發電所視察，如我雪竇寺以徐鳧岩隱潭與名山坑上游，匯集於千丈岩上錦鏡池，則其水量必大過此發電所也，能有一日完成此一志願耳。晚散步，晚課。

三月十一日　星期二　氣候：晴　晡微雨

雪恥：一、外交絕無公理與法律可恃，更無道義與情感可言，尤其是現代的外交只有利害而無是非，只有現實而無遠景可言。觀乎日本對共匪貿易團允其懸掛偽旗一點，更可知日人妄〔忘〕恩負義、無信不誠之一般。吾乃不能佩李承晚[2]對日本之政策，為具有特見也。

朝課後記事，聽報。上午研究對美要求其重新考慮我反攻大陸之政策，並將去年四月與八月間日記於此有關者，重加審核後，正午獨自泛舟遊潭，深自考慮，得有結論為快。午課後重考外交政策後，與妻車遊後，再乘舟遊潭，雨後湖色更覺清平矣。

1　陳與周即陳誠與周至柔。
2　李承晚，字承龍，號雩南，韓國黃海道人。長年推動韓國獨立運動。1948 年至 1960 年
　　任韓國大統領。

三月十二日　星期三　氣候：晴

雪恥：昨晚膳前後，連與葉、張[1]為對日懸掛偽旗事通話，決由余名義直告岸信介[2]，對此事後果嚴重及其責任之重大，作為此案最後之一着，未知其結果能否挽回為慮，否則只有召回我駐日大使，作斷絕邦交之準備也。晚觀影劇，晚課。

朝課後記事，聽報。十時與妻由涵碧樓出發，車中考慮對美外交方針，認為去年四月與八月間日記中之思想，並不合於今日實際形勢，仍以忍痛耐苦，誠感理導，不使其任何懷疑，而以積極精神示之，能使其精誠合作與了解為要旨，故對杜[3]專在協商反攻政策為主題。順視霧峰故宮博物展覽所後，起飛回臺北，修正對杜卿談話稿，補正雙方協商對反攻大陸政策之三要點，甚覺重要也。

三月十三日　星期四　氣候：晴

雪恥：昨午回蔣林午課後，重核與杜談話準備稿，五時約見岳軍、公超商談對日外交方針，以堅決反對其懸掛偽國旗案，如其偽國旗在日懸起，則我青天白日旗立即收下以免自傷國格告之，並對杜談話要旨令其翻成英文，妥為準備。晡散步訪魚問鳥，遊覽花木回，入浴。晚膳後與妻車遊山上一匝，今日妻甚奮興歡樂，晚課。

昨夜熟睡比在日月潭休息時期反佳，今晨朝課後散步，遊覽庭園，在靜觀室用膳。上午記事，記上周反省錄，整理書藉〔籍〕，清理積案。午課後記上月反省錄未完，與辭修、屬生談黨務整革方針，晡與鴻鈞談行政院改革與組織之重要性，晚散步，晚課。

1　葉、張即葉公超、張羣。
2　岸信介，1956 年 12 月 23 日任日本外務大臣，1957 年 2 月 25 日任內閣總理大臣。
3　杜即杜勒斯（John F. Dulles）。

三月十四日　星期五　氣候：晴

雪恥：一、杜勒斯說明，其在蘇門答臘反共革命軍已有武器與金錢充分之接濟一點，甚為安慰，但其對我派志願軍之主張表示恐有害無益之意。二、對杜說明美國在亞洲反共政策之重點，應置於削弱大陸之共匪，而不使（大陸）共匪政權之鞏固，反之應加強自由中國之地位，而不使削弱或束縛自由中國之地位一點，使之特別注意。

昨夜睡眠最佳，前後幾乎熟睡七小時以上，是為難得之現象。朝課後遊覽庭園，上午記事，記上月反省錄完，重研對杜[1]談話稿，午睡未完，因修稿即起。午課後與妻遊覽陽明公園，杜鵑與櫻花盛開如錦，略足消愁也。

三月十五日　　星期六　氣候：晴

雪恥：昨晚七時半杜勒斯來宴，其心身康健如昔，為之一慰，宴後正式敘談二小時，結果尚佳，惟勞勃生[2]之態度言行一如流氓，可惡，但不可得罪小人，不必計校。惟余對杜亦說明今夜談話不想其多用腦力，惟說明我對亞洲反共形勢看法作其參考而已，談至十一時後辭去，晚課，午夜寢。

本（十五）日七時半起床，朝課後已九時，乃用膳，散步遊覽回，重修談話錄，批閱公文。午課後審閱對監察委員講本，晡約美國在臺北開會之東亞各國使節五十餘人，分別談話共約二小時，甚覺疲乏。再與正綱[3]談其將赴墨西哥開會事，膳後與妻車遊山上一匝，甚歎美國外交之無能與不智也。晚課。

1　杜即美國國務卿杜勒斯（John F. Dulles）。

2　勞勃生（Walter S. Robertson），又譯羅白生、羅勃生，美國外交官，曾任駐華大使館公使銜參事、軍事調處執行部委員，1953 年 4 月至 1959 年 6 月任國務院遠東事務國務助卿。

3　谷正綱，字叔常，貴州安順人。1954 年 1 月，出任國防部參謀次長，8 月改任亞洲自由國家聯合反共聯盟中國總會理事長。1959 年 10 月，任國民大會秘書長兼憲政研討委員會秘書長。

上星期反省錄

一、擬定對杜勒斯談話要旨及對杜談話實際結果，大致無誤，其效果如何，未可斷言。

二、對日停止中日貿易會議之處置甚當，但其結果如何尚難斷定，惟已發生相當影響。

三、東南亞聯盟部長會議並無任何進步，可知西方國家仍不重視亞洲，更以怕共畏戰，對我國地位之無視為憾。

四、印尼革命軍形勢尚佳，美已事實協助矣。

五、美要求我裁減兵員之計畫已甚顯著。

六、據陶亦樂談話，與杜勒斯明年底在東南亞最大演習之聲言，似其對越南方面已有準備乎。

七、美對我擴大反共游擊與心戰行動仍甚淡漠。

本星期預定工作課目

1. 行政院各部長人事之核定，星三日。

2. 整黨方案之決定，星六日。

3. 評議委會與中央委會之召開，下星四日。

4. 召集立監委員中黨員談話，下星五日。

5. 中央階黨員總登記辦法之發表。

6. 諮〔資〕政顧問之會餐，下星一日。

7. 招待美駐韓總司令[1]。

---

1 戴克（George Decker），美國陸軍將領，1957 年 7 月至 1959 年 6 月任駐韓聯合國軍總司令。

8. 情報局紀念會，三月十七日。

9. 對日外交政策。

10. 對勞勃生談話要旨：甲、高層會議對中國問題。乙、反攻應造機會。
丙、麥使[1]對日態度應注意。丁、製造反對黨問題。

三月十六日　星期日　氣候：晴

雪恥：一、今日包倫[2]對蘇俄史大林[3]死時前後的情形，以及對赫魯雪夫為
人之觀察，更可證明史大林之死是於世界人類不利，更使鐵幕人民奴役災禍
延長一點上，余的看法並未錯誤。今日俄情與赫性，至少要延後世界戰爭十
年時間當不誤乎。二、美駐日大使「麥克阿塞第二」，對日之觀念幾乎為日
催眠所中，余不想其性情有如此之老實也，愚魯極矣。

朝課後記事，膳後散步遊覽，與公超談日本外交與美接洽情形後，禮拜回，
俞[4]院長提其各部長人選名單尚待研究。午課後約見包倫，其人精明均衡，又
見麥克阿塞愚弱無知也。晚宴史敦普[5]夫婦後，與妻散步後晚課。

1　道格拉斯‧麥克阿瑟二世（Douglas MacArthur II），美國外交官員。1957 年 2 月 25 日
　　至 1961 年 3 月 12 日擔任美國駐日本大使。

2　波倫（Charles E. Bohlen），又譯波侖、包倫，1953 年 4 月至 1957 年 8 月任美國駐蘇大
　　使，1957 年 6 月至 1959 年 10 月任駐菲大使。

3　史達林（Joseph Stalin, 1878-1953），蘇聯重要領導人之一、國際共產主義運動活動家，
　　曾任蘇聯共產黨中央委員會總書記、蘇聯部長會議主席（總理）。

4　俞即俞鴻鈞。

5　史敦普（Felix B. Stump），美國海軍將領。曾任海軍戰術司令、大西洋艦隊司令，1953
　　年 7 月出任太平洋司令部司令兼太平洋艦隊總司令。本年 1 月卸下艦隊司令一職，7
　　月卸下司令部司令一職，8 月退役。

三月十七日　星期一　氣候：晴　夜雨

雪恥：一、對美未說明今日維持國軍士氣，惟有擴大遊〔游〕擊與敵後反共革命運動的實際工作，方能提高士氣一點，今後應設法補正與強調。二、共匪對我軍（金馬）砲擊，如我不能主動先發，而僅是還擊，不僅徒耗彈藥，反是減低士氣。

朝課後九時前到情報局，主持戴雨農[1]逝世第十三周年紀念，慰問遺族、巡視局內工作，與雨農家族照相後回。與守謙[2]談其職務與黨務問題，並見梁序昭後，遊覽庭園，餵魚為樂，記事。考慮與羅勃生談話要旨，正午約羅便餐，談話約一小時。午課後約見美駐緬馬康衛[3]與詹生[4]（駐太〔泰〕）各大使後，與妻車遊山上一匝回，入浴，膳後散步，晚課。

三月十八日　星期二　氣候：雨

雪恥：一、民主革命政黨之實質說明：甲、總理不肯放棄革命政黨之一貫主張。乙、革命的解釋不只是對政治而言，更不只是對政治制度而言，乃是對社會、對風習、對生活、對經濟、對一切障礙主義實行的事物，乃至對個人本身思想生活與心理精神等，凡是求新、求善、求進步，以打破舊腐為害人民，特別是對一切不平等、不合理的東西，都可說是革命之對象。丙、本黨在共匪未滅、大陸未復、主義未行以前，必須繼續總理遺志與精神，決不能放棄

1　戴笠（1897-1946），原名春風，字雨農，浙江江山人。歷任軍事委員會調查統計局處長及副局長、中美特種技術合作所主任。1946 年 3 月 17 日墜機身亡。
2　袁守謙，字企止，湖南長沙人。1954 年任行政院政務委員兼交通部部長。其後獲選為中國國民黨第七屆至十二屆中央常務委員。1962 年任交通銀行董事長。
3　馬康衛（Walter P. McConaughy），美國外交官，曾任駐上海領事、總領事、駐港總領事，1957 年至 1959 年任駐緬甸大使。
4　詹生（Ural Alexis Johnson），美國外交官，曾任駐捷克大使，1958 年至 1961 年任駐泰國大使。

革命政黨的性質與行動。丁、普通民主政黨與我們民主革命政黨之別。戊、凡要繼續革命傳統精神，而為總理信徒的，都應忠誠的服從本黨組織，繼續登記為本黨黨員，否則專尚自由民主而不願革命者，自應脫離本黨為宜。

三月十九日　星期三　氣候：晴

雪恥：昨（十八）日朝課後記事，上午入府見美駐越南大使[1]後，見袁樸[2]等赴美考察人員等六人畢，主持一般會談，討論對民意代表加強黨組問題，聞屬生報告中常會決議仍如過去一樣，甚為憤慨，加以斥責。正午祭亮疇先生[3]並吊其妻子[4]，午課後審核中常會決議案，不知其所以然，可痛極矣。聞宏濤等參加為萍菓入口籌黨費的不正當行動[5]，甚為痛惡，加以面斥。與鴻鈞談財政、內政二部長人事，又見文亞[6]、屬生等談黨務。晡妻遊，晚觀影劇後晚課。

本日朝課後記事，上午主持中央常會三小時，以朗誦本黨又一次面臨時代考驗的講詞與討論，余切實說明此次整黨之原因與決心，並通過新內政、財政與經濟三部長人選，已近十三時矣。午課後批閱，晡車遊，晚散步，晚課。

1　杜布洛（Elbridge Durbrow），美國外交官，1957年3月至1961年4月擔任美國駐越南大使。

2　袁樸，字茂松，湖南新化人。1957年6月調任陸軍預備部隊訓練司令部司令，1958年7月調任第一軍團司令。

3　王寵惠（1881-1958），字亮疇，廣東東莞人，生於香港。曾任北京政府司法總長、國民政府司法院院長、外交部部長、國防最高委員會秘書長、行政院代院長等職。1948年6月至1958年3月任司法院院長，任內逝世。

4　即朱學勤。

5　1957年秋，中國國民黨財務委員會利用外匯管制進口蘋果，賺取黨費。

6　倪文亞，浙江樂清人。1948年5月當選第一屆立法委員，1950年10月任中國國民黨臺灣省改造委員會主任委員，1951年5月任中國國民黨臺灣省黨部主任委員。1957年10月獲選為中國國民黨第八屆中央委員，並任中央第一組主任。1961年2月當選立法院副院長。

本日夫人在中央常會聽讀時，以腦暈倒地，可知其體力衰弱、病根已深，不能不作根本瘳治也，幸起立後即復元。

三月二十日　星期四　氣候：晴

雪恥：一、闡說民主與革命之意義及其精神所在，此次重新登記在實現此一精神，特別說明本黨傳統一貫精神在革命政黨之建立，每遇一次革命失敗與臨危之際，惟有恢復這一革命傳統精神與政黨體制，方能衝破危險、轉敗為勝，此外別無其他反共復國之道路，更無完成國民革命第三期之任務可言。今日贊成革命與澈底擁護此一傳統之體制者，望能重新登記，否則不願革命而反對此一體制者，切勿勉強從事，並勸其脫離本黨組織，如其不忌本黨關係，則可在黨外協助，反於黨有益耳。

朝課後記事，上午入府會客，批閱公文，巡視府內。午課前後審閱國光會議訓詞，尚待改正。晡見戴克將軍後與妻車遊山上一匝，膳後散步，研閱貞觀政要征伐篇，晚課。

三月二十一日　星期五　氣候：晴

雪恥：一、對顧問宴會談話要旨：甲、反共救國會議中止之原因：子、主張國共和談者。丑、修改憲法者。寅、必須派員特邀者。卯、以第三者中立資格自居，自高其身價者。辰、重尋卅七年以前民盟舊夢者。己〔巳〕、反共乃為革命立場，而有反對革命者。此為中止之原因。乙、革命為冒險犧牲之事，必須志同道合，自動參加，而不能勉強，特邀以此為中華民國有志之士人人之義務，政府只能約會與歡迎，但並不拒絕任何人之來臺參加革命也。乙之二、反對黨部參加軍隊。丙、反對一黨專政等口號，此乃共匪十年前顛覆國家之口號。丁、在海外反對政府之不智與可笑。

朝課，記事，入府，主持軍事會談，聽取中美聯合參謀計畫與廈門行政登陸計畫報告後，批示圓山隧道地點。午課後續修國光會議訓詞後，與妻遊覽陽明公園，晚觀影劇，晚課。

三月二十二日　星期六　氣候：陰雨

雪恥：續昨（一）項：庚[1]、政府惟有誠信篤實與反共志士以誠相見，可則與可，能則曰能，是則曰是，否則曰否，決不忍以一時苟合與欺詐狡獪之手段，如共匪所謂統戰戰術，一面利用他人，一面陷害他人，所謂一面團結，一面鬥爭的萬惡陰謀，乃必須澈底消除而痛絕也。辛、所謂「臺灣不民主」之口號以為反對政府，以他們不參加政府，即指為是不民主的口實，實在他無理由。難道今日立、監與各級民意機構都不是民主制度，臺灣地方自治代表都不是自由競選而為傀儡乎？可笑。

朝課後記事，入府會客（席摩斯[2]夫婦）後，主持財經會談畢，批閱公文。午課後到劍潭，對情報會議訓話約一小時回，續修稿。晚宴戴克將軍夫婦等畢，晚課後寢。

上星期反省錄

一、行政院內政、財政、經濟三部長之更動，該院局部調整實現，對一般觀感上或有新的改正，此一舉措實亦為整黨之第一步驟所必需者也。

1　原文如此。
2　席摩斯（Dudley L. Simms），國際獅子會副會長，本年 7 月出任第四十二任總會長，翌年卸任。

二、遷臺以來整軍第一段落已告完成，今日必須着手整黨，恢復革命政黨之體制，方能實行反共抗俄，完成國民革命第三期任務也。

三、本周對內工作在整黨與克制反動派之準備甚切。

四、對日本抗議其默認（外交）共匪貿易團懸掛偽旗，作進一步停止對日一切貿易行動，美國表示其對我之同情而已，我與羅勃生等談話發生影響矣。

五、印尼革命軍形勢尚難樂觀，以美國行動消極為慮。

本星期預定工作課目

1. 民主與革命的意義：甲、民主是目的、是原則。乙、革命是手段、是法則。丙、民主是處（經）常，革命是應變應急。丁、國民革命的意義即要求國家獨立與人民自由平等，本黨在俄共竊踞大陸，國家與人民一日未得自由平等以前必須繼續革命，一日不得放棄革命責任與鬆弛其革命精神與取消其革命體制，故本黨擔負今日反共抗俄之任務時期，對政治與人民實行民主與憲政，但在黨性與組織（紀律）上必須維持革命精神與革命紀律，方能強固反共革命基地之民主制度與實力，而達成我反攻復國之任務也。

三月二十三日　星期日　氣候：陰晴

雪恥：續前。壬、政府只有以道義即民族固有之德性為復國之基點，其他所謂策略、權術、陰謀、手段皆所摒棄。癸、團結反共是政府對內惟一方針，但其反共精神必須純潔專一，不能二三其德或有任何自私與不正企圖存在其間，須知政治、社會之一言一行皆為人民十目所視、十手所指，決不能欺弄眾人，眾人亦決不會受其欺弄，故政府號召反共的民主與自由，乃是為大陸

人民對共匪爭民主、爭自由，而個人的自私作用，自命其為中立主義者之所謂民主與自由，則不僅為政府所鄙視，而且為人民所共棄，吾人須負反共革命之責的政府決不為任何名詞，如卅八年以前在大陸時期，共匪之所稱為民主自由的盾牌武器來脅制我政府的方法，使政府再來一次（國共）和平共存，而使一般民主自由人士再陷於今日大陸民主同盟等所謂以心交給共黨之悲劇，決不忍心亦決不重蹈此一覆輒〔轍〕矣。

三月二十四日　星期一　氣候：晴

雪恥：昨朝課後記事，膳中聽讀「赫魯雪夫」笑裡藏力〔刀〕的專作頗有益，禮拜。午課前後續修國光會議講稿，晡與妻車遊淡水，道上巡視耕種情形，遍野綠秧、雨水調順為樂，夫妻親愛，至老彌篤，家庭和睦亦日增一日，此為人生在患難中最大之幸福也。晚觀影劇，晚課。

本日朝課後續修前稿，至正午第一次稿修完，乃在庭池喂魚一樂也。午課後記事，記上周反省錄，經兒來談其下月訪美事，因美眾院民主黨對臺灣獨裁與去年五、二四反美舊案等，以為抨擊其共和黨與反華之資料，此必漢奸吳國楨等作祟所致，乃決令其延期再談。漢奸賣國賣主，國家至此，而此等奸逆又作此喪心病狂之事，是誠與共匪無異矣。批示整黨文件，車遊後晚課。

三月二十五日　星期二　氣候：晴

雪恥：一、青年節文稿要點：甲、反攻復國的精神武器為基本力量。乙、反共抗俄的最後勝利，建國的基本條件乃在民族傳統（自由獨立）精神與固有道德（禮義廉恥）之恢復與充實。丙、三民主義的目標乃在建立民主科學與倫理並重之國家，而以倫理為其中心。丁、建國的要務在全民能負其責任、

守其紀律。戊、無倫理道德，則民主與科學皆無所寄托。無責任紀律觀念，則民主自由皆無所保障。此為今日大陸上往昔一般民主自由人士悲慘結局之實例。戊[1]、民主自由必須以整個國家與人民為其前提，全體人民有自由，整個國家有民主，則個人才得獲得真實的民主與自由，故民主自由必須以大我為重而以小我為次。己、今日反共乃在解放大陸人民之奴役桎梏為共同目的，今日臺灣之民主自由的程度，實為反攻大陸、反共革命之基礎為衡量的尺度，決不能再如過去在大陸上民主同盟等不負責任，對政府要求無限度之民主自由而為共匪利用之，[2]

三月二十六日　星期三　氣候：陰　夜雨

雪恥：[3] 以造成今日大陸人民空前之浩劫，而其個人的人格生命且遭受莫名的摧殘，至其過去所要求的民主自由究竟何在，此誠可謂廉恥蕩然、禮義掃地，而對我民族精神固有道德的毀棄之結果也。庚、今日反共必須以共匪毀棄民族精神為戒，而以恢復固有倫理道德為我復國建國民主自由之保障，而後反共抗俄的國民革命第三期任務方能達成，則三民主義之實現亦即在其中矣。

昨（廿五）日朝、午、晚各課如常，上午主持宣傳會談，正午約宴諮〔資〕政顧問等年會，對投機政客提出警告，說明政府對他的一貫政策決不遷就之意。下午與妻車遊山上一匝，回時已晚，入浴，膳後與妻散步，並審閱代稿，不能用也。

「生活以大眾為前提，行動以誠實為基點。」

1　原文如此。
2　接次日雪恥項下。原日記格式如此。
3　續昨日記事。原日記格式如此。

三月二十七日　星期四　氣候：陰雨

雪恥：一、印尼政府自革命軍興起以後，蘇俄與秩克[1]皆公開以軍火物資接濟蘇卡洛，而獨共匪未敢作其聲援，應特注意。此乃共匪待我以志願軍援助印尼革命軍時，即以此為其侵犯臺灣之口實，而實施其攻臺乎。彼匪俄以為如此必得回教與阿拉伯各國之同情，使我在聯合國內地位動搖也。二、印尼革命如果失敗，而其政治完全為俄共所控制，則澳菲與西南太平洋局勢大變，此實有促成大戰之可能也。

昨（廿六）日朝課記事後，召見王民[2]同志，指示青年節文告要旨，屬其代擬文稿。上午到中央後，屬副總裁代主常會，討論下年度總預算案，回寓，批閱公文，午課後與妻往婦聯會為其生日預禱也。晚見顯光[3]，以二年未見，不知其人之識見、度量之愚劣竟至於此，惟有浩歎而已，晚課。

三月二十八日　星期五　氣候：雨　溫度：五四

雪恥：一、共匪與香港第三勢力今日對臺之陰謀：甲、政治瓦解臺灣（匪）。乙、要求民主，改革臺灣。丙、不合作大團結。丁、實施民主憲政為號召。戊、先反臺再反共，此為其第三勢力之口號也。二、美國全國名流三百餘人由其政府召集會議，聲言為贊成援外案之問題，其內容未必如此簡單，或其以對俄高階層會議的政策之研究乎。三、今日美對俄的政策：甲、希望和平共存之幻想。乙、待俄先襲擊而後報復。丙、由美防制戰爭先發制人。丁、究竟誰先動手。戊、俄共有敵無我的傳統政策決不變更也。

1　秩克即捷克。
2　王民，字嘯生，安徽合肥人。1954 年 6 月任總統府秘書。1957 年 4 月任《臺灣新生報》副社長兼總主筆，1961 年升任社長。
3　董顯光，浙江寧波人。1956 年 4 月，出任駐美國大使。1958 年 8 月卸職返臺，任總統府資政。

昨（廿七）日朝課後記事，入府會客、批公，午課後修改青年節文稿，至夜深第一稿始畢，晚課。

三月二十九日　星期六　氣候：晴　溫度：五十度

雪恥：昨（廿八）日五時半起床未明，朝課後續修前第二稿。上午入府接見沙地阿拉伯國大使[1]，舉行呈遞國書儀式畢，續修文稿至十三時第二稿乃完。午課後，到政工會議主持閉幕典禮，致訓半小時畢，回續修前稿至九時前第三稿方完，自認大致不差，全為一般自由職業家警告也。與妻車遊後即回，晚課。

本日朝課後，讀青年節印成文告，修正各點，甚為適當，頗覺自得。十時到忠烈祠主祭革命先烈後，與辭修同車到青年節大會宣讀文告畢，回寓，閱報、餵魚。午課後讀勝利的生活後，與妻車遊七星山回，入浴，閱港報，晚觀影劇，晚課。

上星期反省錄

一、俄酋赫魯雪夫已自任為其部長會議主席，果然史大林復活矣，此乃為重要而較合吾意之消息也。

二、印尼革命軍形勢未可樂觀，公開聲援並非其時，而且共匪正待我實行援助印尼革命軍後，就以此藉口進犯臺灣，並由俄共聯合阿拉伯、同情蘇卡洛政府之各國向聯合國控告我違反憲章，實有動搖我在聯合國地位而

1　法格赫（Sheikh Assad Alfagia），沙烏地阿拉伯駐華大使，1958 年 3 月 25 日到任，3 月 28 日呈遞到任國書。

以共匪替代之可能。此其後者實與我不利且危險甚大,至於前者反為我引誘共匪侵臺,以為我反攻開始之契機。但前後二者利害相較,則害大而利尚在不可知之數,故此非其時也。

本星期預定工作課目

1. 反黨分子爭取同情表現力量心理之訓誡。

2. 陸軍改正要點:甲、加強士官知識與學力程度。乙、陸軍士兵服役三年制。丙、砲兵射擊場與大訓練場之增設。丁、政工人員受高級軍事訓練。戊、各級授權至排班長為止。己、無論學課、術課皆以就地改正錯誤與接受批評成為習慣。庚、O. C. C.[1] 之管制權與協調皆須加強。辛、野戰陣地各據點間之交通濠應加強。

三月三十日　星期日　氣候:晴

雪恥:一、耶穌受難節證道要旨:甲、生命的(內容)意義。乙、復活的意義。丙、上帝靈性即(真理)古訓:天性以仁愛為中心,共產以仇恨為其哲學的根基。丁、有了仁愛的靈性,則內心的空虛纔能充實,而後人生乃能完備無缺。戊、愛的效果及其發展實無止境。己、物質的進步必須與精神(靈性)並進,且須以仁愛來填補其內心空虛,則物質方能有益於人生,乃可獲得其真正生命。

朝課後記事,審閱陶、周[2] 代擬證道文稿,皆不中用,須從新手擬。膳後散

1　O. C. C. 即作戰管制中心(Operation Control Center)。
2　陶、周即陶希聖、周宏濤。

步，遊覽，禮拜。午課後研究文稿，搜集材料約三小時，在「勝利生活」中獲得頗多。晚經兒等為其母祝暖壽，設宴聚餐後觀影劇，家庭團圞快樂為人生至寶。晚課後，為妻題畫冊。

三月三十一日　星期一　氣候：晴

雪恥：一、對崛〔堀〕內大使[1]談話要旨：甲、先說岸信。乙、中日在上次戰爭中兩敗俱傷之預言與敵乎友乎之小冊之回憶。丙、上次戰爭全受俄共利誘，與軍閥執迷不悟、不聽忠告所致。丁、此次中日情勢仍受俄共利誘，促使中日關係破裂，而使日本不得不走上中立與共產之路，乃是日本財閥利臨智昏，貪小利而忘國家前途於不顧。戊、日本與共匪貿易利用，為何必要有此協定。己、日本內部政治對共協定成功、對我關係破裂，與國際影響之利害大小之比較。庚、如不予我切實保障，則日政府何時聲明支持協定，即何日認為日本政策已決定放棄中國，而進入承認中共之事實矣。

朝課後，與妻向上帝跪禱其六十初度生日之快樂與成功。上午主持陸軍指參學校第十期畢業典禮後，與岳軍、公超商談其與崛〔堀〕內回任後二次談話情形後略示大意，令其再行交涉並預定明日親見崛〔堀〕內也。召見優生十名回，在寓中經、緯各家及親戚吃麵祝壽。午課後仍研究受難節證道文材料，五時後與妻同到大溪接受陳副總裁夫人等二十人為夫人祝壽禮節，並聽杜、關、彭[2]各太太等唱戲娛樂，實為最近最發笑之一天也。晚宴後獨自亭中觀晚景，賞月後，回途車中晚課，十一時半寢。

1　堀內謙介，日本駐華大使，1955 年 11 月 17 日受任，12 月 27 日呈遞到任國書，1959
　　年離任。
2　杜、關、彭各太太，即杜月笙太太姚谷香、關頌聲太太張靜霞、彭孟緝太太鄭碧雲。

上月反省錄

一、印尼革命形勢至月杪已入危急狀態，如果失敗則印尼無異赤化，太平洋
　　（西南）與印度洋形勢完全改觀，美俄戰爭之可能又接近一步矣。

二、沙地阿拉伯新執政之政策實有排美親埃與聯俄之形勢，此乃為俄間接對
　　美鬥爭得勝之重要步驟。今後世界之危機不在俄直接以武力對美進攻，
　　而乃以其間接方式使其中立各國對美先形成包圍，而後驅逐美國於歐、
　　亞、非三洲使之完全孤立以達到其不戰而屈之目的。

二[1]、入春以來所最大失望者乃為艾森毫〔豪〕之愚庸，既無主義又無思
　　想，俄共對美侮辱欺凌以及其侵略野心明顯至此，而彼仍冥頑不靈，只
　　知保守苟安毫無作為，使我五年來對彼之希望至此完全斷絕，此其為害
　　人類之罪惡，殊不可勝計也。

三、俄國動態：甲、赫魯雪夫宣布最高階會議六項要目。乙、俄（接受）
　　提外長會議之主張，在只定高階會議之地點與時間，以及其他各種不同
　　之方式。丙、俄警告東南亞聯盟會議各國。丁、俄提亞洲設置非原子
　　區之宣傳，實與其上月所提南、北韓之統一與非原子區之陰謀一也。戊、
　　二月以來俄試爆核子武器已有八次之多。己、赫魔[2]自任其部長會議主
　　席，完成其獨裁制。

四、匪軍中發生六種反共思想及其政治部、文化部長之反共影響。

五、對尾巴黨派交心、交命與決心書等之殘刑，實為其喪盡人性空前之暴行，
　　不亡何待。

六、毛匪[3]擬發起亞洲高階層會議應研究制止之方。

七、匪軍官兵待遇之突減及承銷其公債一事，實為其竭澤而漁最後之剝削也。

1　原文如此。
2　赫魔即赫魯雪夫（Nikita Khrushchev）。
3　毛匪即毛澤東。

八、美在東南亞籌備明年大演習計畫與對越、泰、寮、棉之軍事準備，特加注意。

九、此次東南亞聯盟會議並無具體進展，而其對中、韓兩國加入聯盟事亦未能實現，可知西方大國仍不重視亞洲共禍與具體反共之決心，而美對印尼之革命軍仍不敢公開接濟，更使亞洲反共各國對其失卻信心也。

十、美對俄重提其管制太空與整個裁軍問題，再遭俄共之拒絕。

十一、杜卿[1]此次訪華並無具體收穫，而其對我空降游擊計畫亦並未作具體之解決。

十二、本（三）月在日月潭休息二十日，全部精力用於本黨從政黨員重新登記之主張，故修改監察委員講稿最費心力，其次為修正軍事會議之訓詞皆已完成，此其（一）行政改革委員會成立，此其（二）內部〔政〕、財政、經濟三部長易人，此其（三）外匯率改正方案之決定，此其（四）惟對日匪貿易問題提出抗議，尚無結果。

十三、綜核國際形勢，非洲、中東問題日趨複雜，亞洲、印尼革命形勢不利，全局動盪日甚一日，俄共攻勢愈來愈兇且已佔優勢，尤其是赫魔[2]獨裁制度完成，乃為世界戰爭再進一步之形成，豈有消極之理。

1　杜卿即杜勒斯（John F. Dulles）。
2　赫魔即赫魯雪夫（Nikita Khrushchev）。

四月

蔣中正日記
Chiang Kai-shek Diaries

蔣中正日記
Chiang Kai-shek Diaries

民國四十七年四月

本月大事預定表

1. 行政院黨員小組之加強。
2. 設計委員會與研究院改組之人選及加強。
3. 民意代表之點名表決制。
4. 軍友銀行籌備案之督導。
5. 游擊隊之裁併計畫（憲兵、裝甲師、陸戰隊）。
6. 從政黨員重新登記之實行。
7. 四六年讀訓心得批示之宣布。
8. 評議委員會與中央擴大會議。
9. 本年行政主要改革案之提出。
10. 行政改革委員會之充實與督導。

四月一日　星期二　氣候：晴

雪恥：一、基督教理的要義在救贖、復活與童貞女受聖靈感應而成胎生育，實現「道成肉身」。我認為救贖最為重要，復活的意義亦在救贖之中，即耶穌為拯救眾人之罪而捨棄己身不惜犧牲也。

朝課後記事，十時半入府，與岳軍、公超談對日交涉最後方針，聽取其與崛〔堀〕內二日來交涉情形經過後，十一時見崛〔堀〕內，相談約七十分時談

話錄記專錄，惟對於上次中日戰爭是起於其軍閥以為中國貧弱，侵略確有把握，全為日本國家計尚可原宥，而其今日財閥明知共匪要赤化日本、消滅日本，而竟與之貿易，不恤奉送其國家生命而訂立此種貿易契約，其比軍閥更愚，實不可諒也一點，未能說及為憾。

「今日改為夏令時間，比平日撥早一小時。」

四月二日　星期三　氣候：陰　夜雨

雪恥：昨（一）日午課後讀勝利生活，研究復活意義的材料後，批閱公文，清理積案。與俞[1]院長談外匯率調整日期，最後指示其延展數日，姑待對日交涉情勢之進展如何，再行決定為宜。晡巡視淡水河上新建之一江橋工程後，巡視南京東路二側建修情形一匝回，入浴。晚觀影劇後晚課，十一時半寢。
本日朝課後記事，上午主持中央常會，對於重新登記案再作具體指示，並詳述登記之目的與意義，令再研討切實辦法。午課後修正陶[2]擬證道文初稿。晚觀影劇後晚課，十一時半寢。近日心緒沉重，時用戒懼，若不勝其負擔者，奈何。

四月三日　星期四　氣候：陰

雪恥：一、反動刊物「自由中國」，美國所謂自由亞洲協會予以扶持，用金錢津貼，應加禁止。
朝課後記事，十時入府主持國父紀念月會，監督內政、財政、經濟各部長、

1　俞即俞鴻鈞。
2　陶即陶希聖。

次長等就職後，聽取嚴[1]部長對菲律濱行政改革會經過報告，甚有意義，我國亦應聘任美國專家為顧問的辦法，以期有效也。會客，批閱。午課後重修證道文稿，晡與妻車遊淡水。晚散步，晚課。

四月四日　星期五　氣候：陰晴

雪恥：一、美使[2]對孫立人[3]事不斷談起其生活與狀況，形同干涉我內政，應嚴詞指斥，不使其再有此非法言行。

六時起床，朝課後默禱畢，續修證道文第三次稿，十時前入府，見顯光，甚憐其老而愚昏自私，毫無外交意識也。主持情報會談後，回寓重審文稿。正午夫妻同在蔣林堂參加受難節禮拜，並各朗誦證道文，尚稱洽意。十五時方進食，以受難節自辰至未刻皆禁食紀念。午課後與妻車遊山上一匝，續審文稿付印。晚見公超，談其與日使[4]商談對匪偽商務機構禁止掛旗之保證書內容，散步，晚課，入浴。

四月五日　星期六　氣候：晴

雪恥：一、本日為清明節，時起思家掃墓之念，常對先慈遺像懺〔懺〕悔不肖之罪，未知何日能光復大陸，洗淨共產腥膻，以拜掃墓廬，以慰我先人在天之靈矣。

1　嚴即嚴家淦。
2　美使即美國駐華大使莊萊德（Everett Drumright）。
3　孫立人，字撫民，號仲能，1950 年 3 月 17 日出任陸軍總司令部總司令。1954 年 6 月 24 日，調任總統府參軍長，1955 年 8 月 20 日，受「郭廷亮匪諜案」牽連，遭革除總統府參軍長職務。
4　日使即日本駐華大使堀內謙介。

朝課後記事，入府見美聯社記者（莫林[1]）後，記韓國訪問團長等畢，主持軍事會談，聽取淘汰庸劣人員結果之報告，三軍中共計淘汰三千餘人，約為軍官總人數百分之二‧五，此為整軍最重要之最後一着也。與辭修第三次促其代余往賀阿根廷總統[2]就職事，彼仍堅辭不就，是其為個人計思慮甚周，甚歉余不及也。午課後，批閱公文後與妻遊覽後草山陽明公園，步徒至新闢之大屯瀑，其地幽靜可以消煩也。晚觀影劇，晚課。

上星期反省錄

一、日匪貿易禁其懸旗與外交待遇之交涉，在這一星期中要求其書面保證不准懸掛匪旗事，仍無結果，而其外長藤山[3]反在其閣議上對我政府作脅制壓詐之狂語，漏洩宣傳使我就範，真不料此小子利臨〔令〕智昏至此，對於公私道義自非其狡獪〔獪〕所計，而其不為日本國家計一至於此，可知富者不仁、商人都不愛國之說，萬國皆同也。

二、耶穌受難節文告着重在精神與道德之修養倡導，而香港大報皆不登載，可知國人與知識分子對國家與民族前途，以及對共產鬥爭之基本武器，皆未有澈底認識與覺悟耳。

三、十日來內心懸如，但並非為對日交涉關係，直至星期五日證道文完整以後，始覺豁然安定。

1　莫林（Relman Morin），美國美聯社（Associated Press）記者，前駐東京分社主任。

2　弗朗迪西（Arturo Frondizi Ercoli），1957 年參與創建「不妥協激進公民聯盟」。1958 年當選阿根廷總統，5 月 1 日就職。1962 年 3 月 29 日，被軍事政變推翻。

3　藤山愛一郎，日本實業家、政治家。歷任日本經濟團體聯合會顧問、日本金屬公司經理、日本航空公司（JAL）董事長等職。1957 年起任外務大臣，1958 年當選眾議員，1961 年出任經濟企劃廳長官。

本星期預定工作課目

1. 中央研究院長胡適[1]就職與院士會議。

2. 外匯貿易方案之實施。

3. 評議會議與中央會議召開日期。

4. 召宴民意代表宣布重登記之日期。

5. 行政改革委員會之外國顧問組問題。

6. 孫竹筠[2]與應鞏華[3]之遺缺人選。

7. 中、美聯合參謀組織中之中方人員名單。

8. 駐美大使人選之決定。

9. 去年讀訓心得之優員文件之頒發。

10. 對印尼革命軍派志願人員之方針。

四月六日　星期日　氣候：晴

雪恥：一、蔣夢麟[4]以太初有道改為太初有言，必照希臘文直譯其字，而未明其意，此事應予辯正。以中國之道亦有言字之義，即俗語「說道」有以「道」代「說」字之意，皆為常事，惟道可包括言，而言不能包括道，故舊約原譯太初有「道」，而不以言字直譯，並無錯誤耳。此「道」字實為中庸天命之謂性、率性之謂「道」的道字之義，並無二致也。

1 　胡適，字適之，安徽績溪人。曾任駐美大使、北京大學校長。1950 年 9 月至 1952 年 6 月，任美國普林斯頓大學葛思德東方圖書館館長。時任中央研究院院士、第一屆國民大會代表，寓居紐約。1957 年 11 月任中央研究院院長，1958 年 4 月返臺就職。

2 　孫竹筠，貴州黃平人。1956 年 2 月預備第一師師長，1957 年 4 月調任第五十八師師長。1958 年 5 月調任陸軍總司令部作戰研究督察委員會委員。

3 　應鞏華，號固安，浙江蘭谿人。1957 年 4 月調任預備第一師師長，1962 年 12 月調任第三十三師師長。

4 　蔣夢麟，原名夢熊，字兆賢，號孟鄰，浙江餘姚人。曾任北京大學校長、教育部部長、行政院秘書長、國民政府委員。1948 年 10 月，任中國農村復興聯合委員會主任委員。1958 年 8 月，兼石門水庫建設委員會主任委員。

朝課後記事，上午聽報後遊覽庭園，訪鳥餵魚、蒔花、修草後禮拜回，讀夢麟說基督教的信仰全文。以儒者立場來說，值得一讀也。午課後與妻車遊景美、新店至宜蘭道上，至「小格頭」苗圃而回，約行一小時餘。晚散步，審舊稿，晚課。

四月七日　星期一　氣候：晴

雪恥：一、對日匪貿易協定與日交涉之方針：甲、使此協定展期延緩，而最後廢止無效。乙、要求日本保證其最後禁掛匪旗的策略：（子）直接向我保證。（丑）間接對美保證。（寅）先使其發表解釋協定，尊重中華民國關係之聲明，而後繼續商討保證方式，此實下策。丙、岸內閣如在其選舉失敗時，則其保證亦恐無效，是雖有確實保證亦不能生效。丁、此事政策重點如其不得我同意而對日商解答，或其竟不顧我抗議而掛匪旗，則最後我只有召回大使，準備斷絕邦交，乃適中匪偽奸謀。戊、如此時不要求其保證，則待其懸掛匪旗時再與交涉，絕對無效，美人亦不會如今日對我之同情，故此機會不能錯過，其關鍵全在此時，使其能決定禁掛匪旗政策，斷不可中途退縮，以致功虧一簣也。

四月八日　星期二　氣候：晴

雪恥：昨（七）日朝課後記事，十時主持研究院臺省議會黨員訓練班第一期開學典禮，致訓三刻時畢，照相回，重核軍事會議訓詞補充後付印。午課後批閱公文，為妻生日來賀之女客補請茶點畢，修正對日大使談話稿，晡與公超談對日交涉。晚與妻車遊山上回，晚課。

本（八）日朝課後記事，研究對日匪貿易的交涉之最後決策，仍偏重於實行

禁掛匪旗之保證而堅持其一貫立場為主也。入府召集陳、張、俞、葉[1]等，討論對日交涉問題，仍照上意決定不變，續開宣傳會談。午課後（研閱）記上月反省錄，審閱日記未完，晡與妻車遊淡水道上回。入浴後晚課，膳後觀影劇，廿四時寢。

四月九日　星期三　氣候：晴

雪恥：一、對中央研究院胡適院長就職時講詞要旨：甲、說明西學為用、中學為體之張之洞[2]思想，應作哲學（文化）為體、科學為用的解釋。二、對日匪貿易協定之抗議交涉大體皆照我原意獲得結果，對於保證文字亦已依照原意送來矣。

朝課後記事，上午主持中央常會通過外匯更改匯率方案，並對中央從政黨員重新登記辦法，經討論後亦得解決為慰。午課後批閱公文後，與胡適之談話一小時，對其研究學術與辦理大學意見頗多可取。晡與妻巡視市區內，晚得對日交涉完結之報告。膳後散步，晚課，研閱貞觀政要安邊篇完。

四月十日　星期四　氣候：陰

雪恥：今天實為我平生所遭遇的第二次最大的橫逆之來，第一次乃是民國十五年冬–十六年初，在武漢受鮑爾廷[3]宴會中之侮辱，而今天在中央研究院

1　陳、張、俞、葉即陳誠、張羣、俞鴻鈞、葉公超。
2　張之洞（1837-1909），字孝達，一字香濤，號香岩，又號壺公，晚清重臣。洋務派主要代表人物，大力倡導「中學為體，西學為用」。
3　鮑羅廷（Michael M. Borodin, 1884-1951），又譯鮑爾廷，蘇聯政治家，1923年至1927年為共產國際駐中國代表及蘇聯駐廣州政府代表，獲孫中山委任為中國國民黨組織教練員，提出黨的改組計畫，是協助孫中山「聯俄容共」政策的主要人物。

聽胡適就職典禮中之答辭的侮辱，亦可說是求全之毀，我不知其人之狂妄荒謬至此，真是一個妄人，今後又增我一次交友不易之經驗，而我之輕交過譽，待人過厚，反為人所輕侮，應切戒之。惟余仍恐其心理病態已深，不久於人世為慮也。

朝課後手擬講稿要旨，十時到南港中央研究院，參加該院長就職典禮，致辭約半小時，聞胡[1]答辭為憾，但對其仍以禮遇，不予計校，惟參觀安陽文物之出品甚為欣慰。午課後閱報，晡約請各國使節春季遊會二小時完，心神疲倦，入浴後晚課，膳後車遊回寢。因胡事終日抑鬱，服藥後方安眠。

四月十一日　星期五　氣候：陰

雪恥：昨日的沉痛成為今日的（安樂）自得，認為平生無上的愉快，此乃犯而不校與愛人如己的實踐之效也。惟夜間仍須服藥而後睡着，可知此一刺激太深，仍不能澈底消除，甚恐驅入潛意識之中，故應以忠恕克己的仁愛之心加以化治，方是進步的勝利之道。今日讀荒漠甘泉「一個信徒能不動聲色地忍受苦痛，不僅是恩典亦是榮耀」之語，更有所感。

朝課後記事，閱報載昨在中央研究院講詞要旨，甚正確簡明為慰。入府會客，召見調職人員與公超談中東外交近情，午課後批閱要公。晡車遊山上一匝，入浴，膳後散步，晚課。

1　胡即胡適。

四月十二日　星期六　氣候：陰雨　溫度：五十

雪恥：一、鄧文儀[1]參加行政改革研究會。二、鄉鎮公所之組織（參加）退役軍官。三、小組運用與作法特重家庭關係與聯系。

朝課後記事，入府見韓駐美大使梁裕燦[2]後，軍事會談，聽取軍官正式退除役待遇辦法與文官之比較等法案，決照修正辦法提交立法院立案。午課後批閱公文，與妻車遊淡水回，入浴。晚宴中央研究院院士及梅貽琦[3]等，胡適首座，余起立敬酒，先歡迎胡、梅同回國服務之語一出，胡顏色目光突變，測其意或以為不能將梅與彼並提也，可知其人之狹小妒嫉一至於此。今日甚覺其疑忌之態可慮，此或為余最近觀人之心理作用乎，但余對彼甚覺自然，而且與前無異也。晚課。

上星期反省錄

一、胡適就職典禮中，余在無意中提起其民國八、九年間彼所參加領導之新文化運動，特別提及其打倒孔家店一點，又將民國卅八、九年以後，共匪清算胡適之相比較，余實有尊重之意，而乃反觸其怒（殊為可歎），甚至在典禮中特提余為錯誤者二次，余並不介意，但事後回憶甚覺奇怪。又在星六晚招宴席中，以胡與梅貽琦此次由美同機返國，余乃提起卅八年初將下野之前特以專派飛機往北平接學者，惟有梅、胡二人同機來京脫離北平危困，今日他二人又同機來臺，皆主持學術要務，引為欣

1　鄧文儀，字雪冰，湖南醴陵人。1957 年任行政院退除役官兵就業輔導委員會副主任委員，1959 年起任國防研究院講師十年。

2　梁裕燦，韓國釜山人。1951 年至 1960 年任韓國駐美大使。

3　梅貽琦，字月涵，天津市人。1953 年任教育部在美文化事業顧問委員會主任委員。1955 年返臺，在新竹恢復清華大學，並籌辦清華原子科學研究所。1958 年 7 月，任教育部部長兼清華大學校長。

幸之意，梅即答謝當時余救他脫險之盛情，否則亦如其他學者陷在北平
被匪奴役而無後有，今日其人之辭殊出至誠，胡則毫不在乎並無表情，
惟彼亦聞梅之所言耳，其心中是否醒悟一點則不得而知矣，余總希其能
領悟而能為國效忠，合力反共也。

二、日匪私人貿易禁掛匪旗交涉雖告一段落，但我外交部公報只注重匪旗，
而對其貿易問題應特別表示反對者則略而不提。由此次交涉經過而言，
公超心無主宰，殊無外交家精神也。

三、外匯率之變更，從政黨員之重登記案皆由中常會之通過，監察院副院長
李嗣聰〔璁〕[1] 亦已如期選出，此乃上周較為進步之工作也。

四、因胡適的言行更使我想念蔡子民[2]先生道德學問，特別是他安詳雅逸、
不與人爭的品性之可敬可慕也。

四月十三日　星期日　氣候：陰雨　溫度：五十

雪恥：一、對防大開學訓示：甲、兵學要在應用。乙、應用的效果在於組織
與管理的方法是否合宜（即人、事、時、地、物的配合）。丙、今日原子戰
爭的戰術要點在通信、情報與運動。丁、運動的要旨在分、合、速、秘。
戊、軍隊戰地（戰術的）運用的基礎：第一為情報，第二為保密，第三為
紀律。己、戰術之實施有效在誠實與互信。庚、組織的目標在統一指揮與集
中力量。

朝課後記事，十時見顯光，糾正其心理自是與怨人而不自知的缺點，表示準

1　李嗣璁，字蔭翹，直棣慶雲人。第一屆監察委員。1958 年 4 月 12 日至 1965 年 8 月 17
　　日任監察院副院長。
2　蔡元培（1868-1940），字鶴卿，又字子民，中華民國首任教育總長，1916 年 12 月至
　　1924 年 1 月任北京大學校長。國民政府奠都南京後，籌設中華民國大學院及中央研究
　　院。1928 年至 1940 年專任中央研究院院長。

備准辭之意。禮拜如常回，記上周反省錄，午課後與妻車遊山上一匝回，閱報，晚觀影劇（法征西班牙與遊〔游〕擊戰之故事[1]）甚佳，晚課。

四月十四日　星期一　氣候：雨　溫度：五十

雪恥：一、美與共匪所謂大使級日內瓦會談，觀共匪之聲明，美似已不願繼續再派大使正式會談，共匪亦表示其如美不派大使級為代表，則不再會談之意，此果真實乎。二、共匪對日本不願再派貿易團駐日，以日政府不准其懸掛偽旗，此又果真乎。

昨夜睡眠已復正常，此乃「受人之侮不動於色，此中有無窮意義，亦有無窮受用」之效乎。朝課後記事，十時到國防大學第七期開學典禮訓示後，視察新建聯合大教室，甚為合意，回記上月反省錄完。午課後批閱公文後，與妻車遊木柵與指南宮，山上晚膳，散步，觀影劇，晚課。

四月十五日　星期二　氣候：晴
寒意未消，但正是春季氣候矣

雪恥：一、警察人事與教育制度之建立。二、稅吏與稅收規則技術之訓練及其制度（賞罰進退）之建立。三、江杓、鄧文儀二員加入行政改革委會之研究工作。四、美國顧問公司對行政改革委會之工作有否必要。五、擬議岳軍生辰文稿。

1　法征西班牙與游擊隊之故事，即 1957 年上映的美製電影《氣壯山河》（*The Pride and the Passion*），聯美電影（United Artists Corporation）出品。史丹利·庫拉瑪（Stanley Kramer）導演，卡萊·葛倫（Cary Grant）、法蘭克·辛納屈（Frank Sinatra）、蘇菲亞·羅蘭（Sophia Loren）主演。影片講述拿破崙入侵西班牙期間的一段游擊抵抗與愛意糾葛情節。

朝課後記事，入府召見孫連仲[1]、楊森[2]、孫震[3] 等，問其生活情形，主持宣傳會談，專談新聞界反對出版法案之對策甚詳。午課後批閱人事與美俄形勢之報告，有益。與妻巡視陽明公園新闢一條右側之公路，地形不難也。膳後與妻散步，車遊回，晚課。

四月十六日　星期三　氣候：晴

雪恥：一、對美國廣播公司之徵文注重研究。二、警告美民不可以為俄共戰略，亦恐人類文明之毀滅與其國民人命之損喪，而亦將以避免核子戰爭，為其可能之戰略也。三、提出民族革命戰爭以消弭世界戰爭，更不必恐懼引起大戰之理由，重加申明。

朝課後記事，上午主持中央常會，修正重新登記辦法與審查委會之組織，原稿本為委員三人，余改為全體常委皆參加此審查組織，以免有派系不公之嫌。最後提出今年世界地理學會在莫斯科開會，由外交部提出我政府應否向俄請發簽證事，余認為此乃攻入敵陣內之政治鬥爭，不論俄是否允簽，為政治與外交策略言皆應毅然提簽，乃為俄匪關係與俄一重大難題，而且俄如不允簽，是其對國際上亦一不名譽之事，故失敗不在我方也。

1　孫連仲，字仿魯，河北雄縣人。1949 年 3 月到臺灣，任總統府戰略顧問。同年 11 月至 1950 年 3 月兼任東南軍政長官公署政務委員會敵後軍政指導委員會主任委員。1951 年任華北游擊工作委員會主任委員，受國防部節制。1956 年 1 月退役，受聘總統府國策顧問。
2　楊森，字子惠，四川廣安人。1950 年任總統府戰略顧問。1952 年 12 月改任總統府國策顧問。
3　孫震，字德操，號夢僧，祖籍浙江紹興，生於四川。1949 年 2 月，改任川東綏靖司令。6 月，升任西南軍政長官公署副長官。12 月到臺灣。1952 年 12 月退役，改任總統府戰略顧問。

四月十七日　星期四　氣候：晴

雪恥：續昨：但此實亦為冒險之舉，其反對者以為於我向來反共抗俄國策完全相違反也，我認為外交行動不能如此呆板，而且此為世界學術性之集會，在理言可與政策無關也。不過最後表決時，十四人中只有八人贊成，辭修、正綱等皆不贊成，經國與至柔告假不在會中也，余以為此乃必須有膽力、有遠識者方能無疑而贊成耳。午課後，審閱張國英[1]、羅列[2]、余伯泉[3]等讀書心得三篇後車遊，晚觀影劇，晚課後十二時前就寢。

本（十七）日朝課後記事，入府召見雲五與家淦，商談行政改革委員會充實工作等事，另見宣傳幹部，商談對美國廣播公司問答要旨後批閱。午課後批閱讀書心得、周中峯等報告文，晡到婦聯會參加其八周〔年〕紀念會，甚完備，回入浴。晚與妻車遊後，晚課。

四月十八日　星期五　氣候：晴

雪恥：前日在中央常會決定，出版法修正案既經提出，立法院不能再允民營報業要求撤回或復議之舉，此本為我三年來之主張，但中央此次決定提出並未詢我意見，如對我先行請示，則我決不會主張此時提出，以余正在進行中央級黨員重登記之計畫，凡此計畫未完成以前，一切重要法案不應在此時提出於立、監二院也，可知中央黨部辦事不分輕重緩急之步驟，如何能使之發揮指導效用也，可歎。

1　張國英，字俊華，安徽阜陽人。1957 年 4 月，調任第十軍軍長。1958 年 4 月，調任第八軍軍長。1960 年 2 月，調任國防部聯合作戰督導委員會委員。

2　羅列，原名先發，號冷梅，福建長汀人。1957 年 7 月，調任第一軍團司令。1959 年 6 月，升任陸軍總司令部總司令。

3　余伯泉，字子龍，廣東台山人。1954 年 8 月，調國防部副參謀總長。1958 年 8 月，兼任計畫參謀次長。1961 年 1 月，任第一軍軍長兼金門防衛司令部副司令官。

朝課，記事，入府召見世界青年商會各國代表後，主持財經會談，午課後續審讀書心得文卷，葉禧年[1]為最優也。與妻車至陽明公園，指示周局長[2]另闢公路線。晚散步，研閱貞觀政要至畋獵止，晚課。

四月十九日　星期六　氣候：晴　正午日食

雪恥：一、對立、監二院黨員為重登記事指示要點：甲、民意代表（立、監二院）在臺無法再選，故其對黨已無所要求與依賴之事，所以今後二院黨員只有為黨盡義務、負責任而毫無權利與私益之可言。乙、今日反共革命之黨員必須以人民權利與國家自由為第一，故不能不以個人權利與自由在其後，甚至為主義、為黨紀，不能不犧牲個人之生命與地位，否則不能救民復國實行主義。故今後本黨革命環境，不能不恢復同盟會時代之犧牲精神，貫澈其革命意志，如無此意志與決心者，不如退出黨藉〔籍〕，還你個人自由，不妨礙黨紀以保全公私品德也。

朝課後記事，入府主持軍事會談。午課後審批心得文卷後，與文亞談立院情勢畢，與妻車遊山上。晚批審，晚課。

上星期反省錄

一、近日更覺美國政策行動及其傳統習性，對俄共鬥爭方法必將有敗無勝，但我國不能不予以始終一致，同成敗、共存亡，而所恃以無疑者，乃以

1　葉禧年，號奇哲，廣東新興人。1954 年 11 月，任國防部第一廳副廳長。1957 年 9 月，調任空軍總司令部人事署署長。
2　周象賢，別名企虞，浙江定海人。時任臺灣省政府委員兼陽明山管理局局長。

上帝主宰其間，必能以真理戰勝妖魔、正義戰勝邪惡，又以民心所向，人性相尚，必能克制物慾與暴政而已。

二、印尼革命首都中蘇門答臘巴東（十八日）已被其蘇卡落[1]政府所攻陷，此乃亞洲和戰與禍福之大關鍵也，大戰又迫近一步矣。

三、美、英、法三國大使十六日已與俄外長各別商談，高階層會議之準備工作開始。

四、法國蓋雅內閣因突尼西亞交涉問題，以其國會不願受美、英調解之主張而推倒矣。

五、臺省新聞界反對修正出版法案，演出其各種威脅侮辱之言行，已失其理性。余在常會中乃表示對此事之決心，必照既往修正方針，絕無緩議與撤回之可能，並表明此為余三年來之主張也。

六、胡適到「自由中國」半月刊編輯會議之消息，並對修正出版法案表示異議。

七、美匪日內瓦大使會談交涉已經中斷？

八、本周工作在審核將領優等者心得文為主，頗為有益。

九、北大西洋公約國家決議增加西歐盟軍至卅個師，及義大利等五國配置核子火箭。

本星期預定工作課目

1. 對美廣播公司問答稿。

1　蘇卡落即蘇卡諾（Sukarno）。

四月二十日　星期日　氣候：晴

雪恥：一、對新聞界表明我對出版法之態度：甲、寧負限制出版自由之惡評，決不放棄我對大陸億萬同胞、解救其奴役與恢復其全體自由之責任。乙、臺灣今日環境為共匪滲透（間諜）與暴力兼用並施之戰時戰地，若不能修正今日之出版法，就不能確保此惟一基地之安定，而且社會秩序日壞、匪諜謠諑頻興，更不能保障地方與人民之安寧。丙、凡正當之輿論與出刊一如過去之方針，決不削弱其已往自由程度之權利。

朝課後早膳，聽報畢，散步消遣回，記事，禮拜後續審將領心得文，午課後續審一篇。晡與妻車遊七星山後，巡視新修公路，尚未完成也。晚散步，閱貞觀政要災祥篇完，晚課。

四月二十一日　星期一　氣候：晴　溫度：八十

雪恥：一、近日兩個重要問題：甲、黨員重登記案。乙、修正出版法案。皆遭受反動派詆毀我黨專制之最好材料，而美國反蔣派亦必將群起攻訐，余的預定計畫必以登記案完成後再提其他各案，不料常會無端在此時擅行提出，使此甲、乙兩案糾纏難解，現只有待出版法案告一段落，再着手登記案，此雖前後倒置，但登記案尚未提出，不妨從緩，未始非計耳。

朝課後記事，上午到研究院主持紀念周前，聞有士兵五人合群擊斃女人與傍觀者數人，不勝憂愁。駐臺日久，官兵性的問題更無解決，此為最初所不計及之要務，實為國軍中最重要問題也，奈何。講詞後提及出版法案，又動氣發憤矣。對臺省民意代表訓練班點名。

四月二十二日　星期二　氣候：晴　溫度：八十

雪恥：昨午回寓後，記上周反省錄，午課後續審讀書心得報告數篇，梁序昭最佳。晡與妻車遊山上一匝回，入浴，晚閱政要，晚課。

本（廿二）日朝課後記事，經兒視察橫貫公路工程一周，昨始回來，今晨面報詳情，全路須在明秋通車也。上午會客三批後，主持一般會談後，批示步兵操典綱要，重修草案，仍多不妥處，當詳加修正。午課後續審心得報告文，晡車遊淡水道上，晚研閱貞觀政要，全部完畢為慰，晚課。

四月二十三日　星期三　氣候：晴　溫度：八十四

雪恥：一、官兵性的問題，應專案研究解決辦法。二、授槍訓誡及普遍講習之重要。三、對士兵行為監察方法之加強。

朝課後記事，上午主持中央總動員會報後，與至柔談臺灣行政與建談〔設〕情形，漸有進步矣。午課前後續審將領心得論文，其中很有心得者，今日一般將領至少認識俄共思想理論，都能了解其大體矣。晡與妻車遊山上一匝，膳後與妻散步，續審論文，晚課。

四月二十四日　星期四　氣候：晴　溫度：八十六

雪恥：一、袁國徵[1]、張振遠[2]、徐培根、王叔銘等論文。二、克氏[3]五原則，福煦[4]勝利五條件之研究。三、國軍戰爭原理和軍事思想及作戰原則之訂定，及軍事思想整體理論之建立其資料：甲、孫子兵法[5]……今日戰爭藝術化的意義等。乙、三角形攻擊戰鬥群。丙、三分敵前七分敵後等口號。丁、每年軍事會議訓詞。

朝課後記事，入府召見田炯錦[6]、何鳳山[7]、邵毓麟[8]等，及調職人員錢懷源[9]、黃錫麟[10]、葉禧年等六人，批閱公文。午課前後續審讀訓心得論文，現任各軍長六人見解與文字皆甚優良為慰。散步餵魚後，與妻車遊山上一匝，膳後散步，納涼，晚課。

1　袁國徵，號養農，安徽桐城人。原任海軍陸戰隊第一師副師長，1957 年 4 月升任海軍陸戰隊第一師師長。

2　張振遠，號翼飛，山東單縣人。1957 年 2 月任海軍陸戰隊第一師副師長，1958 年 5 月調任海軍陸戰隊司令部參謀長，1960 年 1 月調任海軍陸戰隊學校校長。

3　克勞塞維茲（Carl von Clausewitz, 1781-1831），又譯考勞維治，普魯士將軍、軍事理論家，著有《戰爭論》。

4　福煦（Ferdinand Foch, 1851-1929），法國陸軍將領，第一次世界大戰後期任協約國聯軍總司令。著有《作戰原則》（英譯 On the Principles of War）等軍事著作。

5　《孫子兵法》，作者為孫武（約西元前 545- 前 470），字長卿，春秋時期齊國人。

6　田炯錦，字雲青，甘肅慶陽人。1951 年 2 月至 1954 年 5 月任行政院政務委員兼蒙藏委員會委員長，1958 年 3 月至 1960 年 6 月改兼內政部部長。

7　何鳳山，湖南益陽人。在二戰初期拯救過數以千計的猶太人，聯合國譽其為「中國的辛德勒」。1948 年 11 月至 1956 年 5 月任駐埃及大使。1958 年 3 月至 1965 年 5 月任駐墨西哥大使。

8　邵毓麟，號文波，浙江鄞縣人。1957 年任駐土耳其大使，4 月 20 日到任，1964 年 10 月 19 日離任。

9　錢懷源，浙江上虞人。1953 年 9 月調任海軍指揮參謀學校校長。1956 年調任海軍會稽艦艦長。1958 年 7 月調任國防部情報助理次長。

10　黃錫麟，廣東潮安人。時任信陽艦艦長。1958 年 5 月調任海軍專科學院院長。1959 年 3 月調任海軍總司令部參謀長。

四月二十五日　星期五　氣候：晴　溫度：八十八

雪恥：一、致愛克函稿之準備要旨：甲、俄共以奇襲敵人也就等於征服了敵人的教條思想，其先發制人之戰略必然實踐。乙、只有動搖其後方，打擊其基地，使之不安與使之自顧不遑，不能先發制人，方能克制其奇襲的戰略。丙、俄共以不戰而屈，為其統治世界的最高指導原則，只要對他發動局部戰爭，迫使其轉入防禦型態，為今日自由世界避免大戰之道。丁、特別注意史氏[1]後方安定之永久作戰性之原則，這是俄軍思想上不可克服的根本問題。戊、如何克制其永久戰爭性之思想與消弭其統制世界之野心。

朝課後記事，入府召見留學與調職二十員，主持情報會談，介民[2]報告安全局對大陸本年度計畫，午課後續審心得論文，胡璉頗佳。晡車遊，晚散步，續審論文，晚課。

四月二十六日　星期六　氣候：晴

雪恥：續昨。己、戰爭並不是蘇俄戰略的目的，蘇俄以和平手段而迫敵求和為其戰略的重要部分。庚、共產思想：（子）和平與戰爭的意義是不能分的，平時與戰時的手段乃是一致的，其方法只是一面製造矛盾作永恆的鬥爭，一面施展其和平（手段）詐術來達到他侵略目的。（丑）列寧[3]說，當資本主義與社會主義共同生存期內，我們是不能和平生活的，結果不是這個便是那個取得勝利。又說世界如無戰爭，除非無產階級統治了世界。（寅）世界革命戰術，政治詐術與軍事詭計相互演化而配合運用的。

1　史氏即史達林（Joseph Stalin）。
2　鄭介民，原名庭炳，字耀全，廣東文昌人。1952年10月，任中國國民黨中央委員會第二組主任。1954年8月，任國家安全局局長。
3　列寧（Vladimir Lenin, 1870-1924），俄羅斯政治家，領導十月革命推翻俄羅斯帝國，蘇聯創始人。

朝課後會客，見張維翰[1]，獎勉其競選監察副院長時，以多數票讓予李嗣聰
〔璁〕當選也。主持軍事會談，聽取防空計畫與準備的報告。午課後續審心
得論文後，車遊，膳後觀影劇（萬里長風[2]），晚課。
（自由世界對反共抗俄鬥爭中最基本的認識與戰略如何）

上星期反省錄

一、共匪與俄寇簽訂其所謂通商航海條約，我外交部聲明其非法不受其約束。

二、安理會辯論對俄指控美帶原子彈之飛機越過北極威脅世界和平案，俄忽
　　臨時撤回。

三、美、英、法拒絕與俄外長作各別談判，俄要求波、捷兩國參加此大使會
　　議，商討高階會議問題。

四、愛克拒絕俄建議舉行美、俄二國巨頭會議。

五、本周全力審閱各將領對「蘇俄軍事思想」讀書心得論文，其中頗有優良
　　者，於我亦增加其心得不少也。

六、準備再與愛克討論對俄冷戰以及如何解決此事之意見：甲、俄赫獨裁
　　成立後，對俄與世界之關係。乙、冷戰之利害。丙、俄所最怕與最忌
　　的制〔致〕命問題。丁、美不可只顧世界軍事戰略，而不講求其如何阻
　　制世界大戰之政治戰術。戊、怕戰不能避戰，冷戰只有達成俄共世界革
　　命不戰而勝之戰略。己、俄的戰略是怕戰爭，更怕局部戰爭拖住其以阿

1　張維翰，字蓴漚，雲南昭通人。第一屆監察委員。1949 年 4 月，派任川康區監察委員
　　行署委員，未就。1950 年來臺後，歷任中國國民黨中央紀律委員會委員、中央政策委
　　員會委員、中央評議委員。1965 年 7 月，當選監察院副院長。

2　《長風萬里》，臺灣第一部國產新藝綜合體（CinemaScope）劇情片，以海軍為背景故
　　事，王方曙導演，汪榴照編劇，張仲文、黃宗迅、夷光、金楓主演，1958 年出品。

得雷斯之後腿[1]。

七、共匪已正式向華僑之歸僑與僑眷清算，其對華僑之欺騙已盡，不復存有
餘地矣，此乃共匪窮兇極惡之又一證明也。

本星期預定工作課目

1. 研究俄共基本弱點及其恐懼心病何在。
2. 軍事思想（理論原理）與作戰（爭）具體原則。
3. 日製空降傘具之定製。
4. 中國自由雜誌對美津貼問題應提出反對。
5. 自由世界對美政策真是投「其所好」。

四月二十七日　星期日　氣候：陰　寒　溫度：六十五度

雪恥：辛[2]、冷戰的成敗，無論民主與共產集團皆欲利用此一戰爭型態而將
對方擊敗，但民主集團每每在冷戰中遭遇慘敗，其故在於：（子）不能施用
如共產辯證法沒有人性的無恥不德的戰術（不擇手段）。（丑）不能在內部
使用如共產的統制獨裁的方法，內容複雜、利害衝突，易為敵人滲透與分
化。（寅）沉配〔醉〕於和平苟安或畏戰求全的（惰性）心理易受敵人之迷
誘與利用，加之民主國家之社會政治與經濟的組織，沒有如共產之控制與嚴
密，常有其可乘之隙，而且反為敵人之誘惑作其內應，此其所以必遭最後之

1　阿奇里斯（Achilles），古希臘神話和文學中的英雄人物，參與特洛伊戰爭，被稱為「希
臘第一勇士」。在一出生之時其女神母親便將其捉住腳踝放入冥河裡浸泡，但由於抓
住的腳踝沒有沾水而使其成為日後唯一的弱點。
2　續 4 月 26 日庚項。

挫敗也。

朝課後記事，膳中聽報畢，經兒來談情報工作一般情形，散步餵魚，未往禮拜。午課前後續審心得論文，饒鐵珊[1] 著作頗有見地。與妻車遊大溪，視察禾田，皆比往年雨水充沛為快。晚散步後，閱土總理門德斯[2] 事略，晚課。

四月二十八日　星期一　氣候：晴

雪恥：續前。王、避免大戰之道，必須以俄共最忌、最怕的所在（予以）擊中其要害：（子）俄共怕戰比民主集團更甚，故彼以不戰而屈的戰略求得勝利，故必須以戰爭準備對之，並須以小戰型態代替冷戰，使之自顧還邊，無暇向外發動侵略。（丑）俄共最怕其後方不安定，故必須對其後方主要地區施以打擊與擾亂，不使之安定。（寅）發動其內部革命力量動亂，必須先由鐵幕以外戳破其一點，加以壓迫與導發其內部分離之心，而促其崩潰，以其幕內人民皆敢怒而不敢動，以其控制嚴密，必須由外發動以啟其端也。

朝課後記事，上午主持臺省議會黨員講習班畢業禮，聚餐。午課後續審馬安瀾[3] 等心得論文二篇，接見土耳其總理孟德斯，約談二十分時，乃是有經驗之政治家乎。車遊山上回，入浴，晚課。

[1] 饒鐵珊，號敏學，湖南長沙人。1956 年 1 月任海軍陸戰隊學校政治部主任，1958 年 8 月轉任行政院國軍退除役官兵就業輔導委員會督察主任。
[2] 孟德斯（Adnan Menderes），又譯門德斯、孟得斯，1950 年 5 月至 1960 年 5 月任土耳其共和國總理，1958 年 4 月 28 日至 30 日訪華。
[3] 馬安瀾，原名青海，遼寧遼中人。1955 年 7 月調任第二十七師副師長，1956 年 6 月調任第十師師長。1959 年 3 月入三軍聯合參謀大學第八期深造，1960 年升任第二軍軍長。

四月二十九日　星期二　氣候：晴

雪恥：續前。（卯）戳破鐵幕的方法不必用軍事正式的方法，而是動搖其統治的人心社會與政治經濟的基礎，乃先要壯大其大陸上反共革命的組織力量，而予以不斷的接濟運輸與補充，有時並用突擊與遊〔游〕擊的方法，以號召人民之反共聲勢，堅定其反共信心，而後促成其崩潰，故決無引起大戰之顧慮，且以不引起大戰之程度為限。

朝課後記事，上午與妻到大溪，約會孟得斯聚談與便餐，即在溪上亭中暢談一小時餘，甚為洽意。午課後回蔣林續審心得論文，李向辰[1]可列優等也。喂魚，入浴，車遊山上一匝，晚散步後晚課，為編排明日宴會席次頗費心神為苦。

四月三十日　星期三　氣候：晴

雪恥：一、俄赫獨裁造成後，其軍事趨勢益具陰謀與奇襲性之侵略性，自由世界之領導者美國決不能仍以繼續周旋於冷戰漩渦為惟一對策。二、自由世界反共人民之心理已漸動搖其信心，而趨向於最後之勝利將在於俄共一方，實為最危險之現象。三、今日戰略必須有行動，雖不能有大的行動，亦必須作小的主動，否則必陷於被動而無法收拾矣。

朝課，記事，上午主持中央常會，研討出版法修正內容，可說對我所主張的取締危害反攻復國言論，煽動軍隊、擾亂社會、破壞士氣、搖惑人心的目的無甚關係，以致徒具惡名而無實益，此一錯誤實為常會不負責任、不知研究之又一表現，特予指出，以期補救。

1　李向辰，號拱之，河北邢臺人。1956 年 9 月擔任第二十六師師長。

上月反省錄

一、美機攜帶核子彈巡邏北極圈接近俄空之動作，俄共乃提控訴於安全理事會案，此乃第三次大戰真實之號角第一聲也。

二、美提北極圈安全視察制度，俄即拒絕並將其控美案自動撤消，以其自認失敗也。

三、印尼蘇門得臘革命軍首都「巴東」已於十八日失陷，此乃俄共對美鬥爭之又一大勝利，如美不想設法挽救革命局勢，則太平洋與印度洋之心臟又為俄掌握，不僅亞洲反共形勢與心理將蒙不可估計之損失，而美自身在太平洋之生命線亦必斬絕，此印尼之赤化對世界前途之影響，實不亞於我大陸也，美國政治之無識，可痛盍極。

四、法國以突尼西亞問題，蓋雅內閣以議會反對美、英調解不予信任而辭職，其繼任人選久懸不定，演成北大西洋公約之重大危機。

五、美、英、法在俄京與俄商討高層會議計畫，因俄以各別會談方式引起三國反抗，而又提捷、波二國參加共同商談，最後卒遭三國拒絕，而寧可以與俄各別會談了之。

六、美拒絕俄之美俄巨頭會議之提議。

七、據美測驗所得，去年俄共在我大陸地區內實施千噸核子地下爆炸，已有九次之多。

八、共匪召開其全國代表大會第八屆之第二次會。

九、本月工作大要：甲、受難節文告為美參議院所記錄，而本國反不加重視，可痛。乙、審核將領讀書心得論文，甚為有益。丙、準備致愛克函稿要旨，甚費心神，但尚未草擬。丁、監察副院長李嗣聰〔璁〕已照黨提名選出，此乃自監院彈劾俞案之後黨務是一較良轉變也。戊、外匯率已實行改變，物價平定，經濟是一重要進步也。己、對日匪貿易向日提出嚴重抗議。庚、出版法修正案提出後，反動分子與不肖黨員聯結作積極反對，此為本月最不應有之本黨錯誤也。辛、忍受胡適之侮辱不予

計校，此或修養之進步歟。

十、美匪日內瓦會談據其雙方文告已無形中止矣。

蔣中正日記
Chiang Kai-shek Diaries

五月

蔣中正日記
Chiang Kai-shek Diaries

蔣中正日記
Chiang Kai-shek Diaries

民國四十七年五月

本月大事預定表

1. 軍事思想具體型態之研究。

2. 電子裝備雷達等之地下化計畫。

3. 辯證法應用於戰術之法則研究。

4. 作戰命令應將欺敵計畫為正式條款。

5. 國軍軍事思想（理論）與戰爭原則指究。

6. 整體軍事理論之建立，四月廿四日記（資料）。

7. 革命研究院改組之人選策略組（張、鄭 [1]）。

8. 軍友銀行之督導。

9. 評議委員會之召開。

10. 從政黨員登記案展期？

11. 行政改革委會之督導。

12. 戰爭藝術之具體條目。

13. 行政院改組計畫與海軍司令任期之方針。

1　張、鄭即張其昀、鄭彥棻。鄭彥棻，廣東順德人。1952 年 3 月，出任行政院政務委員兼僑務委員會委員長。10 月，兼任中國國民黨中央委員會第三組主任。1960 年 6 月，調任司法行政部部長。

五月一日　星期四　氣候：晴

雪恥：昨（卅）日午課後審閱心得論文，在團長級中有湯良浩[1]研究有得，甚
為自慰。七時起在府與孟德斯談話一小時半，交換意見甚覺融洽。八時半聚
餐致歡迎詞時，自覺語言次序不夠簡要，而且間有慌張不安情緒，此乃寧靜
不足，可知定靜安慮之修養甚差也，以後凡歡迎詞應分三段：甲、對來賓與
其國家一段。乙、自我對其誠意與期望一段。丙、對大局前途之觀察與彼此
共同之目標一段。各段最多五－十句話為準則足矣。

朝課後記事，上午入府主持國父月會後，見世界及日本等童子軍會長後，與
民營報紙中黨員代表五人[2]，余紀忠[3]等為出版法修正案談話，其中不乏精忠之
士，批閱。午課後續審心得論文，團長中亦有不少人才，如姚佐治[4]可獎也。

五月二日　星期五　氣候：晴

雪恥：昨（一）日十七時在中山堂約美顧問團校官以上人員及其家眷六百餘
人茶會握手，此乃每年為其顧問團在臺成立之紀念日也，十九時回。入浴後
約宴高級顧問陶亦樂、鮑文等二十餘人分別談話，有益也，廿三時完，晚課。
本（二）日朝課後記事，十時半飛抵臺南參觀鬥牛士飛彈發射實習，進行順
利，如計發射完成，並參觀其控制臺與觀察站後，共計約半小時畢，乃乘原

1　湯良浩，號擎宇，廣東台山人。1956 年 6 月任第九十三師第二七七團團長，9 月調任
　　第八十一師第二四二團團長。1958 年 7 月調任第八十一師參謀長，1961 年 2 月調任國
　　防部入學高參。

2　《聯合報》社長范鶴言、《徵信新聞》發行人余紀忠、《英文中國郵報》（*The China
　　Post*）社長余夢燕、《民族晚報》社長李漢儀、《大華晚報》發行人耿修業。

3　余紀忠，江蘇武進人。1947 至 1949 年歷任東北保安司令部政治部主任、東北行轅新
　　聞處處長、瀋陽《中蘇日報》社長。1950 年 12 月在臺創辦《徵信新聞》。1951 年 3
　　月任《徵信新聞》社社長。時任《徵信新聞》發行人兼社長。

4　姚佐治，號魯生，安徽桐城人。時任第八十四師第二五二團團長，10 月任第八十四師
　　參謀長。

機回臺北已十三時，即與黨部宣傳有關幹部討論，對付昨日所見黨員記者不誠實的虛偽報導辦法，決由中央張秘書長[1]名義，代為宣布其經過與說話的事實，以正視聽。甚感今日之人心澆薄、毫無信義的風習，甚為黨國前途憂也。午課後續審心得論文後，車遊山上。晚散步後，修正張的談話稿後，晚課。

五月三日　星期六　氣候：晴

雪恥：一、美國提議北極圈地區建立國際監察組織案，又為俄共否決矣。二、俄軍思想「奇襲敵人也就等於征服了敵人」（帝俄「蘇法羅夫[2]」之言）。三、陳頌實[3]、王靜遠[4]十九師副長之詳歷查報。四、欺敵教育之研究與演習的具體教範。五、三角形戰鬥群的訓練與演習之具體教令之訂立。六、俄共一九四四年的十大粉碎性打擊之研究。七、民兵指揮部及空中補給與無線電信等教令之訂立。八、「陰性進攻」之要領。

朝課後記事，入府見西班牙記者，主持軍事會談，聽取動員計畫組織之報告。午課後續審心得論文三篇，車遊後觀影劇（元元紅[5]）頗佳，散步，晚課。

1　張即張厲生。
2　蘇法羅夫（Alexander Suvorov, 1730-1800），又譯蘇渥洛夫，俄羅斯帝國軍事將領，著有《制勝的科學》（*The Science of Victory*）等軍事理論著作。
3　陳頌實，名謙，號立戈，安徽桐城人。歷任第二二一師第六六二團團長、國防部輔助幹部第一大隊大隊長、第四十一師副師長等職。1956 年 10 月任第十九師副師長。
4　王靜遠，遼寧法庫人。曾任第十九師副師長、第一軍砲兵指揮官，1956 年 5 月任第三十三師副師長兼大膽島守備隊指揮官，1959 年 5 月調任第九師副師長。1961 年 5 月調任第六十八師師長。
5　《元元紅》，1958 年港製劇情電影，金龍影業公司出品。嚴俊導演，李麗華、嚴俊主演。影片講述民國初年北京名伶的革命與情愛故事。

上星期反省錄

一、美提北極圈空中視察制度為全部裁軍協議之始基案，已為俄共否決，而其控訴美國攜帶核子武器威脅和平案則在於討論時自動撤回，此二案實為世界大戰前夕之測度表。

二、美於一日在韓試射陸軍約翰式飛彈及原子大砲彈，而於二日又在臺灣試射鬥牛士式（空軍）飛彈，可知國際形勢之緊張矣。

三、本周重要工作：甲、審核將領讀書心得論文二十篇，其中有特優者，對我甚有補益。乙、研究致愛克信要目，明知其無效而仍欲試之。丙、新聞界黨員無義無信，時作悲憤。丁、為出版法修正案頗費心神，時以黨政皆無人才為歎。

本星期預定工作課目

1. 俄夏波尼可夫著「陸軍之腦」，設法購閱。[1]
2. 阿奇里斯的腳跟之歷史。
3. 馬克維利[2]之軍政關連性著作查閱。
4. 所謂人獸兩面主義的出處查報。
5. 將領讀書心得讀文審定。

1　夏波希尼可夫（Boris Mikhailovich Shaposhnikov, 1882-1945）著，朱士熊譯，《軍隊之腦》（臺北：國防部印，1960 年 4 月出版）。作者曾任蘇軍總參謀長，1940 年晉升蘇聯元帥。他將作戰參謀本部比喻為軍隊大腦，非直接軍事武力作戰部門（即政工）則為國家大腦。

2　馬基維利（Niccolò di Bernardo dei Machiavelli, 1469-1527），義大利文藝復興時期重要人物，被稱為「近代政治學之父」，《君王論》（*The Prince*）一書提出現實主義的政治理論，其中「政治無道德」的權術思想，被人稱為「馬基維利主義」。另一著作《李維論》（*Discourses on the First Ten Books of Titus Livy*）則提及共和主義理論。《戰爭的藝術》（*Dell'arte della guerra*）一書，則論及兵役制度、練兵之法、行軍、宿營、作戰、工程等軍事問題，成為著名的西洋軍事家。

6. 荒漠甘泉新稿之交編。

7. 電視講稿之整修。

8. 致愛克函稿之準備。

9. 對美在臺扶持反動派之抗議。

10. 高級將領人事之調整。

11. 臺省各縣市議員訓練班訓示稿修正。

12. 檢討土國總理招待工作之缺點。

五月四日　星期日　氣候：晴

雪恥：一、共黨利用渺小誤會的空隙即乘機滲透，進行其挑撥和破壞工作之注意。二、俄共革命全程之無限戰爭之教條。三、參校訓示要旨：甲、注重小事，不可放過最小之機會。乙、欺敵教育之提倡（偽裝、化裝、造謠、恐嚇）。丙、戰史與地理學之重要。丁、心戰與心防學術之研究。戊、教育皆應攜帶典範令與隨時引證與實踐。

朝課後審閱葉[1]代擬之電視講稿，膳後散步。經兒來談美方內部不和情形後，修改講稿，重要各點幾乎全部新着，直至十八時後方畢。與妻車遊山上一匝回，入浴，膳後散步，晚課後核定清稿完。

五月五日　星期一　氣候：晴

雪恥：道德墮落、人心奸詐至今為極，黨員中所謂民營新聞之無信，更為痛心。

1　葉即葉公超。

朝課後記事，十時到陸軍指參學校主持正規班第十一期開學典禮，與第六周年校慶畢，參觀儀仗隊迎賓演習後回。午課後續校電視講稿後，與電視記者商討一切準備。晡與妻車遊山上一匝回，入浴，膳後與妻散步後，修改講稿後晚課。

五月六日　星期二　氣候：晴

雪恥：近日以電視講稿準備為忙，又加之民營黨員新聞社長五人之失信無義為痛。昨夜五更醒後，輾轉不寐，甚欲將此五人召集痛斥扣留，其主持作惡者送至金、馬前線，再放逐其到匪區，令其與匪作自由之奮鬥，以警其餘者也。惟正午召集黨中幹部組織與宣傳有關者商討，認為此時出版法正在修正中，不宜為此故中止，但黨紀如此，何以完成革命也。

朝課後續校電視稿，直至十時開始電視[1]，妻為翻譯，預定卅分時為限之時間，不料停頓修改，竟延至三小時方畢，此為首次嘗試，余不知其手續如此麻煩耳。中午討論記者事，午課後記事，約見大竹[2]畢，與妻車遊回，入浴。晚為經兒四十九歲生日家宴後，觀電影（桂河橋[3]）美製最佳，晚課畢寢，時已將一時矣。

1　原文如此。
2　大竹平八郎，日本大正、昭和時代記者、參議院議員。1956 年 7 月，首次當選參議院議員，並連任三屆。
3　《桂河大橋》（*The Bridge on the River Kwai*），港譯「桂河橋」，美國哥倫比亞影業（Columbia Pictures）1957 年發行。大衛‧連（David Lean）導演，威廉‧荷頓（William Holden）、亞歷‧堅尼斯（Alec Guinness）、傑克‧霍金斯（Jack Hawkins）、早川雪洲主演。

五月七日　星期三　氣候：晴

雪恥：近對人心惡劣如左舜生之流無恥投機之政客，殊令人想起共匪一年來在大陸清算知識分子之邪惡行為，而左等不僅不加警悟，而反以藉共匪以要挾政府，以騎牆為其惟一出路，豈我國智識分子果如此自賤自棄，不知廉恥至此乎，豈其如此暴政殘行，為對知識分子惟一處置方法為合理乎。須知此等廁身於學者之列，自稱為知識分子者，其實是一無恥政客而已，其在海外與自由地區者，如此之知識分子在萬人中只能佔二、三人而已，何必悲觀。

朝課，記事，上午心緒對黨務不樂，故未列常會，在寓考慮大局與工作，記上周反省錄。午課前後續審論文，有鄭昆[1]與譚南光[2]二篇優良為快。車遊後入浴，散步，晚課。

五月八日　星期四　氣候：晴　夜微雨

雪恥：近年來自吳逆國楨在美狂吠以後，在臺在港之反動政客無所藉口，只有以「蔣氏父子」與「家天下」之空洞口號故意加以誣蔑，以煽動人心，此實惡毒無比之毀謗，很易動搖軍心也，幸軍中上下均有信仰，皆以余天下為公而無私也。余今若不是為國家存亡與人民禍福以實現主義為己任，則早可卸責隱退，如為個人安樂與求全計，乃可說無所不得矣。

朝課後記事，入府見美國防大學員旅行班卅餘人後，見趙琛[3]與調職者周中峯等四員，批閱公文，正午宴于右老[4]，為其八十祝壽也。午課後續審心得論文五篇，其中鄭昆等三篇最優為樂。晡車遊，膳後散步，晚課。

1　鄭昆，號郁父，江西萬安人。曾任第九十二師師長、國防大學教官。1957 年 1 月任陸軍總司令部政治部副主任。
2　譚南光，廣東開平人。1955 年 9 月，任聯合勤務總司令部副參謀長。1960 年任國防研究院戰略研究委員兼教務處處長。
3　趙琛，字韻逸，浙江東陽人。時任最高法院檢察署檢察長。
4　即監察院院長于右任。

五月九日　星期五　氣候：晴

雪恥：一、建築物之重稅與房屋加捐辦法。二、交易所問題。三、福勒[1]之歷史、艾爾法斯之奇襲、李布[2]之偏重防禦。四、辯證法之變化法則應具體研究。五、戰地政務在佔領區全面控制方法與民眾組訓及禁律約法賞罰，與監察連坐、連保等法應具體訂立及演習。六、共匪假裝國軍暴行以激怒人民仇恨國軍與毀謗國軍詐術及其行動之對策。七、俄共每次攻擊準備必包括欺敵計畫。八、設對匪研究所。

朝課後記事，入府召見吳乃〔南〕如[3]、葉公超，商討招待伊朗國王[4]計畫，並令葉檢討上次招待土國總理之各種缺點。主持財經會談自外匯率改革實施後，物價並未有重大變動為慰。正午往祝岳軍夫妻[5]七十生日，午課後續審心得論文四篇。晡車遊時甚慮臺南區漸旱，乃令空軍準備人造雨設法救災。晚散步，晚課。

五月十日　星期六　氣候：晴

雪恥：對於政客以學者身份向政府投機要脅，而以官位與錢財為其目的，伍憲子[6]等於騙錢，左舜生要求錢，唱中立，不送錢就反腔，而胡適今日之所為

1　福勒（J. F. C. Fuller），英國陸軍將領、戰史研究家。
2　李布（Wilhelm Ritter von Leeb, 1876-1956），又譯里布、勒布，德國軍事將領，二次世界大戰時期獲授德國陸軍元帥，德國戰史上著名的防禦戰略家。1938 年出版《防衛》（Defense）一書，認為野戰統帥的神聖使命就是防範敵人的攻擊，以確保國家安全，主張德國的軍備重整應為防守態勢而服務。
3　吳南如，字炳文，江蘇宜興人。1954 年 1 月，出任行政院新聞局局長。1956 年 1 月 24 日受任駐伊朗（兼科威特）大使，3 月 4 日到任，3 月 14 日呈遞到任國書，1963 年 12 月 11 日離任。
4　巴勒維（Mohammad Reza Pahlavi），伊朗國王，1941 年 9 月 16 日即位，1979 年 2 月 11 日被伊朗斯蘭革命推翻。
5　岳軍夫妻即張羣、馬育英。馬育英，江蘇人。時任中華婦女反共抗俄聯合會委員。
6　伍憲子，名莊，字憲子，廣東南海人。1947 年 8 月當選中國民主社會黨中央執行委員、中央常務委員、中央黨部主席，為民社黨革新派。1956 年出任香港聯合書院教授。

亦幾乎等於此矣，殊所不料也。總之政客既要做官又要討錢，而特別要以獨立學者身份標榜其廉潔不苟之態度，甚歎士風墮落，人心卑污，此其共匪之所以幸勝，而國與民皆遭受此空前之浩劫，能不痛心，今日更感蔡[1]先生之不可得矣。

朝課後記事，入府會客，見劉侯武[2]等四人畢，主持軍事會談，指示地面油料皆應進入地下工程之優先與電子設備之如何偽裝與掩蔽的要務，午課前後批閱作戰計畫與續審心得論文，傅伊仁[3]乃為最優之著作也。車遊，入浴，散步，晚課。

上星期反省錄

一、俄共要求西方將捷克、波蘭參加莫斯科準備最高會議的大使級談判已被美、英、法所拒絕，自願其三國大使與俄各別談判之決定，這是勝利的。

二、北大西洋公約國此次在丹麥開會，其對俄政策皆堅定一致，此為從來所未有的，而且其決議與宣言已採取攻勢，其對最高會議之條件更為有力，使俄共立於被動矣。如其冷戰真是失敗則將冒險乎，此時斷其不敢也。

三、杜勒斯在西德講詞特別以俄與中共並提，此為認赫、毛為共產軸心之意義，尚為第一次所提也。

四、共匪對狄托[4]公開攻訐，南共亦反唇相擊。

---

1   蔡即蔡元培。
2   劉侯武，廣東潮陽人。1911 年參加同盟會黃花岡起義。後任潮安縣縣長、監察院監察委員、兩廣監察使、制憲國民大會代表。1947 年，籌辦潮州大學，但因戰亂被迫中止。晚年遷居香港。
3   傅伊仁，號舉楚，湖南湘鄉人。1954 年 3 月任第八十一師副師長，1955 年 9 月調任總統府侍從參謀，原缺保留。後升任預備第五師師長。
4   狄托（Josip Broz Tito），曾任南斯拉夫總理、國防部長，時任共產黨總書記、總統。二戰後倡導與蘇聯不同路線的共產主義，被稱為狄托主義（Titoism）。

五、共匪所謂第八屆第二次全國代表大會已於本周集會，據報是以整肅思想
　　與幹匪為目的也。

六、審核「蘇俄軍事思想」讀書心得，三周來不遺餘力的完成此一工作，其
　　中有上選者不下三十人，而且亦有特出者四、五人，自覺得益不少，若
　　付印分發以資鼓勵，則以後將領之研究風氣必將有更大進步也，可慰。

七、致愛克函稿之研究。

本星期預定工作課目

1. 伊朗國王來訪。
2. 廿五年將領讀書心得審完編印。
3. 荒漠甘泉新譯本審完交印。
4. 妻赴美療病之準備。
5. 黨員重登記案政策之研究與評議委員會議。
6. 黨政人事之研究與行政院問題。

五月十一日　星期日　氣候：晴　溫度：九十　最熱

雪恥：一、近日黨政多有不應錯誤之錯誤，幹部之無能而又多不負責任，
引起煩惱。嘗思世局至此，只有靜觀細察、少言多思，而以本然自得減除
憤怒，為養身建國之本，如則以時、以勢與以理為據，自信不出二年自可雪
恥復國，不患革命不成也，勉之。

朝課後續核傅伊仁論文，膳後遊覽散步回，記事，禮拜如常。午課前後審

核柯遠芬[1]論文，亦多有特優之點，甚慰。與妻乘車上大屯山鞍部，以路未修成乃回，入浴，膳後散步，觀影劇，晚課。

五月十二日　　星期一　　氣候：陰雨　　溫度：七十

雪恥：一、軍事建設：甲、史政處。乙、地政處（子、地理學。丑、測圖。寅、兵要地理。卯、地形學等科）。丙、軍事刊物：子、國防叢刊。丑、軍事雜誌。寅、軍事譯粹。卯、參校季刊等，作有計畫有步驟全面調整與津補。集中優秀譯著之人才，交換智識提高學術，對於俄國之軍事前鋒、軍事智識與軍事思想之各刊物性質與效用亦可作為參考。

朝課後記事，十時主持研究院臺省議員訓練班第二期開學典禮，致訓約三刻時畢，召見俞、徐[2]等員。午課前後審核荒漠甘泉新譯本後，召見謝冠生、王家域〔棫〕與葉公超等後入浴，膳後入府與妻布置客廳掛畫，晚課。

五月十三日　　星期二　　氣候：晴

雪恥：一、印尼問題與方針之檢討。二、立法院出版法修正案之注重與挽救方法。三、軍中史地教育（臺灣與大陸關係），無大陸即無臺灣之口號。四、俄共冷戰與和平運動在削弱其敵國之力量或逐漸消滅其潛力，為其侵略戰爭之重要一面。五、武裝暴動為其政治戰力之有力手段。六、俄共實施細菌戰之警告。

1　柯遠芬，名桂榮，字遠芬，廣東梅縣人。時任金門防衛司令部政治部主任、金門戰地政務委員會秘書長兼金門縣縣長。

2　俞、徐即俞鴻鈞、徐柏園。

朝課後記事,入府召見西德加倫[1]情報主任之代表與澳洲反共代表二人[2]後,主持宣傳會談二小時。香港報館為其報價與匯率之關係,竟與臺灣報界修正法案相呼應,結成陣線反對政府,可知其一切全為自私而毫不為國事着想。人心卑劣至此,民族焉得而不危也,可痛。

五月十四日　星期三　氣候：晴

雪恥:昨午課後綜核將領心得論文分類編訂之要領,再交秘書審評其次序作最後之決定也。晡與妻車遊巡視市區秩序,晚散步回,重審論文殘稿後,晚課。

一、致愛克函,鐵幕反共必須由外方誘發與壓迫,方能發動其內部分離之心。

二、冷戰無論民主與俄共莫不皆欲利用此一型態,以擊敗其對方,但民主集團最後終遭受挫折,以俄共一面冷戰,一面利用其在各國第五縱隊(共黨)從事分化破壞,以削弱其敵國,使之無形失敗也。

朝課,記事,見文亞談立法院對出版法進行情形,上午主持常會。午課後四時半親迎伊朗國王於機場如儀,六時半國王來訪,暢談一小時,甚覺其年青英明與憂勞為國,可愛也。晡車遊,膳後散步,晚課。

五月十五日　星期四　氣候：晴

雪恥:一、蘇俄是一個包藏在神秘中的悶葫蘆,非用力去戳破他,一點是沒法揭曉其真相的。

1　加倫(Reinhard Gehlen),又譯嘉倫,1956 年至 1968 年任西德聯邦情報局局長。
2　澳洲反共代表二人即懷特(Bruce Wight)及葉爾文(Dudley Erwin),澳洲國會議員。

朝課後記事，入府召見美顧問李達[1] 與雷史敦辭別作其報告詳切實可嘉。再召見曹聖芬[2] 等，令其轉告立法院中政治學校學生，反對出版法修正案乃是反黨之叛逆行動也，批閱後回。午課後聞伊王今晚答辭稿只言兩國文化歷史，而毫無政治意味，余亦不能不將原稿臨時修正也。

五月十六日　星期五　氣候：晴

雪恥：昨晚八時後在府授伊王勳章後，宴會如儀，其答詞最後說明其稿是在伊朗預備，與今晚余歡迎詞諸多不合理之處為歉，但其最後仍述其對我現在事業成功表示信心之意，宴畢，音樂會後散會，晚課。

本（十六）日朝課後記事，八時半至圓山飯店，陪同伊王乘車至湖口參觀陸空軍聯合演習一小時，再轉新竹，乘機飛岡山空軍官校，參觀特技飛行九機編隊表演，其成績可謂優越已極，難怪美國空軍稱為絕技，實不愧為自由世界之冠軍也。在校中聚餐後，與羅化平[3] 大隊長、演習飛行員合影獎勉。午後到高雄，四時半參觀兩棲登陸演習一小時完，送伊王至圓山分店後，獨自在西子灣，妻亦已到矣。晚約伊王在寓便餐，談至十二小時，詳述其對俄經過歷史，甚為感動。晚課。

1　李德（William G. Lee Jr.），又譯李達，1956 年至 1957 年任美軍協防臺灣司令部參謀長。
2　曹聖芬，字欽吉，湖南益陽人。1953 年 7 月前往美國密蘇里大學新聞學院進修兩年。1955 年回臺後，任《中華日報》社社長。
3　羅化平，湖北漢口人。時任空軍「雷虎飛行小組」隊長，1962 年 9 月任駐泰國大使館副武官。

五月十七日　星期六　氣候：晴

雪恥：一、俄的工兵僅作訓練上之核心如何解釋。二、對立、監二院之黨員訓話要旨：甲、以道義與誠信為革命成功之武器。乙、以共黨的詭辯與曲解欺妄為我人之鄙棄。丙、疲勞拖延的辯論是共黨詭辯無恥的手段，尤其在臺灣反攻基地內，對內部之潛伏滲透，貽誤反攻工作之主要法術，應知戒懼。

前、昨二夜皆在十二時半以後就寢，故熟睡時間最多為四小時至五小時，甚感不足但精神甚佳。本日朝課後閱報，膳後記事，氣候清涼宜人，上午准妻往視張學良[1]，閒談半小時甚覺悔悟云。十二時由岡山起飛回臺北，午課後與文亞談立法院對出版法修正案情勢後，決於下周紀念周時召習〔集〕立、監二院之研究員訓話也。與妻車遊山上一匝，晚散步，閱報，晚課。

上星期反省錄

一、本周接待伊王完全以誠相見，未知其內心究竟有否感覺，但余對其人甚覺其為一青年英明老練之君主也。

二、對立法院中審議之出版法時用憂憤。

三、此次陸、海、空各種演習皆大有進步，而以空軍九機編隊之特技表演更為優異足獎。

四、國際動態本周變化最大：甲、法國會通過傅禮林[2]為內閣總理時，其「阿

1　張學良，字漢卿，奉天海城人。1936 年 12 月 12 日，與楊虎城向蔣中正「兵諫」，爆發西安事變，12 月 25 日，釋放蔣中正，並隨蔣回南京。12 月 30 日被判刑十年，五日後即被特赦，但一直遭到軟禁。1946 年 11 月起居住新竹縣五峰鄉清泉溫泉，1957 年 10 月移至高雄西子灣，1959 年再移居臺北北投幽雅招待所。

2　傅禮林（Pierre Pflimlin），法國基督教民主主義政治家，曾先後擔任農業部、海外部、財政經濟部部長。本年 5 月 14 日至 6 月 1 日短暫擔任第四共和總理，旋由戴高樂取代。

爾及理阿」法軍宣佈其軍人執政會反對傅禮林，要求戴高樂[1]組閣，此一舉動，吾以為戴高樂將獲勝利，否則實不能重整法國，穩定歐局也。乙、黎巴嫩各地暴動要求其政府辭職，此為埃及與敘利亞最明顯主持顛覆之陰謀，英、美對此或有維護黎巴嫩現政府之決心乎。丙、埃及納塞已由俄回埃。丁、國際共黨最近之行動：（子）在南美秘魯、委內瑞拉皆對美副總統[2]暴烈示威。（丑）在黎巴嫩發動暴動。（寅）俄與匪共皆正式聲明援助印尼政府。（卯）俄帝第三號衛星已發放。（辰）俄南交惡未已。

本星期預定工作課目

1. 重慶號已被共匪修復之注意。

2. 印尼革命援助方法之研究。

3. 與土、伊[3]合作情報與宣傳組織之提倡。

4. 出版法修正案之注意其動向。

5. 今後看書計畫之目標。

6. 對美黨之方針。

7. 海軍人事之研究。

1　戴高樂（Charles de Gaulle），二次大戰期間領導自由法國運動，1944 至 1946 年擔任法國臨時政府主席。1958 年成立第五共和，1959 年 1 月出任第一任總統兼安道爾大公。

2　尼克森（Richard M. Nixon），又譯尼克生，1953 年 1 月至 1961 年 1 月擔任美國第三十六任副總統。本年 4 月下旬至 5 月中旬，赴中南美進行國事訪問，於烏拉圭蒙特維多、秘魯利馬、委內瑞拉加拉加斯等地，均遭到反美示威者集結抗議、暴力襲擊，終仍脫險。

3　土、伊即土耳其、伊朗。

五月十八日　星期日　氣候：晴

雪恥：一、大陸共匪要其知識分子「交心」，今日臺灣知識分子乃要國民黨「交心」。二、匪黨清算黨員，對其要命，而本黨（民意代表）反黨分子乃對其黨魁要命。三、不為信徒便為叛逆。不為同志便為仇敵，今日黨員對黨必須在叛逆與仇敵或信徒與同志之間決擇其一，以今後反共革命之成敗必須敵我分明，方能鞏固黨基，爭取勝利。

朝課後聽報，記事，遊覽，禮拜如常，午前記上周反省錄。午課後約伊朗王在陽明公園聚談研討合作計畫，最後決定交換情報與宣傳合作，並各約中東與遠東反共國家共同參加也。晚應伊王宴會在金龍廳，宴後觀李棠華[1]技術頗佳，十二時回，晚課。

五月十九日　星期一　氣候：陰

雪恥：一、改變氣質為研究院教育方針之一。二、卑劣愚蠢乃為此次反對出版法修正案之表現。三、阻礙滯擱（延）或破壞反對，皆為蒙受共匪迷妄影響的糊塗蟲。四、此次新聞界之卑污言行，殊無新聞自由之資格。五、須知余是不計毀譽、不問榮辱的革命領袖，決不為任何惡聲罪名所動搖。六、應知余對臺灣現地之責，蒙受九年侮蔑壓迫，已受盡惡劣之攻訐與無比之恥辱，其他更何足計？

六時起床，朝課後到圓山，送伊王至機場如儀，觀其起飛後乃回，余想其臨別言辭心意，對中國與個人與其初來時完全相反之感乎。惟吾人一以誠心待之，對其心理如何不必計較也。上午十時半在研究院，對民意代表之學員訓話約一小時半，自覺心安理得也。

1　李棠華，湖南益陽人，雜技藝術工作者。師從潘玉喜，夥隨國內外各地演出，日後在上海成立李棠華技術團。1949 年遷團至臺灣，其演出結合中國傳統技藝與「自由中國」形象，頗受政府重視，勞軍、海外巡演不斷。

五月二十日　星期二　氣候：陰雨

雪恥：昨午課後與妻車遊山上，再轉淡水道上視察農作物情形，已生旱象矣。
回閱報，膳後與妻車遊市區一匝，交通已日漸進步，晚課後十時半寢。

本（廿）日是十年前在南京就任總統職的紀念日，曾憶當時國家紛亂與桂系
李宗仁[1]之驕橫無恥之情勢，在萬分悲慘與強勉中舉行此一典禮，豈啻啼笑
皆非而已，所謂忍辱負重之苦味倍嘗，亦不能形容其心境耳。朝課後記事，
入府與吳南如談對伊朗與巴基斯坦外交方針，並與蘭友[2]談國民代表大會人
數。現在過半數之額只多十四名，尚有二年時間，屆時恐難湊足其過半數之
名額，如此選舉第三任總統將無法實施矣。余決不願修改憲法，以戀棧此一
公僕之職也。

五月二十一日　星期三　氣候：晴

雪恥：昨午課後與妻乘車至大溪視察修岸工程，七時回寓。晚閱古文觀止，
晚課。

本（廿一）日六時起床朝課後，與妻聚談家事，八時半送其至機場上機，九
時起飛。上午先入府再到中央黨部，聞正綱果選敗類雷震[3]等為救災總會理監
事，不勝駭異，乃與辭修、屬生對其警告。余因憤激不已，乃未主持常會而
回。近日不良黨員鴟張已極，對黨務甚為痛心。午課前後記事，與修改對臺
省各級議員訓詞，晡與經兒車遊山上一匝。晚觀美國五角師與獵犬式飛彈發
射影片後，晚課。

1　李宗仁，字德鄰，廣西桂林人。行憲第一任副總統，1949 年 1 月蔣中正宣布引退，代
　　行總統職務，國共和談失敗，年底轉赴美國。
2　洪蘭友（1900-1958），江蘇江都人。1948 年 4 月出任第一屆國民大會秘書長，同年 12
　　月至翌年 4 月任內政部部長。1949 年到臺灣，續任第一屆國民大會秘書長。本年 9 月
　　28 日，病逝於臺北市。
3　雷震，字儆寰，浙江長興人。1949 年 11 月 20 日，創辦《自由中國》半月刊，批評時政。
　　1958 年起參與李萬居、吳三連、高玉樹等人發起組織的「中國地方自治研究會」。

五月二十二日　星期四　氣候：晴　夜雨

雪恥：一、如何迫使敵人轉入防禦守勢。二、對俄間接的先發制人之道，應先由中國反攻大陸，牽制俄共的主基地即其大後方，且使知美已有準備應戰之決心，如此方能打破其奇襲美國之陰謀。三、所謂後方安定性乃是俄共軍事思想上不可克服的一個根本問題（因其在內殘民以逞，不能令民與上同意），故欲限制俄共的發展必須先動搖其後方，此乃比先發制人更勝一籌。

朝課後續修講稿，上午入府召見陸戰隊顧問及調職人員七員，張國英可成為將才也。主持情報會談，午課後續修講稿完，見美海軍副總長費爾德[1] 後，與莊乃德談印尼革命軍危機，以及我國必須派海空軍與陸戰隊一團協助革命軍，恢復慕爾太島空軍機地，以堅定其革命陣勢，否則印尼赤化無異喪失中國大陸之第二，美國不僅應負其歷史之責任而已。

五月二十三日　星期五　氣候：雨

雪恥：續昨記：並明告美國，因為共匪公開聲明將派遣志願軍協助印尼政府平服革命軍之故，我政府不能不發表聲明：凡共匪武力只要其在南中國海範圍行動，無論其為藉辭援助印尼或直接攻臺，我政府必取有效行動，以制止其侵略與赤化太平洋之野心也，惟我行動之前皆將與美協商，但望美即不公開贊成，亦勿加以反對與阻礙耳。

本（廿三）日朝課後記事，入府見越南阮大使[2] 等畢，主持財經會談，自外匯率辦法改正後物價並未波動為慰。正午見美大使，轉遞其國務卿答我昨日對援助印尼革命軍挽救太平洋危機之警告，其覆電大意：待其美與印尼政府中

1　費爾德（Harry D. Felt），又譯費爾達、費爾得，美國海軍將領。1956 年 4 月，任美國第六艦隊司令，8 月調任海軍軍令部副部長。1958 年 7 月，接任美國太平洋司令部司令。
2　阮功勳，越南共和國政治家，1958 年 3 月任駐華公使。

反共分子交涉結果,如果其反共無望時再與我協商辦法,但勸我此時暫勿採取一切行動云。似其意並不反對我援助革命之提議也。

全省雨水已充沛,年收不致減色為慰。

五月二十四日　星期六　氣候:晴

雪恥:續昨記:余即面告美大使當將就其意待其最後消息再取行動,但必須先對共匪將派志願軍協助印尼政府平定革命軍之侵略行動,加以制止,不許其在南中國海區域有軍事運兵行動,以威脅我臺灣基地也。因此實與美政策亦無衝突也。談畢,宴行政院與臺省政府各部廳會正副主官,以每年一度聚餐表示慰勉。午課後,召集陳、張、俞、葉[1]等討論,發表聲明方針與文字,陳、張乃有難色,其小心太過矣,即交國防部發表。晡約美情報局杜根[2]與克蘭英[3]茶會後,與勇孫[4]車遊,晚課。

本(廿四)日朝課,記事,泰國大使[5]呈遞國書後批閱,與俞[6]、王[7]談對印尼軍事問題,主持軍事會談。午課後續修講稿,視察淡水道上,農作物已因雨而復甦矣。晚觀影劇,晚課。

1　陳、張、俞、葉即陳誠、張羣、俞鴻鈞、葉公超。
2　寶根(J. Patrick Dugan),又譯杜根,卸任美國中央情報局駐華情報站站長。
3　克來因(Ray S. Cline),又譯克萊恩、克蘭英、克萊因、克來英、克乃因,1958 年新任美國中央情報局駐華情報站站長,正式頭銜為海軍輔助通信中心主任。
4　蔣孝勇,字愛悌,為蔣經國和蔣方良三子,生於上海,1949 年隨家庭來臺。
5　宋達宏(Sundhorn Sundhornnavin),泰國駐華大使,1958 年 5 月 15 日到任,5 月 24 日呈遞到任國書,1962 年 8 月離任。
6　俞大維,浙江紹興人。曾任國民政府軍政部常務次長、交通部部長。1950 年 4 月至 1951 年 3 月、1954 年 9 月至 1965 年 1 月兩度擔任國防部部長。
7　王即王叔銘。

上星期反省錄

一、印尼革命形勢險惡已極,美國見其危急反而丟手不顧,殊為最無信義之舊習,余不能不提出其警告,指明其歷史之責任難逃,希望其同意我出面援助革命,挽救印尼赤化之危局,未知其最後作如何答覆矣。余乃自動先行聲明,如共匪志願軍援印尼政府之軍事行動,我必將予以攔擊。此一聲明不僅為聲援印尼革命軍以鼓勵其士氣,而以鼓舞我大陸反共同胞更為重要也,故亦不顧美國之意如何矣。

二、黨務疲玩已極,出版法案在立法院審查中,仍有少數反黨部分子拼命阻撓,時用痛憤。而且谷正綱等在黨中討好反動分子乃成為投機分子,其往日所謂汪[1]系之改組派舊疾重現矣。

三、法國阿爾及利亞陸軍派反對政府,其科亞加島亦繼之獨立,戴高祿當政戰勝一切中間路線黨派,復興法國,消除赤禍乃極有望,余認此為歐洲有利之轉機耳。

四、黎巴嫩形勢因美國政策堅定,或可暫時鎮攝〔懾〕,俄、埃不致得計乎。

五、日本大選自由民主黨已告勝利,亦即其社會共黨之失敗,以岸信介因反對中共政治性貿易而反致勝利,所足自慰耳。

本星期預定工作課目

1. 為印尼危局致函愛克,促其對中央之決心。
2. 重整黨務,今日只有積極奮鬥,決難消極示弱。
3. 對印尼革命軍之方針與基本政策之研究。

---

1 汪兆銘(1883-1944),字季新,筆名精衛,祖籍浙江紹興,生於廣東三水。曾任廣東國民政府主席、南京國民政府行政院長。1938 年 12 月間由重慶出走至南京,1940 年 3 月 3 日在南京建立政權,出任代理國民政府主席兼行政院長、中央政治委員會國防會議主席。

五月二十五日　星期日　氣候：陰雨

雪恥：一、重新登記性質之說明。二、對反黨部派規戒要旨，應研究其各種反黨部之原因與心理所在。三、司法院正副院長之提名。四、鍛鍊黨員與團結黨員，說明革命黨員之性質，為黨服務，為黨盡忠之意義、生命與事業之整體性。

朝課後記事，見屬生報告其立法院對出版法審查情形，及對報業公會請願書處理爭持，雖已有不予審查之決議，但因三數人之無理取鬧，則該會主席與院長皆不敢公布，態度模稜，不勝痛惡。上午與妻通電話後，修正電視問答稿，午課後召集文亞、星野[1]、希聖等，再研究對報業公會請願書，以中央等四報因其用報業公會名義不合法令予以否認，乃釜底抽薪使之根本不能成立此案，以免反動派疲勞會議，對出版法延誤會期之狡計，加以制〔致〕命一擊也。

五月二十六日　星期一　氣候：晴

雪恥：續昨記：晡與武孫[2]車遊山上一匝，晚宴美空軍部長[3]夫婦。據陶亦樂由琉球回報，美政府與軍方對余援助印尼革命軍建議甚形焦急，須待兩日必有確切之答覆也，晚課。

本（廿六）日朝課後記事，上午視察陽明山前公園後，到研究院對議員第二期訓練班點名、照相。午課前後經兒報告其與印尼革命軍代理總理談話情形，對美國虎頭蛇尾、先鼓動後遺棄、並未交代一語即置之不顧之形容，乃

1　馬星野，原名允偉，筆名星野，浙江平陽人。1952 年 8 月轉任中國國民黨中央設計委員會副主任，1954 年 8 月調任中國國民黨中央委員會第四組主任，主管宣傳。1959 年 7 月，受任駐巴拿馬大使。
2　蔣孝武，字愛理，為蔣經國和蔣方良次子，生於重慶，1949 年隨家庭來臺。
3　陶格拉斯（James H. Douglas Jr.），1957 年 5 月至 1959 年 12 月任美國空軍部部長。

其九年前對我中國之情形一也，更覺美國外交之失信與不可靠，能不戒懼。申刻見李嗣聰〔璁〕與美國新聞教授後，乃獨自乘車上角畈山休息，幸有「佩郎」（狗）作伴，不覺寂寞耳。晚觀日影片（黑部峽谷）建築水壩甚佳。晚課後觀月聽泉，環境宜人，風景幽美為樂，晚課。

五月二十七日　星期二　氣候：晴

雪恥：一、此次來角畈休息期間工作：甲、重登記案之訓示要旨。乙、致愛克函稿。丙、印尼革命軍援助計畫與對印尼政策之決定。丁、去年日記總反省錄。戊、本年工作總目標。己、本年研讀要目。庚、對美態度之研究。朝課後遊覽庭園，視察新年所種植之梅樹百餘本，皆已生長為樂。上午記事，記上周反省錄，聽報。午課後閱報及秘消，乃知美民主黨艾其遜[1]等正密謀推倒愛克、杜勒斯，並以其對中、韓、越三國外交現狀為其對象，而使共黨併吞其反共力量為其目的，並對余廿五日所放映電視節目以介紹為名先予毀謗使之減色，可知美國反動派與左派以其政治慾望，雖被俄共亡國滅種而亦所不惜矣。

五月二十八日　星期三　氣候：晴

雪恥：續昨記：審察美國政情，擁共反蔣形勢又已抬頭，而且其勢甚兇，但此種逆流浪潮全失理智，如其得逞，則美國將為中國大陸之續，余信美之人民稍有常識者當不為惑，更深信天理自在人心，凡背天逆理之艾其遜奸黨只

1　艾奇遜（Dean G. Acheson），又譯艾其生、艾其蓀，美國政治家，曾任國務次卿，1949年1月至1953年1月任國務卿，後即自政界退休。

有自取敗亡而已，此時惟有上帝為我信賴之基石，其他皆非所計也。據公超電話，美國對印尼案之答覆繼續延宕，以其在印尼中央反共工作為更有希望，勸我暫緩行動也，可恥。散步，晚課。

本日朝課後散步，聽報，記事，記上周反省錄，午課後研究二個月內時局形勢，甚歎美國社會之雜亂，及其左傾知識者對俄共效忠，與民主黨政客為了個人權利而不顧國家，受俄共滲透顛覆之危機，殊為吾人類最大之不幸也，惟有痛憤而已。晡與經兒散步，觀影劇，晚課。

五月二十九日　星期四　氣候：晴

雪恥：一、此次美國國家廣播公司電視介紹詞及對我重要問答節目之刪去，不僅有意作惡，而且是毀謗我政府與個人，殊所不測，是又遭受一次求全之毀也。惟得此一經驗，更覺美國國家之危險及其知識分子之卑污與惟利是圖之社會為不可交也，奈之何哉。幸經兒上月中止訪美，使其美國反動分子之打擊準備計畫無形失敗，夫人則獨願前往探險以觀其究竟，乃不能不佩其膽識耳。

昨夜睡眠不佳，今晨朝課後遊覽庭園，膳後散步，記事，批閱公文。午課前後審察去年日記開始，晡與經兒往復興鄉公墓山地視察，較前進步，上下斜坡約半公路回，入浴，在南庭中獨坐觀景。晚散步，晚課。

五月三十日　星期五　氣候：晴

雪恥：一、近日甚思能在二年後如期下野休養，以我餘年為黨國貢獻所能，以扶助後繼者完成我黨革命使命，消滅共匪完成統一也。惟一念及在此二年之中，本國與世界形勢是否能如現狀維持過去，得能償我宿願，殊難預料

為慮。以今日一般政客如胡適等無道義、無人格,只賣其自由民主的假名,以提高其地位期達其慾望,對國家前途與事實概置不顧,令人悲歎,但全國人民與絕大多數仁人義士,仍是良知未失、救國甚誠,余豈能為此少數政客而灰心乎。

朝課後進膳畢,經兒婉報胡適與其談話經過,乃知其不僅狂妄而且是愚劣成性,竟勸我要「毀黨救國」,此與共匪之目的如出一輒〔轍〕,不知其對我黨之仇恨甚於共匪之對我也,可恥。

五月三十一日　星期六　氣候:陰雨

雪恥:昨上午批閱研究美國五角陸軍師之編制,甚為有益。午課後叔銘來談其改組參謀部之編制及人事問題後,續研五角師編制完,散步,觀影劇。膳後與經兒散步,晚課。

本(卅一)日朝課後膳畢,與經兒談反動派抬胡適組黨及其勾結美國之情形,此時美未必為其供應什麼也,惟胡有躍躍欲試之意,但為過去關係,余對胡應有一次最後規戒之義務,盡我人事而已。上午聽報,記事,法戴高樂出任其首領以重整法國似成定局為慰。午課前後續審去年日記,甚為感歎。晡散步後觀影劇後,膳畢散步,晚課。

今日接覆夫人電甚慰。

上月反省錄

一、美民主黨以裁軍會議非共匪參加不能生效為理由，以逼迫愛克政府承認中共為契機，並企圖先成立兩個中國而後為共匪吞滅之張本。何其為俄共計甚於為其美國計至此，豈其果喪心病狂乎。

二、美反蔣擁共派艾其遜等已作有計畫之毀華陰謀，且進行甚猛，但余並不因此而焦急，惟在美宣傳，尤其是此次電視廣播反為其作反蔣之鬼計，更可知此時反共形勢已入低潮，不能不加重視，幸妻此時赴美，或可望其挽轉頹勢。

三、胡適狂妄，竟提出其「毀黨救國」之主張，而彼且將自己組黨，抑何矛盾之極耶。

四、美國對印尼革命軍中止援助，反以武器與經濟公開援助印尼政府，可恥之至。

五、法國政局在下旬自阿爾及爾亞軍政宣布公安組織對巴黎獨立以後，已入混亂狀態，最後戴高樂出掌政權似已成定局，法共與左派皆為其國內人心與軍心所趨，已無法投機搗亂。此不僅為法國，而亦為西方反共抗俄之形勢一重大轉機耳。

六、美之艾其遜、芬勒特、曼斯費爾，英之前任港督葛宏良〔量洪〕[1]與太晤士報，以及此次在我電視中之美國家廣播公司，皆作承認共匪之提議，以及毀蔣賣華之論調，而其最大作用為造謠惑眾，擾亂視聽。此等反動分子無論美、英，皆為俄共作間接宣傳，而以反對美政府政策，不恤為其敵國俄共張目，可恥。

七、立法院對出版法修正案應受反動派與民營報人鼓惑勾結，本黨少數黨員

---

1 葛量洪（Alexander Grantham），早年曾於香港輔政司署供職，及後歷任百慕達與牙買加兩地的輔政司、奈及利亞的布政司，以及斐濟總督兼西太平洋高級專員等職，1947年7月至1957年12月出任第二十二任香港總督。

竭力破壞與延誤，從中胡適又為其助長氣燄。遷臺以來，所謂民主人士囂張與搗亂至此，殊為萬不及料之事，人心卑劣，士風掃地，如何其能挽救危局，復興民族，思之悲痛無已。

七[1]、俄共在世界滲透顛覆之活動：甲、錫蘭全島暴動。乙、黎巴嫩、埃、敘發動叛亂。丙、納塞訪俄。丁、南美秘魯、委內瑞納群眾反美，侮辱尼克生。戊、共匪與俄、捷、南斯拉夫皆一致向印尼滲透，以援助印尼蘇卡洛壓制革命為其契機。己、俄、南交惡。庚、俄第三人造彗〔衛〕星放射。辛、印尼西利伯斯島上革命政府繼續存在。

八、共匪召開其八屆二次大會，其結果：甲、確定其經濟大躍進總路線，反保守、反浪費，以多（數量）、快（時間）、好（質量）、省（節約）口號為建設社會主義之張本。乙、擁護莫斯科（去年十一月）兩宣言，反對南共修正主義綱領。丙、調整偽黨中央高級人事，林彪[2]升副主席，柯慶施[3]（滬）、李井泉[4]（川）、譚震林[5]升政治局委員，李富春[6]、李先

---

1 原文如此。

2 林彪，原名育蓉，字陽春，湖北黃岡人。中華人民共和國成立後，先後出任中國人民革命軍事委員會副主席、中共中央軍事委員會副主席、國務院副總理、中共中央委員會副主席（本年 5 月獲八屆五中全會增選）、中共中央政治局常委（八屆五中全會增選）、國防部部長等職務。

3 柯慶施，原名尚惠，又名思敬、怪君，號立本，安徽歙縣人，1950 年 7 月任南京市人民政府市長，1952 年 12 月任中共江蘇省委第一書記。1954 年，調任中共上海市委第一書記、中共中央上海局書記。1958 年 11 月，任上海市人民政府市長。

4 李井泉，江西臨川人。1952 年至 1955 年擔任四川省人民政府主席，1952 年 9 月至 1965 年 2 月任中國共產黨四川省委員會第一書記。本年 5 月，獲中共八屆五中全會增選為中央政治局委員。

5 譚震林，別名梅城，湖南攸縣人。1949 年任中共浙江省委書記、浙江省人民政府主席，1952 年 11 月任江蘇省人民政府主席，1956 年任中共中央書記處書記。本年 5 月，獲中共八屆五中全會增選為中央政治局委員。

6 李富春，字任之，湖南長沙人。中華人民共和國成立後，歷任中央人民政府政務院財政經濟委員會副主任，重工業部部長，國家計劃委員會副主任、主任，國務院副總理等職。1956 年，獲中共八屆一中全會選為中央政治局委員。本年 5 月，獲八屆五中全會增選為中央書記處書記。

念[1]為中央書記。丁、劉少奇[2]在大會政策報告中,將提「陸軍必須服從整風運動,以根絕所有右派與顛覆分子,藉以加強國防以及解放臺灣之運動」,此一項中可知其軍中尚有右派與顛覆活動存在,應特注意。戊、劉在其總報告中提及重要(事項)方針之次序:子、鞏固無層階級專政。丑、經濟全力作分散運動,允許地方更大權限以發展工業。寅、發展工、農業,以重工業為最優先。卯、掃除文盲。辰、中國文字之改革。己〔巳〕、使十五年內趕上英國,並於十二年內科學程度達到世界進步標準。

九、毛匪以解決韓國問題為由試放召開遠東會議(對英國試探)。

十、美國動向:甲、在韓在臺同時試射飛彈。乙、美提北極空中視察制,為俄所拒絕。丙、北大公約在丹京開會,警告各國俄將發動生物戰、化學戰和新武器戰。丁、其大會宣言團結堅定而有力,實為杜勒斯之成功。戊、杜在西德講演,指責俄國利用裁軍談判充作產生一種由蘇俄與中共集團的軍事力量所統治世界的煙幕,此實使世界警覺,指出毛匪與蘇俄已成為共產軸心之影響,尤其特提自由世界勿受俄共各種保證之愚弄,此實為其對俄共政策最有力的一次之說明耳。自本(五)月起,美國對俄外交已爭回主動與採取攻勢矣。己、美參院發表其勞勃生對華政策之有力證詞,應加以特別注意(摘要附記在五月五日之記事中)。

十之(己)項　勞勃生美國對華政策之說明:

一、自由中國是代替中共的惟一途徑。二、中國是美國的一個堅強的盟邦,而且是自由世界在外交上及聯合國中一個堅強的支持者。三、中華民國不斷的進步,乃是對共黨企圖統治中國的一個永恆的挑戰。

1　李先念,號克念,湖北黃岡人。1954 年 9 月,任中共國務院副總理;10 月兼任國務院財貿辦公室主任。1956 年,獲選中央政治局委員。本年 5 月,獲八屆五中全會增選為中央書記處書記。

2　劉少奇,字渭璜,湖南寧鄉人。中華人民共和國成立後,歷任全國人大常委會委員長、中共中央政治局常委、中共中央副主席和中華人民共和國主席等要職。

蔣中正日記
Chiang Kai-shek Diaries

六月

蔣中正日記
Chiang Kai-shek Diaries

民國四十七年六月

本星期預定工作課目

1. 臺灣政客之作祟。

2. 對匪情判斷之主觀應切戒。

3. 軍隊士氣與康樂福利事業。

4. 華僑工作與組織應加強。

5. 海軍總司令人事。

6. 參謀部組織之變更。

7. 要塞守備隊之取消問題。

8. 副總長定為三人或以另增特別助理一人。

9. 軍師長年中照例召見日程。

10. 行政院改組方針。

11. 外交部長與駐美大使人選。

12. 胡[1] 之趨向與利害。

13. 精神結合的準備，犧牲自由貢獻能力。

14. 匪軍口號應設計對語與預防者：（甲）「中國人不打中國人」。（乙）「回家省親」。（丙）「和平建設」。（丁）「愛國一家」之謊言。

15. 重新登記以前之準備：甲、發表對監院講稿。乙、對反動黨員要求其表

1　胡即胡適。

示對反共抗俄之態度，否則不予重登記。丙、對內對外宣傳之計畫。
16. 本年工作總目標與本年研讀書目。

六月一日　星期日　氣候：晴

雪恥：一、黨公營公〔報〕紙在報業公會應組黨團。二、追繳民營報紙欠
款。三、辯證法之變化法則之具體要領。

朝課後記事，十時帶領經兒、武、勇二孫先至水流東小學[1]視察，繼至頭寮
視察檔案室，擬擴充地址以圖保安。轉至洞口湖後，山上視察另一湖沼，上
下二湖相距約里許，乃知該區地形之大要，即在下湖濱野餐畢，擬在此建立
資料室以避轟炸也。十四時回角畈午課後，續審去年八、九兩月日記，感想
萬千但甚有益。緯兒來談，晚膳後武、勇與緯兒同回去。晚續審日記後禱告
畢，父子在下院觀明月如鏡為樂，晚課。

六月二日　星期一

雪恥：一、法國議會正式通過戴高樂為內閣總理（且授予六個月之特權），
此實為俄共之重大打擊。但美、英自第二次大戰以來，皆反對戴氏主政，甚
至加以打擊，以戴氏思想言行皆主法國獨立自主，不願受英、美壓制，更不
願如其今日民主黨派皆受英、美控制為其附庸也。故此次戴氏重掌政權，其
思想與精神雖極端反共，而其外交政策特別對北大西洋盟約之方針如何，並
未宣布，而英、美此時表示擁戴之態度誠摯，迎合惟恐不及，而戴毫未介

1　即現今桃園市復興區三民國民小學。臺灣光復後，創設八結國民學校水流東分校，
　　1950 年 2 月行政區域劃分，改隸為角板山國民學校三民分校，1952 年 2 月升格為三民
　　國民學校，1968 年 8 月改制為三民國民小學。

意，此乃美、英無政治家及其欺善怕強、傲慢自大，絕無遠識之結果也，可恥可歎。

朝課後記事，膳後遊覽，散步，上午續審去年日記完。

六月三日　星期二　氣候：晴　溫度：八十三

雪恥：續昨：午課後手擬去年總反省錄開始，感想千萬。晡散步，入浴後觀影劇，晚課。

一、胡適態度最近更為猖狂，無法理論〔喻〕，只有不加理會，但亦不必予之作對，因為小人自有小人對頭也。對於其所言反對修憲與連任總統之謠諑，乃是一般投機政客有意誣蔑之毀蔣運動，不僅余本人即本黨亦從未有此意向，希其審慎，勿受愚弄。至於毀黨救國之說，聞之不勝駭異，中華民國本由國民黨創造，今遷臺灣亦由國民黨負責保全，如果毀了國民黨，只有拯救共匪的中華人民共和偽國，如何還能拯救中華民國乎。何況國民黨人以黨為其第一生命，而且視黨為其國家民族以及祖宗歷史所寄托者，如要我毀黨，亦即要我毀滅我自己祖宗與民族國家無異，如他認其自己為人，而當我亦是一個人，那不應出此謬論以降低其人格也。以上各言應由辭修或岳軍轉告，予其切誠。

六月四日　星期三　氣候：晴

雪恥：昨（三）日朝課後記事，遊覽，上午續擬總反省錄國內工作部門。午課後續擬關於共匪去年情勢部門，自覺有益，甚恐對敵研判過於主觀為戒耳。晡浴後散步，與經兒談憲兵駐所，新建地址以舊神社為宜。膳後令經兒回臺北，獨自散步回，審閱最近國軍戰鬥序列，讀詩，晚課。

本日朝課後記事，聽報，遊覽庭園。上午手擬去年總反省錄蘇俄部分，午課後續擬英國政策部分，頗費心力，但亦頗為有益。晡散步至神社舊址，作為憲兵營舍之基地。晚觀影劇後晚膳畢，散步，晚課，十一時寢。

今日接愛克夫婦[1]請夫人自選日期在白宮聚餐消息，即令中央社勿事前發表消息，以免鋪張。

六月五日　星期四　氣候：陰晴

雪恥：一、降落地區應先北後南、或先東後西之計畫。二、海軍人事之準備。朝課後記事，散步，上午續擬去年總反省錄匪我優劣情形之比較，與本身修養及著作與研究等工作之程度，認為對反攻大陸關於美國交涉之研究最為切要。午課後續擬結論，此一總反省工作至此大體完成。晡散步，入浴，晚課，晚辭修由臺北來角畈與商組織行政院事，十一時寢。

六月六日　星期五　氣候：晴

雪恥：一、難題解答的課目是乃克服心智上之課程，應為各教育訓練機構之首要課目。二、各師模範連之設置如何。三、授權應至排班長為止。四、政策研究組改為委會制？五、歷代名將傳記與言行錄之編輯工作。六、立、監院中反叛分子恐中央不予重登記，而其先自宣布脫黨之亂行應予注意。七、胡適狂妄言行，決不予理睬。

朝課後與辭修散步，至望月臺察勘建築其別墅地址，及巡視小學、衛生所等

1　愛克夫婦即艾森豪（Dwight D. Eisenhower）及其夫人（Mamie G. Doud Eisenhower）。

公共機關回,同進朝餐,商談胡適問題,認其毀黨救國之說是要其現在領袖自毀其黨基,無異強其自毀祖基,此其懲治比之共匪在大陸要其知識分子自罵其三代為更慘乎,可痛。

六月七日　星期六　氣候：上晴下雨

雪恥:昨上午與辭修談話約二小時後,乃與其到「拉和[1]」高坡視察,先以步行下山,再至途中乘吉普車,約半小時到高坡視察其小學與山民住宅,均比前進步,以「拉合」為卅九年初遊之地也。十三時回角畈,膳後臨別時,辭修已接受其改組行政院,出任行政院長矣。午課後記事,經兒回來報告其在臺北所聞,立法院情勢與臺港反動分子聯合搗亂之企圖。膳後散步,晚課。

本日朝課後聽報,散步,記事,十時屬生、文亞來談立院出版法經過與未來情形,頗表樂觀,余甚慮其少數叛徒正在此時聯名宣告脫黨,在國際上予本黨以打擊也,應告其切實預防。午課後手擬上月反省錄,晚閱報,晚課。

上星期反省錄

一、美對俄心理之弱點:甲、認為俄國內部矛盾太多不能發動大戰,而又不能利用其矛盾暴露之時機使之擴大崩潰,且任其縱容處理更為統一強大。乙、認為俄國恐懼核子戰爭,不願同歸於盡之心理,故其不致發動核子戰爭,而美又不肯利用俄畏戰之心理,援助其內部與附庸國之反共革命,發動內戰,使之根本動搖,以消弭大戰之危機。丙、認為俄雖製成人造彗〔衛〕星,明知其自己對太空競賽已落人後,但仍以為其工業實力與

1　拉合(Rahao),原泰雅族拉號社領域,現名羅浮,位於桃園市復興區。

科學程度仍勝於俄國，不患俄之先發制人。此種天真而幼稚之心理，如其不迅即澈悟改變，無異坐待滅亡，可痛。

二、俄赫在保加利亞大罵狄托，大有對狄托勢不兩立之舉動，此舉成敗實為其俄共對東歐各附庸的生死關鍵，俄共最近對西方所表現之姿態：甲、對美願增進俄、美貿易。乙、對土願促成俄、土高層會議。丙、對麥米倫訪美，請麥促成美國採取合理立場，早日開成東西最高會議。丁、接受美方停止核子武器試驗專家會議。戊、接受美研究南極和平用度會議之建議。以上姿勢，是為其準備解決狄托與東歐問題所必須乎。

三、兩周來工作：甲、去年日記總反省錄與上月反省錄，皆為年、月綜核之重要工作，且最為有益。乙、兩年來軍事攻防方針與反攻作戰及美五角師（原子）之編制，皆已重加核研一遍，有益。丙、對胡適方針與處理黨的基本方針，亦深加考慮，作有初步結論，此乃來角畈休養之效果也，其實並非休養，而乃靜思熟慮耳。

六月八日　星期日　氣候：晴

雪恥：今日對立法院反黨分子情形已甚了解，故對今後黨務方針考慮甚切也。朝課後記事，遊覽。上午批閱公文至十二時，與經兒經「拉合」復興橋至溪內觀瀑，適於昨日大雨以後，瀑布氣勢更形雄壯，總惜其高深不如雪寶耳。野餐後巡視當地小學，較去年有進步，十三時回。午課後記上月反省錄完，浴後散步，觀影劇「糊塗丘八 [1]」，甚滑稽可嘉。緯兒亦來山作伴，膳後散步畢，即告別回臺北矣，晚課。

1　「糊塗丘八」，港譯電影片名，即臺譯《少爺兵》（*The Sad Sack*），美國派拉蒙影業（Paramount Pictures）1957 年發行。喬治·馬歇爾（George Marshall）導演，裘利·路易（Jerry Lewis）主演。講述一位士兵過目不忘卻是糊塗冒失，最終化險為夷的喜劇情節。

六月九日　星期一　氣候：晴

雪恥：朝課後記事，上午巡視地方與衛生所等後，十時半即由角畈乘車到大溪遊覽公園。十二時澳洲康德修[1]夫婦來訪，留餐暢談二小時，辭出後休息。午課後與經兒到新竹機場中美技術合作組，視察約半小時，其電子偵察與照相分析機器皆為最新之設備，其 P2V 型之偵察機亦為最新型者，觀此不能不感歎俄共科學進步之速，至今不僅能與美之科學相抗衡，而且將有超越先進美國之趨勢，能不駭異。最後對飛偵與工作人員四十餘員點名訓話後與上機飛馬公，約五十分時到達。宗南來接至新招待所駐宿，入浴，膳後散步，晚課。本日對本黨重登記方針，與中常會內之張、谷[2]與其舊組織部反黨派無法分離，如何處理問題，甚費思考也。

六月十日　星期二　氣候：晴

雪恥：一、研究兩院反黨分子之內容：其（一）為根本反黨與反蔣，認為從蔣無望者其數不上十人。其（二）為反黨部（現在）與反辭修者，以余偏護一方，現在黨部且受前青年團系操縱而紛爭不服，此為其本問題之主因，此乃十分之九以上之心理也。其（三）為余太過嚴正，對若輩毫不理會，而且對若輩過去罪惡不易恕諒，故表示反抗以顯示其勢力不可輕忽，對余在無形中加以警告也。二、今後處理方針：甲、對第一項者開除毫不姑息。乙、第二項者只有任其分立脫黨。丙、第三項者予以安頓，而且以後對若輩撫慰與聯系，應改正過去之態度為要。朝課後記事，對黨務方針之研究深切為慰。上午先視察雷達站設備畢，再往測天島巡視海軍基地與造船廠，皆有心得。午課後記上周反省錄，閱圖報。晡往白沙區通梁訪大榕樹，又比七年前張大矣。膳後散步，晚課。

1　康德修（Wilfrid K. Hughes），澳大利亞自由黨成員，眾議院議員，時任外交委員會主席。
2　張、谷即張厲生、谷正綱。

六月十一日　星期三　氣候：晴

雪恥：一、對張、谷[1]之方針：甲、令其脫黨代我領導，其第二項者使之成為本黨之分支或友黨。乙、派其出國任使節，或在國內專任他務而不任常委。丙、仍任常委，而不准其與反黨開除者發生關係，此為不可能之事。二、今後黨務之方針：甲、純精的組織，成為革命的戰鬥體。乙、混合包容互相制衡，維持現狀以免分裂。丙、是否有信賴一派演成尾大不掉之勢乎？朝課後記事，九時先視察第四九師部後乘艇至八罩島、將軍澳，此為八年以來所時想考察者也，十三時半回馬公。午課後閱報，召見防衛部與陸海空軍駐澎校級各主官與行政首長畢，至防衛部聚餐後，觀話劇陽光普照[2]頗佳，晚課後十二時寢。

六月十二日　星期四　氣候：晴

雪恥：一、重登記之方針：甲、令反黨部而無反蔣之心理者警惕毋鬧。乙、仍望其能嚴守黨紀，團結一致，接受黨的領導勿使分裂。丙、即使分立仍不使之太越軌範，予以異途同歸之希望。丁、對於根本反蔣而無可理喻者，則驅除之，勿使任害群之馬。戊、因鑒於齊世英[3]開除黨藉〔籍〕後之例，此為本黨對敗類處置，不是開除黨藉〔籍〕所可了事之教訓，實為此次重登記之

1　張、谷即張厲生、谷正綱。
2　《陽光普照》，丁衣編劇，四幕話劇，以宣揚《蘇俄在中國》一書為主題，講述中國大陸人民及共幹暗中閱讀該書後，或欣喜不已，或大夢初醒，進而展開反共行動的情節。國防部總政治部康樂總隊製作暨巡迴公演，陳力犖導演，林偉琤、錢璐、傅碧輝、曹健、萬香亭等隊員演出，蔣中正觀賞後當面表達嘉許之意。
3　齊世英，字鐵生，原籍遼寧鐵嶺。東北中山中學及《時與潮》雜誌創辦人，1948 年 1 月當選第一屆立法委員。來臺後領導 CC 系立委，時與行政部門頡頏。1954 年，因公開反對電力加價案，經中國國民黨總裁蔣中正以「屢次反抗中央決議，並破壞本黨政策」為由，提交 12 月 20 日中央常會，決議開除黨籍。

主要參考與研究之資料耳。

六時起床，即至海濱金龍頭亭外，眺望海色與日出，經兒亦來同遊，約一刻時乃入室。朝課，膳後與經兒到林頭〔投〕，即良文港[1]右之大沙灘視察，此乃馬公島登陸第一優良之處所也，該帶海濱造林已成為慰。十時起飛，來金門駐原處，氣候與故鄉一樣為快。午課後補修去年總反省錄，閱報。晡與伯玉乘車視察，第三坑道仍未照我之原意也，巡視兩棲偵察隊與雀山新坑道，再轉馬安瀾師部埕下後即回，已近八時矣。晚散步，晚課，十一時前寢。

六月十三日　星期五　氣候：晴

雪恥：一、黨內整肅後，如對黨外反動言論不能統制，則對脫黨者予以反黨更大之出路，故今後對於黨外的問題與處理方針，應同時考慮與決定為要。二、今後對黨外反動派之處置方針，所謂民主與不民主之態度，以及各種後果，應同時研究與整個解決，切勿疏忽。

朝課後步登後山，視察新構築之招待所，其地位與環境皆甚優美，惟內容結構甚不合用，幸尚可修正也。記事後召見六個師團長以上將領，足有三小時之久，另見兩棲作戰成功隊各隊長，特予嘉勉。午課後聽取金門軍政經之建設報告，一年來之進步更大。晡視察美顧問招待所後，巡視雙乳山坑道，工程甚大，惟恐深度不夠，抵抗力薄弱為慮耳。晚聚餐後觀臺灣歌仔戲，此為第一次，其大度與粵劇相同，晚課。

1　良文港，即今龍門港。

六月十四日　星期六　氣候：晴　夜雨

雪恥：一、翠谷通武陽坑道仍須構築。二、臨時指揮所應在太武山巔設置一個。三、明德堂通山上人行道應速構築。四、李賢[1] 復職。

六時起床，朝課後再登後山招待所新址，察度房間式樣，加以修正回，記事。九時與胡司令乘車視察南坑道南口地形後，即登太武山眺望大嶝、小嶝與圍頭等地，歷歷在望，再登雷達站視察，得轉海山第一之佛庵中，其新僧為定海喬姓，以退役後為僧，其人年僅卅八，乃勸其為現地駐軍服務，仍望其能同回大陸家鄉也。由此向東行，下山經廿七師師部視察後，直回駐地。以本日為先慈忌辰，故未忍進朝餐，午課後審閱陶[2] 擬重登記文告後，召見司令部與行政機關人員畢，視察金門城與新公墓地乃回。晚觀話劇，晚課。

上星期反省錄

一、十日杜勒斯對記者說，監督停止核子試驗地區須包括中共區大陸在內的消息，是上月倫敦太晤士報美國將承認中共之報導所由來，可知此報並非子虛也。應即問美國對此內容之實情與方針如何，中共參加此一工作的條件，以及其要求先加入聯合國而後再允參加，則將如何應付。

二、本周巡視澎湖之通梁、八罩與將軍澳，最有意義。巡視金門之雀山坑道與雙乳山已完功〔工〕之主坑道，金、澎之社會富庶，民生康樂，軍隊亦皆有進步為慰。

三、英首相麥美倫訪美，對俄共政策必有共同決定，而對共匪參加停止核子試驗的談判恐已洽定，但余不信此一判談真能舉行耳。

1　李賢，號立言，安東清原人。1950 年 5 月任陸軍總司令部工兵指揮部指揮官，10 月停職。後任交通部設計委員專門委員、臺灣省民防司令部專門委員。
2　陶即陶希聖。

本星期預定工作課目

一、戰時生活的具體條規。

二、革命實踐守則。

三、不良軍眷的調查？

四、各省藉〔籍〕（學員優秀名單及主管人選冊調閱）。

五、國民生活守則。

六、執行人的實踐。

七、公務員訓練全般計畫。

1. 召見殷延珊[1]、朱致和[2]（新竹技研所）。[3]

2. 李惟錦[4]、鄭學橃〔燧〕[5]（工科）。

3. 反動委員罪證之調查。

4. 陶百川問題應即解決。

5. 視察士官學校與士校定為正式編制。

1　殷延珊，山東滕縣人。時任空軍總司令部技術研究組組長。本年，因研究組對外正式使用「第三十四中隊」番號（通稱「黑蝙蝠中隊」），擔任首任中隊長。

2　朱致和，空軍飛行員，後擔任第三十四中隊副中隊長。

3　原稿編目如此。

4　李惟錦，四川成都人。1956 年 5 月，任澎湖防衛司令部參謀長。1963 年 3 月，調任臺灣警備總司令部警備處處長。

5　鄭學燧，字中直，廣東潮陽人。時任澎湖防衛司令部第二處處長，1962 年 4 月調任國防部後勤參謀次長室第五處處長。

六月十五日　星期日　氣候：晴　溫度：九十　地點：高雄

雪恥：一、士官代理排長者應即補實。二、士官制度與教育應加強。

六時起床，朝課後修改新招待所圖樣，膳後召見胡[1]司令，指示構築坑道要旨，復與其實地視察地形，並到武陽發電所坑道視察，乃決定不再修築司令部至南坑道之支路矣。九時半由金門起飛，至岡山下機轉西子灣駐也。午課後修正對黨員重登記之說明書開始，晡在海濱散步，膳後與經兒乘車，巡視市區回，晚課。

六月十六日　星期一　氣候：晴

雪恥：一、羅列調執行官，李永〔運〕成補羅缺，如何？二、人事計畫與缺額未補，何耶？

六時起床，朝課後修正前稿，十時到鳳山陸軍官校，主持卅四年校慶紀念典禮後，召見顧問、校長、教授與訓練中心各主官後會餐。午課後閱報，續修稿，五時後召見叔銘，報告其余伯泉、袁樸等卅八、九年之處分案，甚感當時師長以上之高級將領，真是忠貞潔白者曾無幾人也。召見軍團長、軍師長等十餘員畢，與叔銘及經、緯[2]車遊左營，膳後散步回，晚課。

六月十七日　星期二　氣候：上陰　下雨

雪恥：一、優秀士官與候補軍官二者升級之比例，前者為十分四，後者為十分六。二、步校二級主官應以任過團長者充當為宜，總隊長亦然。三、陸海

1　胡即胡璉。
2　經、緯即蔣經國、蔣緯國。

軍服裝之補給。四、達成任務與決心之習性。

六時起床，朝課，續修前稿，十時主持海軍、空軍二指參學校畢業典禮（在左營），召見顧問與各校長及畢業學員點名聚餐，並見美海軍陸戰隊第三師長蕭特[1]等。午課後記事，召見陸軍師長級以上者二十餘員，約二小時餘，膳後與經兒遊市區回，晚課。

此一侮辱的案件與文字，應留作中華民國歷史紀要。中正。[2]

英拒絕我參加六屆國際手工藝展

（中央社倫敦十五日專電）第六屆國際手工藝品展覽會主持人頃拒絕中華民國參加該展覽會，雖則合約已於五月廿八日簽訂。

該主持人發致陳堯聖的信說：「自從接到名為『海外合約』的文件，閣下聲稱係以『中華民國』代表的身份於一九五八年五月廿八日簽訂該約之後，我們已確悉聯合王國女皇陛下政府不承認任何臺灣當局為中國政府，也不承認以『中華民國』為名的任何合法實體的存在。在此種情形下，我們不得不認定閣下為無權力的代表，或閣下係代表在英國法律看來並不存在着的元首。不管是兩者中的任何一者，我們不得不認為該一九五八年五月廿八日的文件不足以構成與閣下或與『中華民國』的任何合法關係：因而我們將無法在第六屆國際手工藝品展覽會中撥給閣下任何場地。」展覽會主持人並已將攤位租退還。陳堯聖現正考慮對此採取法律行動，但預料轉圜之希望甚微。

1　蕭普（David M. Shoup），又譯蕭特，美國海軍陸戰隊將領。1958 年 3 月任美國海軍陸戰隊第三師師長，翌年卸職返美。1960 年就任海軍陸戰隊司令。
2　此為作者對下段剪報資料之批註。

六月十八日　星期三　氣候：雨

雪恥：一、巡視士官學校。二、巡視空降訓練。三、懸缺速補。四、調職及其補缺同時發表。五、海校之決心課程。

六時起床，朝課，續修前稿，九時見公超，聽取其國際形勢報告：甲、美、俄關係與高層會議的建議，似已公開打破。乙、黎巴嫩形勢緊張。丙、印尼西利伯斯革命軍告急。上、下午召見海、空軍高級將領，共計四十餘員，公超同進午、晚膳。晚續觀影劇，午、晚各課如常。

六月十九日　星期四　氣候：晴

雪恥：一、嚴防共匪今日對我黨的陰謀，及其方法與程序：甲、去年以前企圖國共和談的老調，引誘本黨與黨外人士入鈎，吾黨雖毫不之理，而黨外已有一部民主人士從傍積極慫恿，實行和談，而且正式提出其和談的建議，余乃明告他不可救共反國，以背其反共救國的志願，乃為若輩所不樂。乙、今年因其和談之陰謀失敗，乃轉向我黨外民主人士滲透，企圖重溫其政治協商的舊夢，自為本黨所鄙棄，乃竟促彼輩之怒，而以反對黨為號召，殊不知彼輩已為共匪滲透所迷，而勢將成為共匪之盟軍，重蹈其民主同盟之覆輒〔轍〕而不之悟。吾人不能為挾敵自重者所脅制，與之同流合污以毀棄黨國，昔以協商結果乃使大陸人民關入鐵幕，今日豈復以協商為名，不惜毀棄今日憲法、取消民主憲政，而將我今日惟一的反攻復國基地與軍民斷送於共匪，明知其行將亡國滅種，而亦所不恤乎。此一陰謀豈啻消滅整個黨國於萬劫不復而已哉。

六月二十日　星期五　氣候：晴

雪恥：昨朝課後續修前稿，膳畢巡視園中所植樹木一匝。九時半與經兒到鳳山第二軍團部及其士官學校視察後，轉步兵學校校本部考察後，乃到屏東大武營房視察空降部隊訓練實況畢。十二時由屏東起飛，到臺中新社下機，直至谷關，正十四時矣。午課後續修前稿，晚觀山地訓練自製影片頗佳，訓練成績亦良，似可達成我原有目的為慰，散步，晚課。

本（廿）日朝課後續修前稿，記事。十時到哈崙臺溪谷校閱山地訓練連的演習，其技術與戰術皆有基礎，此為我參加山地訓練之第一次，其成績出乎我所想像之上。八年來不斷的督促，未負我苦心也。正午聚餐，午課後續修前稿，並對演習連全部官兵訓話、照相以示獎勉。晚觀影劇後晚課，散步。

六月二十一日　星期六　氣候：晴

雪恥：一、出版法修正案黨內外反動份子大聯合運動，經過兩月以上的挾攻，所謂民主自由人對我黨製造矛盾，企圖喪失領袖威信，分裂革命勢力的陰謀，因昨日在立法院三讀正式通過而乃澈底粉碎。這一風潮可說在反共革命期間，對本黨成敗所繫的重大關鍵，至此乃得告一段落。但本黨從政黨員重新登記問題猶未解決，由於出版法修正案如期通過後，深信絕大多數黨員皆表示其忠誠不貳，是否為此極少數的反黨分子，而再引起黨內另一風波，亦應重加考慮。

朝課後續修前稿，十時後與經兒出發，視察谷關新電力廠，經青山、達見視察二百廿公尺最高水壩形勢，再經佳陽至梨山站，視察合歡溪流為止，即在梨山午膳後，乃由原路返谷關，正五時半也。車上靜默，午課如常，晚膳，散步，晚課。

本日為端午節。

上星期反省錄

一、星五日立法院所議出版法修正案已照原提案正式通過，實為革命成敗的
一個重大關鍵。

二、星一、星二日舉行陸軍官校校慶及海、空軍各指參學校畢業典禮。

三、星五日谷關山地訓練的校閱如期完成，此為陸軍新進步之成績表演，頗
覺自慰。

四、俄共殺害匈牙利前反共總理納琪[1] 宣布後，南共大為不安，自由世界一致
譴責，俄帝不能全無影響也。

五、聯合國視察團與哈馬紹[2] 到達黎巴嫩後，並無具體表示，亦未見其有所作
為，而美國尚以聽命於聯合國的猶豫不決態度出之，可歎。

六、英國宣布其對塞浦路斯島三國合作統治的七年計畫，其果得如計推行乎。

七、印尼政府電臺宣布，其廿一日已佔領美那多的革命軍最後根據，無任系
念。甚望其此消息不實，瓦洛仍能固守不落耳。

八、此次出外巡視期間，對於立、監兩院反黨分子與黨外所謂民主投機分子，
相互勾結利用，無法解決，殊為政治上最困擾的問題。幸而出版法已經
通過，當予若輩重大打擊以後，似應暫時緩和，觀察其今後行動如何，
再定重新登記之方針，勿促其勾結更強，趨於極端。以今日領導之威聲
尚在，只要示以寬容，而不過於嚴厲，或稍加詞色，不究既往，仍可消
除於無形耳，故暫應置不問，以觀後效也。

1　納奇（Imre Nagy, 1896-1958），匈牙利勞動人民黨主要領導人之一。1953 年 7 月至
　　1955 年 4 月，1956 年 10 月至 11 月，兩度出任部長會議主席（總理）。因 1956 年匈牙
　　利革命事件被捕，本年 6 月 16 日遭處決。

2　哈馬紹（Dag Hammarskjöld），又譯韓馬紹、哈孟少，瑞典外交家和作家。1953 年 4
　　月就任聯合國秘書長，1957 年再次當選。1961 年 9 月前往剛果停火談判途中墜機身亡，
　　追授諾貝爾和平獎。

六月二十二日　星期日　氣候：晴

雪恥：一、出版法修正案通過後，政治上注意各點：甲、黨內反黨分子之叛變離心運動。乙、黨外反動分子煽動分化與組織反對黨之企圖。丙、匪諜滲透挑撥從中顛覆的陰謀。丁、胡適、雷震與民營報紙及自由中國半月刊之處理方針。戊、對教育界聯系組織之加強。

昨夜睡眠最佳，今晨朝課散步，上午續修重登記說明書稿初稿告畢，希聖自臺北來談。午課後記事，記上周反省錄，晡與希聖談立法院出版法通過情形，本黨大多數委員到了重要關頭仍能發揮其革命精神，不計個人毀譽，遵〔尊〕重中央決議也。此一通過或可促進少數反黨分子之回頭乎。晚觀影劇後，散步，晚課。

六月二十三日　星期一　氣候：上晴　下雨

雪恥：一、重登記之時期應重加考慮，是否暫作靜觀，以試反黨分子今後之行態如何再定。二、對民營各報之方針，應取分化與領導及經濟與法律同時並用。三、司法與檢察分立制，並加強檢察制度。四、此次重登記，乃是考驗其對革命民主的意識和反共復國的信心，來決定其黨員對本黨去留的抉擇。古云，合則留不合則去，不僅是個人對其朋友一種性格的表現而已。

朝課前散步於板索橋上，上午續修前書第二次稿。正午至柔來見，留宿一晚。午課後續修前書，頗費心力，晡與至柔、經國視察對岸出水道回，入浴，續修稿，晚課，散步。

六月二十四日　星期二　氣候：上雨　下晴

雪恥：一、白[1]講中國兵法王翼十八及七書摘要原文檢閱。二、重登記書說明補充：甲、立、監委員已無改選問題，故其在黨內只有責任而無權利，更無依賴之必要。乙、凡臨難苟免、敵我不分、以公濟私，挾款潛逃，既無報銷，亦無交代，混水摸魚，不自知恥，而反以民主自由自名，又以民意代表身分破壞組織、違反黨紀，此種敗類不除，不僅敗壞黨紀，而且毀喪民意機構之尊嚴。丙、與其在黨內摸〔摩〕擦，箕荳自煎，貽笑外人，何如在黨外對立競爭，壁壘分明，不僅保持其清白人格，且或有利於黨國乎。朝課後續修前稿，膳後散步，續修第二次稿完。午課後記事，閱報，晡由經兒陪行，到哈崙臺山地戰訓練基地視察後，步登八五〇高地研究地形，並未感疲乏為幸。晚總政治部製「奔[2]」的影劇甚佳，晚課。

六月二十五日　星期三　氣候：晴

雪恥：一、訓戒黨員：甲、保持品格。乙、尊重信譽。二、行政院改組。三、海軍總司令調職。四、國防部參謀組織改正。五、第一軍團長人選。六、各部隊團長以上之缺額急補。七、士官代理排長者准提前晉升補缺。八、評議委員會召開日期。九、大法官提名日期與人選。十、司法與檢察制度之研究。

朝課後記事，九時半與希聖等出發，經天冷電力廠巡視一匝，即到臺中上機

1　富田直亮，前日本陸軍第二十三軍參謀長。1949 年 11 月 1 日，抵臺協助整訓國軍、研擬反攻計畫。化名白鴻亮，為革命實踐研究院軍官訓練團（白團）之總教官。

2　《奔》，演述中國大陸人民幡然醒悟的反共劇情電影，國防部總政治部監製，中國電影製片廠製作出品。本年 6 月 10 日試映，7 月公映。丁衣編劇，熊光導演，盧碧雲、周經武、井淼等人主演。

飛臺北，正十二時矣，直上後草廬。午課後研閱克林威爾[1]手創鐵騎兵歷史，
與戰爭藝術著者自序文，皆甚有益。五時半見太平洋美總部參長[2]後，到蔣林
寓所重勘新餐室基地，由新北投回來，與經兒談海軍內情及其人才，膳後獨
自散步至後公園回，晚課。

六月二十六日　星期四　氣候：晴

雪恥：一、經國談史大林改變辯證法的作用，又談其對時間與力量的理論，
認為時間不能改變善惡與真理，而力量亦不能決定成敗與是非也。余乃認可，
以為此可對今日抗戰中之傍皇沉悶者解惑也。

朝課後續修前稿，十時入府，召見李揚敬[3]等與調職人員八人後，與辭修談行
政院改組事，彼發誓不就而且其誓句之俗重，很不應該也，最後彼仍接受所
命。正午批閱公文，約一小時方回。午課後詳閱夫人報告，並寫覆信將畢時，
腦筋眩暈一刹那間，繼之左目閃光，不以為意，後在與屬生等談話時，閃光
更烈為憂矣。

1　克倫威爾（Oliver Cromwell, 1599-1658），英國國會議員、獨裁者，擊敗保王黨，1649
　　年斬殺查理一世，廢除英格蘭君主制，並征服蘇格蘭、愛爾蘭，在 1653 年至 1658 年
　　期間出任英格蘭－蘇格蘭－愛爾蘭聯邦之護國公。在第一次英格蘭內戰的馬斯頓荒原
　　戰役（Battle of Marston Moor）中，使其部隊贏得「鐵騎軍」稱號。
2　雷黎（Herbert D. Riley），美國海軍將領，時任太平洋司令部參謀長。
3　李揚敬，字欽甫，廣東東莞人。1949 年任廣東省政府委員兼秘書長，10 月接任廣州市
　　市長，旋撤至海南島，任海南防衛總部副總司令兼參謀長。1950 年奉令撤至臺灣，調
　　任國防部參議。後至香港，擔任德明中學董事長。本年 5 月，因國大代表王寵惠（廣
　　東省東莞縣選出）稍前病逝，經遞補為國代。

六月二十七日　星期五　氣候：晴

雪恥：昨晚約鴻鈞便餐，彼提辭意，余乃允之。本日精神最覺疲乏，左目忽得閃光症，其勢如三年前右目初發閃光相同，自覺近日在外，手擬去年日記總反錄與最近修改重登記文告，用心過度、文字太細之故耳。膳後帶勇孫車遊山下一匝，晚課。

朝課後補寫妻信，林[1] 眼科醫生診斷目疾，仍以血管破裂之故，較上次右目為烈，但無大礙，約二月內可以治癒，且視力如常未減也。入府會客，召見調職人員後，財經會談。午課後記事，批閱，晡與陶亦樂談美國防部改組情形約一小時，晚膳後與武孫車遊，送其回家，途中晚課，靜默，回後注射止血針，十時寢。

六月二十八日　星期六　氣候：晴

雪恥：一、預備師官長之鋼盔、水壺、雨衣必須與正規師同樣發給。二、體育器材。三、禮節訓練檢查定為每日每周常課無間。四、中山室每連必須構設。

朝課後獨自遊覽後公園外之小隱潭，及視察新測定之公路線回，記事。入府召見調職人員後，主持軍事會談，聽取參謀本部組織改正案及正式退除役軍官之管制案，加以裁定。午課後清理積案，察閱盧武官[2] 機密報告，自感欣慰。經兒來談，晚車遊，晚課。

1　林和鳴，1952 年 4 月任國防醫學院外科學系主任教官，並主持眼科。1958 年 11 月出任榮民總醫院眼科籌備主任。
2　盧福寧，浙江杭州人。1957 年任駐美大使館武官。1962 年 3 月，任駐聯合國軍事代表團副團長。

六月二十九日　星期日　氣候：晴

雪恥：一、悔與硬即為悔悟與堅強。二、悔悟必須悔改。二[1]、憤慨與孤癖是為余失敗後之病態。三、以自己痛悔求改之心，亦望其他同志一樣痛悔改過，此其所以有今日矛盾誤會之現象。四、彌縫裂痕予以慰勉，不使之惱羞成怒為訓誡要旨。

朝課後記事，散步至後公園新憩廬朝餐回，手擬對立法委員講稿要目，到管理局禮拜。正午與武、勇[2]二孫到憩廬（即小築）聚餐，午課後帶領其上七星山至金山新修軍公路，再轉石門富貴角視察雷達地點，約二小時半回。晚車遊山下一匝，晚課。

六月三十日　星期一　氣候：晴

雪恥：一、林語堂[3]回臺。二、電視建設計畫。三、限制金馬參觀。

朝課後獨自散步，至後公園遊覽，並在陽明「小築」即新憩廬早膳後，回「後草廬」記事，審核重新登記稿第三次開始。午課後續核前稿，五時到中央常會提辭修任行政院長案通過，晡入浴後遊覽小隱潭，晚與經兒車遊山下一匝，晚課。

1　原文如此。
2　武、勇即蔣孝武、蔣孝勇。
3　林語堂，名玉堂，後改為語堂，福建龍溪人。曾任北京大學英文系教授、廈門大學文學院院長、南洋大學首任校長。本年 10 月偕妻訪問臺灣，旅行各地，發表多場演講，獲蔣中正接見。1966 年定居臺灣。

上月反省錄

一、共匪提高農業稅，比去年再提高百分之四，復提工業總路線口號：甲、蘭新鐵路從紅柳河到天山路六百九十公里，已全面開工。乙、桂黔與川黔二鐵路定提早一年完成。

二、六月份因立法院反黨分子反對出版法修正案，痛心最甚，故對整黨問題為工作的主要任務。

三、胡適荒謬言行最為害國，惟有置之不理，以此種政客不屑計校為宜。

四、出版法案爭吵二月餘，及至二十日仍得絕大多數通過，其經過情形叛黨分子之惡劣，其無理心為反動派利用之愚行，殊不忍言，但此案通過後本黨基礎似更強固矣。

五、月杪由巡視回臺北後，決心改組行政院，認為對內、對外與對匪之情勢，鴻鈞實再難負此重任，故決令辭修出任組織，並將參謀本部之組織與人事亦予調整加強，此乃今年內部之重大改革也。

六、本月因立法院之反黨糾紛，自覺心神焦灼，操慮過甚，先至角畈休養，對於反攻作戰之準備及五角師制之研究，以及內外問題之反省覺甚有益。繼至澎湖、金門各島巡視後，再經高雄至谷關，校閱山地訓練後回臺北，以月中看書與手記總反省錄（去年份）使用，目力過疲，故左目亦於月杪忽現閃光之症，不勝惶惑。三年前右目閃光雖在半年後消除，但仍怕光，故全賴左目維持，而今則左目亦病矣，奈何。

七、俄「黑」[1] 對狄托大事恫嚇責罵，而對西方突然緩和，表示其可以妥協的姿態，是其全為處置狄托之準備乎？月杪殺害匈牙利前反共總理納奇，對狄托示威。

八、監督核子武器制度，美稱有在匪區設立之可能，此與杜勒斯以前主張裁軍會議，不與共匪為會議之一造者，已大有變更矣。

1　俄黑即赫魯雪夫（Nikita Khrushchev）。

九、美、英協商與俄舉行高階會議的條件，決在聯合國範圍內舉行之政策，是抵制共匪參加之有效策略，最後並使俄共自動的無形取消其此會議之提倡矣。

十、美國對俄政策在心理上之弱點甲、乙、丙三項，記於六月第一周反省錄，應加注意。

十一、美與北大西洋公約國相約支持印尼親共政府，而遺棄其向所支援之革命軍，並希望我亦步其後塵，可痛之至，乃由經國力予拒絕。

十二、黎巴嫩受俄、埃影響的內戰，聯合國決派視察團前往監督毫無效果，又因美國猶豫不定，本擬派軍支援黎國親西方政府而復為俄、埃恫嚇而退縮，以致最後演成不可收拾之局，可歎之至。

十三、英國拒絕我參加第六屆在倫敦召開之手工藝展，其措詞對我之侮辱，殊堪痛憤，特加銘記勿忘。

蔣中正日記
Chiang Kai-shek Diaries

七月

蔣中正日記
Chiang Kai-shek Diaries

蔣中正日記
Chiang Kai-shek Diaries

民國四十七年七月

七月一日　星期二

雪恥：一、理想與實際，理論與實踐一致及知與行合一之理。二、革命就是
要實踐其理想，如其理論不能實踐，即是違反革命的精神，而乃成為反革命
之行動。三、美國亞洲協會專事接濟反政府的反動派，其名為協助反共，而
實為破壞反共，美國在亞洲反共國家之如此所謂，自必引起亞洲反共國家之
懷疑其反共之誠意，而適為共產製造其反美之資料矣，此即亞洲人對美協助
不感其德而多反美之由來也。朝課後散步，遊覽，約半小時回，續核前稿，
約一小時半完，已感目力疲乏，但晨起目疾輕減矣。

七月二日　星期三　氣候：晴

雪恥：昨十時入府，主持紀念月會後，見謝貫〔冠〕生院長畢，主持宣傳會
談。午課後記事，聽報，晡散步，晚車遊山下一匝，晚課。
本（二）日朝課後，散步回，記事。上午主持中央總動員會報二小時餘，對
經濟與社會之環境衛生，均有基本進步之報告。午課後批閱公文，五時到光
復廳召集立法委員黨員茶會，為行政院長同意案指示方針與說明政策後，反
應甚佳，到會者為甚踴躍為慰。晡獨自車遊山下一匝，晚散步，晚課。

七月三日　星期四　氣候：晴

雪恥：一、美海軍在黎巴嫩附近軍艦全部撤調至西地中海，此一行動與宣布，已使俄共與納塞恐懾發生重大效用，而使黎國反侵略政府更感阻喪，殊為可痛。

朝課後獨自散步，上午入府約見美退伍軍人協會會長[1]後，見傅秉常[2]，覺其舊習未改。召見調職者三員，車慶德[3]可用也。午課後記事，召見白鴻亮，聽取其日本報告與實踐課目意見。晡散步，晚獨自車遊市區回，晚課。

七月四日　星期五　氣候：晴

雪恥：一、共匪最近禁止外交使節在北平十二英里以外旅行，此或為其建築防空工事，以韓、琉各地中程飛彈皆可直射北平而有餘也。二、共匪強逼美國重開其大使節會議，以十五日為限，否則破裂談判責任要由美國負之。三、新城、連城機場近日匪機活動突增，應加防範。

朝課後散步，十時入府，主持情報會談後，召見調職人員三名，又見吳望級〔伋〕[4]。立法院對陳[5]行政院長同意以三百六十四對七十九票通過，可知反陳之黨員尚有八十人之多，無任憂慮。午課後記事，續修前稿，晡由陽明公園後山至竹子湖初關公路，遵道直登約一公里，尚不疲乏。晚散步至辭修寓訪病，晚課。

1　格里森（John S. Gleason Jr.），時為美國退伍軍人協會（American Legion）會長。
2　傅秉常，字褧裳，廣東南海人。1949 年 3 月任外交部部長，未到職；4 月由莫斯科返國，取道香港，定居法國。1957 年 5 月來臺，任總統府國策顧問，並當選中國國民黨中央評議委員。1958 年 6 月任司法院副院長，7 月兼任公務員懲戒委員會委員長。
3　車慶德，號積之，河北安新人。時任國防部第三廳第五組組長，後任第十九師副師長、第六十八師師長。
4　吳望伋，浙江東陽人。時任第一屆立法委員。
5　陳即陳誠。

七月五日　星期六　氣候：晴

雪恥：一、美參大特訓班三期學員提名。二、三軍中學與幼年級班之籌辦。
朝課後散步，目疾髮球與閃電已漸減輕，續修前稿。入府召見調職人員後，
主持軍事會談，聽取金、馬儲備彈藥地下庫之情形，與陸、海、空三軍存油
及地下油池數量狀況，表示慰勉，對正式退役軍官儲蓄辦法有所指示。午課
後續修前稿，晡先到竹子湖，由昨日原路下山步行至後公園，回寓，入浴，
晚車遊山下一匝。

上星期反省錄

一、美國對黎巴嫩叛亂，始則派其第六艦隊協助黎政府，以實施其所謂艾生
　　豪主義。最近曾以埃及與蘇俄聲明反對美政策，並以派志願軍助黎叛軍
　　相威脅之，第二日，美乃撤退其第六艦，而置黎亂於不顧，並主張黎總
　　統不再競選，以求黎亂平息。此一舉動，美國外交不僅失敗，而其對自
　　由反共世界，從此威信掃地矣。

二、美國政策最近二月在東亞對印尼革命軍之遺棄，而反予其親共之蘇卡洛
　　之援助，此次在中東黎巴嫩又被俄、埃威脅而退卻，在形式上是要避免
　　大戰，而在實際上乃更促成大戰也。故凡事必有害而後有利，吾不以此
　　為悲也。

七月六日　星期日　氣候：晴　溫度：八十二

雪恥：一、王雲五調行政副院長，公超使美。二、朱騮先[1]或張其昀調考院副長。

朝課後散步回，記事，武、勇[2]二孫來陪侍餐，上午林眼科來檢查目疾，據稱已減輕一半，約一月後可期復元也，禮拜如常。午課前後續修前稿，晡帶領武、勇散步，上大屯瀑觀瀑，道路布設甚佳，上下步階不下千級也。回憩廬，入浴，室外納涼後回後草廬。辭修來談行政院有關人事，乃指示其政策與人事配合之意，教育最為重要也。與經兒車遊後回，晚課。

七月七日　星期一　氣候：晴

雪恥：一、辭修政治上的缺點，就是他不察邪正，好聽小人細言，對人又不注重基本政策與品性學術，而在其行政業務上以定取舍，此其所以不大也。二、地理物理學年會在莫斯科開會，究否參加之政策應重加決定。

朝課後散步回，辭修來見，關於副院長與外交人選，以王雲五與黃少谷調任之意指示之，但由其自定。上午到研究院夏令營主持開學典禮，訓話約一小時，故喉痛加重。午課前後，在憩廬小築研閱鮑文兩年來對軍事報告，有益。膳後獨自車遊山下一匝回，晚課。

1　朱家驊，字騮先，浙江吳興人。1940 年 9 月至 1957 年 11 月，代理中央研究院院長。1948 年 6 月至 12 月，任行政院政務委員兼教育部部長，1949 年 6 月任行政院副院長。1950 年 3 月，獲聘總統府資政，7 月偕中央研究院同仁創辦《大陸雜誌》。
2　武、勇即蔣孝武、蔣孝勇。

七月八日　星期二　氣候：晴

雪恥：一、對舊日組織部與調查局黨的幹部，在重登記以前，應有一次忠告與警誡曉以利害，勿使其迷入歧途。只要其能恪守黨紀，服從命令，自反自覺，努力黨事，則不忍其離棄歷史，仍望其能團結反共完成革命。擬先令道藩[1]與健中[2]勸導，觀其態度如何再定。

朝課後散步，續審鮑文總報告，最為有益。上午入府召見鮑文，詳談一小時餘方畢，正午在小築用膳，午課後續修前稿，晡辭修來談其人事，尚未決定。晚宴鮑文餞別，左目閃光加烈，宴會與接客最費心神，十時半晚課。

七月九日　星期三　氣候：晴

雪恥：上午主持常會，午課後續修前稿，晡與經兒車遊，談曉峯事。晚課，寢後失眠。

朝課後，約曉峯來談其調職問題。余雖知其受北大派攻擊，而遭辭修之無情打擊，亦明知此為胡適等反黨分子對黨的重大勝利，孰知行政院改組未露消息以前，此事早為胡適所悉，並以此預對曉峯示威，望其早自預備下臺，此實為余所萬不料及者。可知辭修不僅不分敵我，已失黨性，而其不守機密至此，殊為浩歎。

1　張道藩，原名道隆，字衛之，貴州盤縣人。時任立法院院長、《中華日報》及中國廣播公司董事長。

2　胡健中，原名經亞，又名震歐，字絮若，筆名蘅子，原籍安徽和縣，寄籍浙江餘杭。1952 年 12 月任《中央日報》社長，1953 年 4 月接任董事長，1955 年 4 月連任。1956 年 5 月至 1961 年 6 月，再任社長。

七月十日　星期四　氣候：晴

雪恥：近日行政院改組中所發現心理上之影響：甲、辭修說話不實而取巧，令人懷疑，對其有不誠之感，此為一最大之損失，殊為辭修前途憂也，如何使之能大公無私，擔負大任。乙、黃少谷只想做官，把持政務，而不顧大體。丙、張曉峯之書生態度，恩怨得失之心太重，亦令人對學者難處之感，但此實辭修不誠，有以致之。

朝課後散步，上午入府，囑岳軍轉告辭修以曉峯之語，並速定副院長王雲五繼任之意。召見立法委員十七人，以其皆力主出版法修正案者，加以慰勉。午課後續修前稿，晚車遊，晚課。

七月十一日　星期五　氣候：晴

雪恥：一、最近甚感人心之陷溺虛偽，人才之貧乏細小，不惟為本黨革命前途悲，而且為民族命運憂也。今日只有務實袪偽、重義輕名上[1]，植才求賢以轉移風氣、作育人才，多為後一代奠立復興之基耳。

朝課後散步，入府，約見立法委員二十二人，足費二小時餘心神。午課後續修前稿三小時，第三次修完，獨自乘車上大屯山鞍部回。聞曉峯言，辭修以其調職出自我意，可笑。晚車遊淡水道上，甚歎今後政治環境其憂在內矣，晚課。

1　原文如此。

七月十二日　星期六　氣候：晴　申刻雷雨

雪恥：一、研究現地作戰方面得失的專組（發現錯誤）之設置與內容之研究。
二、共產世界革命的政治詐術，與軍事詭計互相演化和互為運用的技能（藝
術）。我們必須了解蘇俄軍事思想與政治理論（企圖與目的），應以思想對
思想、以組織對組織，即以其人之道還治其人之身，這是民主自由世界對反
共抗俄戰爭中最基本的認識與手段。
朝課後散步，記事，上午入府約見立法委員陳紫楓[1]等十名畢，批閱公文。
午課後續核前稿第四次，仍有修正。申刻雨後帶領武、勇車遊基隆，膳後散
步，武、勇宿此，晚課。

七月十三日　星期日　氣候：晴

雪恥：朝課後散步，續核前稿。十時辭修來見，談行政院新人事，彼對王雲
五任副院長事並未有所行動，反來徵求我意見，其意在黃少谷，但要我決定，
而陳雪屏[2]仍任秘書長，余方認為其對余不應如此詐偽不誠也，殊出我意
外。卅年來苦心培植，不惜他人怨恨與犧牲一切情感而扶植至今，其結果如
此，傷心極矣。此為余平生對人事幹部所最失敗痛心之一次也。正午帶領
武、勇至大溪打尖，午課後與武孫車至水流東而回大溪。晚回後草廬，膳後
散步，晚課，服安眠藥後寢。

1　陳紫楓，安徽壽縣人。1930 年擔任中國國民黨中央黨史史料編纂委員會編纂，1941 年
　　7 月任立法院立法委員。1948 年當選行憲後第一屆立法委員。1949 年後到臺灣，仍任
　　立法委員。1952 年 4 月任中國大陸災胞救濟總會理事。
2　陳雪屏，江蘇宜興人。1949 年 4 月至 1953 年 4 月，任臺灣省政府教育廳廳長。1950
　　年 8 月至 1952 年 10 月，擔任中國國民黨中央改造委員會委員兼第一組主任。1953 年
　　起，擔任臺灣大學心理學系教授。1957 年 8 月任考選部部長，1958 年 7 月調行政院秘
　　書長。

七月十四日　星期一　氣候：晴　溫度：七十八

雪恥：一、黨德與黨性最為重要。二、伊拉克國王 [1] 被其叛軍俘獲，其首都巴克達為叛軍所控制。

朝課後散步回，續核前稿。十時到警官學校主持畢業典禮後，到中央主持常會，提出新行政院各部會人事通過後，本想對前任教育與僑務各主官張、鄭 [2] 二同志慰獎幾句，因恐涉及新人不利影響，故中止不言，此又為忍耐求全之成效，可知修養有得也。中午約宴評議委員十餘人。午課後續修前稿完，晡車遊山下一匝，膳後散步，晚課。

七月十五日　星期二　氣候：大風

雪恥：一、「巴克達」完全為納塞黨徒與共產所佔領，埃及承認其叛軍所宣布之偽組織，凡反共最烈之領袖嘉馬利 [3] 與阿伯都拉 [4] 親王，皆為叛軍所害，幸約但王立即宣布其繼承伊拉克王位，統率軍民討伐叛軍，惟願其能轉移局勢，殲滅叛徒耳。

朝課後續核前稿完，入府召見美新顧問團長杜安 [5] 時，警告美大使，伊拉克叛亂實為美對黎巴嫩政策退卻之後果，應速轉變補救為要。又見菲國經濟考察團畢，會客。午課後，聽讀本黨又面臨時代考驗的小冊，批示公文。晡帶

1　費薩爾二世（Faisal II of Iraq, 1935-1958），伊拉克王國第三任（最後一任）國王，1939年4月至1958年7月在位。在本年7月14日的政變中被處決，哈希姆王朝終結，伊拉克成為共和國。
2　張、鄭即張其昀、鄭彥棻。
3　嘉馬利（Muhammad Fadhel al-Jamali），伊拉克政治家，曾任外交部長、總理，1958年7月伊拉克政變後，服刑三年獲釋。
4　阿伯都拉（Emir Abdul Ilah, 1913-1958），伊拉克前攝政王，1953年5月起擔任伊拉克王儲，1958年7月國內流血革命中，遭卡塞姆（Abdul Karim Kassem）殺害。
5　杜安（Leander L. Doan），日記中有時記為唐納，美國陸軍將領，1958年7月至1960年8月任駐華美軍顧問團團長。

武、勇到市中視察風勢,晚聽經國讀機密情報一小時,晚課。

夫人今晨由紐約到華盛頓訪問。

七月十六日　星期三　氣候:颱風已過　陰雨

雪恥:一、愛克已宣布美軍在黎巴嫩登陸,維護黎國獨立,英國亦已動員其三個旅保護其中東之權利,如約但請求其派兵協防,英即準備進駐約但,此一形勢已使中東局勢轉佳矣。俄雖承認伊拉克叛軍,並指美為侵略中東,要求其撤退入黎美軍,但余料其仍不敢正式與美衝突作戰耳。

朝課後補修前稿,「但我總是無法抹煞這樣一片婆心」句,甚覺妥當也。十時到研究院主持中央評議委員會第一次會議,宣讀本黨又面臨時代一次考驗講詞。午課後續主持會議,宣讀革命民主政黨的性質與黨員重新登記的意義講詞。晚聚餐後續主持會議,並致閉幕詞回,晚課。

夫人昨應白宮之宴。

七月十七日　星期四　氣候:陰

雪恥:一、英傘兵一旅已在約但着落,則約但形勢穩定,對伊拉克叛軍有討滅可能。二、伊拉克叛軍宣布承認共匪,我駐該國大使應即下旗撤退至約但,與其叛軍斷絕關係。

朝課後散步,修正前稿。上午入府,先召外交部長公超,令擬致愛克電稿,務期先恢復伊拉克原有形勢,維持巴克達公約組織之建議,再令王[1]總長下令

1　王即王叔銘。

三軍進入戰爭狀態，並告陶亦樂我政府與美一致行動，再召辭修等指示其應
準備事項，正午約宴芳澤[1]。

七月十八日　星期五　氣候：晴

雪恥：昨午課後記事，修稿。晡帶武孫散步，車遊淡水，膳後散步，晚課。
朝課後散步，聽報，入府召見克蘭恩與李懋寅[2]、殷延珊等，此為中美情報中
心之核心人物也，又召見石覺[3]、胡健中等，批閱公文。午課後記事，審閱顧
問報告有益。晡見鴻鈞，談臺灣銀行等業務後，帶武孫散步，車遊山下，膳
後散步，車遊，晚課。自昨日起精神寬鬆，半月來緊張情緒漸消，故昨夜安
眠七小時餘，目疾亦減輕矣。

七月十九日　星期六　氣候：晴

雪恥：一、納塞飛往莫斯科，與赫魔[4]密商後回。至「大馬斯[5]」的態度，只
表示其對伊拉克偽政權如美、英武力干涉，必將以阿拉伯民族軍全力對抗之
意。二、英外相勞合德[6]飛至華府與美當局密商後，杜勒斯稱美、英對伊拉
克暫取靜觀態度，如此則中東局勢一時不致引起大戰，但其最後之大戰必從

1　芳澤謙吉，日本政治家、外交官。1952 年 8 月至 1955 年 11 月，任日本駐華大使。
2　李懋寅，號曉光，山東臨沂人。時任空軍總司令部情報署副署長。
3　石覺，字為開，廣西桂林人。1957 年 7 月，升任參謀總部副參謀總長兼聯合作戰計畫
　　委員會主任委員。1959 年 7 月，調任聯勤總司令部總司令。
4　赫魔即赫魯雪夫（Nikita Khrushchev）。
5　大馬斯，中文和合本聖經譯為大馬色，即今敘利亞首都大馬士革。1958 年 2 月，敘國
　　與埃及組成阿拉伯聯合共和國，標舉泛阿拉伯主義的理念，反對西方勢力對阿拉伯世
　　界的政治介入。
6　勞埃（Selwyn Lloyd），又譯勞合德，英國保守黨人，時任外交部部長。

此引起而無疑也。

朝課後散步，記事，入府指示電慰伊朗王與土耳其總理之要旨後，會客，主持軍事會談，核定陸戰隊性質與地位不能如美成為軍種也。午課後聽讀夫人對美全國記者公會演詞全文後，帶武孫車遊山下一匝。晚觀河南劇二度梅，頗佳，晚課。

上星期反省錄

一、本周又得一次之大忍耐而鎮定內部，但辭修之不識大體、不知重輕，而自以為智的病根，實已為一般政客捧場與抬轎而演成，可憐極矣。

二、伊拉克外長竇馬利尚被叛軍所拘而未受害，略足慰懷，以其為我國在伊惟一之反共知友也。

三、夫人到華盛頓受美政府與社會熱烈招待，內心頗為不安。

四、發表革命民主政黨性質與黨員重新登記意義文告，此乃在革命中重要文件也。

五、致愛克與伊朗、土耳其各電，已盡我道義矣。

六、十四日巴克達公約國預定在土耳其伊斯坦堡開最高會議，其核心國家伊拉克首都「巴克達」竟遭其叛軍顛覆，該國王與總理[1]皆被害，此實為世界局勢突變之機紐，實為俄共陰謀之總暴露也。

七、美、英出兵黎巴嫩與約但以維護其獨立。

八、埃及納塞正在南斯拉夫訪問中，等待伊拉克之政變似其成竹在胸，不料美、英竟出兵黎、約干涉，實為其意料之所不及也。

九、在世界大勢言，本周又是人類禍福之重要關鍵也。

1　即伊拉克國王費薩爾二世（1935-1958），及總理嘉馬利。

七月二十日　星期日　氣候：晴

雪恥：一、赫魔[1]要求開最高會議，並提印度參加此會議，可說其政治戰略的藝術已達最高點了。二、伊拉克與埃及聯防之聲明。三、印度要求美、英退軍。

朝課後散步，上午記事，記上周反省錄，禮拜如常。正午在陽明小築帶武、勇休憩，午課後批閱公文，五時帶武、勇車遊烏來道上，至下龜山橋兩岸遊覽並步行至北岸山腳（水壩下遊〔游〕）突出部，視察地形，擬築小別墅以資遊憩，登降山陂甚久。晚與經兒車遊山下一匝回，晚課。

七月二十一日　星期一　氣候：晴

雪恥：一、戰爭無情與人事無情，此為美員所提的意見。二、施政計畫：甲、管理 — 人的資源 — 晉升調職與專長分類。乙、命令與負責不應顧慮部下能否執行，凡受命者必須負責執行達成任務。丙、財務管理。三、遠程施政。四、聯參作業組織、參謀協調 — 國防部計畫太細之弊。五、士兵、士官的期限與兵役法的改正。

朝課後散步，上午在寓批示計畫作為的步驟等要公。午課後，審核尼米茲〔約米尼〕[2]戰爭藝術之第三章第五節，晡召見高級將領羅列等十一人，足有二小時。晚與帶[3]武孫車遊山下一匝，晚課。

1　赫魔即赫魯雪夫（Nikita Khrushchev）。
2　約米尼（Antoine H. Jomini, 1779-1869），瑞士軍事家，著有《戰爭藝術》（ *The Art of War* ）等書。
3　原文如此。

七月二十二日　星期二　氣候：晴

雪恥：一、宴會外賓與酒會應減少與共同計畫。二、軍友或袍澤銀行之核定。三、孝章[1]保送留學。四、電謝愛克等。

朝課後散步，記事。上午入府會客，主持宣傳會談，對時局指示要旨與對外宣傳方法。午課後，批示戰爭十大原則解釋之拙劣，徐培根思想太不行矣。召見胡炘等高級將領十名，談一小時半，晚獨自車遊山下一匝回，晚課。

七月二十三日　星期三　氣候：晴

雪恥：一、飛彈假地點之反情報。二、候補軍官與優秀士官學校在各軍設立，以一年為標準予以正規訓練。三、老戰士對新兵不平感想應改正。四、軍隊內務規則與衛兵勤務守則及值星日官規則應速定。五、軍官團剿匪戰法課程之特重。六、預訓師官長應在配屬師中多任教職。七、教官宿舍之特重與優先。

朝課後散步，記事。入府會客。主持中央常會，討論對高棉政府承認偽組織共匪之對策，余主張金邊領館暫時不撤並靜觀其發展。午課後，批閱要定〔公〕，審核同袍銀行辦法，限期成立。召見將領十人後，帶武、勇車遊玩耍，晚仍車遊回，晚課。

1　蔣孝章，為蔣經國和蔣方良長女，1949 年隨家庭來臺。1957 年赴美留學，1960 年 8 月與俞揚和在美國舊金山完婚。

七月二十四日　星期四

雪恥：一、決心。二、負責。三、（血心）（急躁）（積極）。四、達成任務。此為軍人克敵致勝之基點。

朝課後散步，記事，入府召見陶亦樂，聽取其對我國軍評論，以空軍對海、陸軍協助與掩護作戰之訓練與習性未曾養成，為惟一缺點最為適當之評論，並見梅貽琦部長，加以慰勉。午課後批閱要公，召見海軍將領十四員。晡帶武、勇車遊，膳後與經兒車遊臺北以避免看書也，晚課。

七月二十五日　星期五　氣候：晴　下午雷雨

雪恥：一、戰爭的目標約分五類：甲、地點（交通）（空間）。乙、兵力（部隊）（人）。丙、政治（事）。丁、物力（資源、後勤、輜重、經濟）。戊、時間（限期）（時）。

朝課後散步，記事，入府會客，主持情報會談。午課後，研閱尼米茲[1]戰略（第三章結論）六大要則與李德哈達的八大要則，此二者實集戰爭、略、術之菁華與要訣也，讀者應特注重熟練。召見空軍人員十四人，可愛。晚膳前後帶領孫兒車遊如昨，對於修養日病，甚有益也。

七月二十六日　星期六　氣候：晴　下午雷雨

雪恥：一、電夫人對聯合國高層會議出席問題不作表示。

朝課後散步，記事，手令稿十二條。上午入府會客，見政治大學校長陳大

1　應指約米尼（Antoine H. Jomini）。

齊[1]，慰留其辭意。主持軍事會談，聽取美國作戰計畫體系及綱要，不外乎（建立）準備兵力與作戰通動（用兵）也。午課後入浴，剪甲，停止辦公。晚膳前後帶領武、勇車遊，避免看書，休養目力，晚課。

上星期反省錄

一、高棉廿三日承認共匪，而與越南為敵，此乃俄共集團在東方又產生一個中東伊拉克之顛覆陰謀，從此東南亞共匪之擴張又獲得一重大之收獲也。

二、俄、美對安理會召集高階會議之爭，為出席與席次問題最令人難堪，務望能有一日洶雪此種不應有之恥辱耳。

本星期預定工作課目

1. 下級官長幹部超級教育之統籌。

2. 各軍官學校附設子弟中學（各專校亦然）。

3. 橡皮舟五百艘之構辦。

4. 外交使節與記者疏散處所之籌備與招待組織。

5. 備戰經費。

6. 陽明山、北投、烏來、中壢附近電局之新設。

7. 各軍政黨務機構限期疏散與絡續遷移之計畫。

8. 九月十六日以後陽明山旅店之包租。

1　陳大齊，字百年，浙江海鹽人。1948 年 6 月任總統府國策顧問。1949 年，專任臺灣大學教授，並兼臺灣省立師範學院教授。1954 年 11 月，政治大學在臺復校，出任首任校長。

七月二十七日　星期日　氣候：晴　下午雷雨

雪恥：一、召叔銘與伯泉談計畫廳與裝甲部隊人事。二、海軍人員次長的人事問題。三、第二局長人選（曹永湘[1]、王寓農[2]、黃珍吾[3]）。

朝課後散步，記事，緯兒來談計畫作為，與美、日的方式思維，與科學的程序大略皆同，及計畫廳人事。林醫生來診目疾，稱上月出血痕跡幾乎消退已完為慰，禮拜。午課前後手記「約米尼」戰略六原則，強記不懈。晡與經兒帶武、勇視察洞口屋基，回時已八時半矣，晚課。

七月二十八日　星期一　氣候：上晴　下雷雨

雪恥：一、聯勤福利事業之檢討。二、營房水的問題。三、計畫作業與思維程序必須具體規律與科學化。四、營區建立經費准撥專款。五、情報與研判之作業中心。六、三年內連、排長所須補充人數之統計與教育計畫。七、老兵津貼補助費，每年總數之統計，最低為八十與一百元之計算。

朝課後散步，記事，入府指示參謀部新人事與緯兒職務，與岳軍談外交形勢。午課後手錄李德哈達之戰略戰術要領八項，未完。晚膳前後，帶武、勇冒雨車遊，以養目疾，晚課。

1　曹永湘，號文翰，湖南黔陽人。原任第十軍軍長，1957 年 4 月調任國防部參謀次長。1958 年 8 月調任總統府第二局局長。

2　王寓農，號士昌，浙江杭縣人。1954 年 9 月調任陸軍軍官學校副校長，1956 年 2 月調任國防部總務局局長。1961 年 3 月調任國防部總長辦公室行政特別助理。

3　黃珍吾，字靜山，廣東文昌人。1949 年到臺灣，任憲兵司令部東南指揮所主任。1950 年 2 月，出任憲兵司令部司令。1954 年 9 月調任臺北衛戍司令部司令，1957 年「五二四事件」後免職。1959 年任總統府參軍。

七月二十九日　星期二　氣候：上晴　哺大雷雨

雪恥：一、克制忿怒，難得糊塗，實為今日救亡圖強之道。只要能熬得此關，則一切奸詐陰險都不能為患矣，忍之慎之。

朝課後散步，記事，入府，見美協防新司令司馬德[1]與莊大使[2]，面告其美不應承認伊拉克偽政權，如果承認則美在伊之油礦權利喪失更快，不僅對自由世界喪失道義與威望而已。主持一般會談。午課後手擬李氏戰爭要領未完。晚膳前後仍冒雨車遊，避免看書以養目疾，晚課。

七月三十日　星期三　氣候：晴

雪恥：一、沉潛、從容、寬緩、溫柔實為今日治心之藥石。二、難得糊塗，學到渾厚，最為今日修養之要領。

昨日空軍被匪機襲擊，損失二架一員[3]，甚恐降低士氣，應特注意。

朝課後散步，記事與手錄李氏要領完，其最後甲、乙、丙之丙項說「逼使敵人錯誤」一項，是為余闡述其意而特增也。主持中央常會。午課後審核實踐院之國防研究系計畫，頗重要，交曉峯執行。晚膳前後仍帶武、勇車遊養目，晚課。

1　史慕德（Roland N. Smoot），又譯司馬德、史馬德，美國海軍將領，1958 年 7 月至 1962 年 5 月任美軍協防臺灣司令部司令。

2　莊大使即莊萊德（Everett Drumright）。

3　任祖謀，空軍第一大隊第三中隊飛行員，在南澳上空被擊落，殉職。

七月三十一日　星期四　氣候：晴

雪恥：告誡緯兒切避誇張，嚴戒酗酒，篤實服務，公正率下為其要務。

朝課後散步，記事，上午入府召見空軍與技術室優秀有功人員，加以獎勉，與陳嘉尚檢討前天空軍被襲損害之戰術問題。批閱公文。正午餞別陶亦樂夫婦及其子女。午課後記錄候補師長人選，召見各軍事學校校長與政治部主任十六人，晡車遊，晚散步，晚課。

上月反省錄

一、共匪六月卅日要求美國，限十五日為期，恢復其日內瓦匪美大使級會談，
　　（無異）形同哀的美敦書，美屆時置之不理，本為一次重大勝利，不意
　　到了七月下旬「中東」、「伊拉克」叛亂以後，而美又通知共匪駐波蘭
　　大使[1]願恢復會談。此一行動不僅轉勝為敗，而今後匪毛一切惡毒後果，
　　皆將由此產生矣，愚極險極。

二、本月廿六日，共匪發表其召開將領會議（千餘人），自五月廿七日－七
　　月廿二日止，約計兩月之久，而其七月廿四日宣布三軍將士保證隨時解
　　放臺灣之消息，余獲此報，乃認為共匪乘中東擾亂之秋而其為俄共在東
　　方牽制美軍，並藉此良機脅制美軍退出臺海，以奪取我臺、澎之期迫在
　　眉睫矣。

三、關於共匪各項問題：甲、高棉承認共匪以抵制越南。乙、美國會在七月
　　一日重申其反對共匪進入聯合國之決議。丙、共匪禁止北平近郊十二英
　　里以外，駐偽使節旅行。丁、新城與連城各機場之匪機活動突增。

四、七月十五日伊拉克叛軍佔領其巴克達首都，使原定在土耳其集會之巴克
　　達會議無形流產，伊國王室與要員一網打盡，於是黎巴嫩亂事益急，以
　　致美、英分別派軍在黎巴嫩與約但鎮攝，勿使俄共顛覆陰謀擴張而已，
　　而納塞之野心亦稍為抑制矣。

五、愛克與杜勒斯訪加拿大，其對共匪放寬禁運政策有重大影響也。

六、日內瓦核子科學會議之偵察制度，十一日因俄讓步而獲得協議，但俄
　　「黑」又於十二日正式拒絕西方美、英的裁軍管制之建議。

七、上月美、俄所協議的聯合國召集大國高級會議之出席問題，對我各種之

1　王炳南，陝西乾縣人。1954 年任中華人民共和國日內瓦會議代表團秘書長，1955 年 3
　月出任駐波蘭大使。任駐波蘭大使期間，受命秘密與美國展開接觸，擔任中美大使級
　會談中方首席代表。九年中共計接觸一百二十次。

揣測與疑忌，實使我又遭一次之無端侮辱，因之我用非正式談話宣布我對國際任何會議，如於我反攻復國無關者，則我仍堅守我往日非復國成功，不願離開國土之決心也。

八、辭修改組行政院之經過，對人事不誠。

九、本（七）月重要工作：甲、召開評議委員會議。乙、發表革命民主政黨性質與黨員重新登記意義告黨員書。丙、夫人十日在美密歇根大學接受學位。丁、夫人在華府接受重大歡迎，甚不自安。

總之本（七）月份在國內改組行政院乃為反攻之準備，對黨內發表告黨員書，皆為抵抗共匪侵犯外島與光復大陸的根本之圖。而國際上伊拉克反共政府之被顛覆，美國出兵黎巴嫩，以及共匪將領兩月之集會及其會後解放臺灣之聲明，皆為國際禍亂之預兆，不能不作積極準備也。

八月

蔣中正日記
Chiang Kai-shek Diaries

民國四十七年八月

八月一日　星期五　氣候：晴

雪恥：一、大學教授加薪的計畫之統計。二、匪米克十七飛機一中隊卅五架，今已進駐澄海機場，今後臺灣海峽之制空權已難完全掌握，而且共匪向我挑戰，此乃嚴重形勢，亦為我光復大陸開始之時機已經接近不遠矣。

朝課後散步，記事，入府主持國府月會及行政院部會長新任就職典禮，致簡單訓詞，此又是我忍耐修養之一大關也。會客，批閱。午課後審閱王總長[1]一年來總報告，召見各軍事校長等十六人，甚有益。晡車遊，晚與武、勇[2]散步觀月回，晚課。

八月二日　星期六　氣候：晴

雪恥：一、派于豪章[3]赴美受訓。

朝課後散步回，手抄令稿二十二通。上午入府舉行黎巴嫩公使[4]呈遞國書典

1　王總長即參謀總長王叔銘。
2　武、勇即蔣孝武、蔣孝勇。
3　于豪章，號文博，安徽鳳陽人。1957 年 4 月調任第五十一師師長，9 月調任第四十九師師長。1961 年 5 月調任參謀本部作戰參謀次長室助理次長。
4　班納（Mahmoud Banna），黎巴嫩駐華公使，1958 年 7 月 30 日到任，8 月 2 日呈遞到任國書。

禮，召見饒大衛[1]與合眾社記者[2]，發表對俄共在中東顛覆伊拉克成功後均勢全破，自由世界必須以間接報復與主動滲透方策，阻止其間接侵略為惟一政策的意見後，主持軍事會談。午課後重習戰爭藝術與閱報，召見關頌聲[3]商建築餐廳工程，晚膳前後車遊如昨，晚課。

上星期反省錄

一、黎巴嫩新總統謝哈布[4]自星期四選出後，黎國以中立態勢倒向俄、埃之形勢已定，自美、英承認（最近）伊拉克偽政權後，約但之命運亦將由美、英手中奉送於俄、埃，如此中東阿拉伯民族問題將由納塞統一之迷夢，似乎可告解決。但此一形勢就是以色列族與納塞戰爭之最後關鍵，是亦美、英與俄、埃大戰之最後導線乎。此乃禍福成敗所關，非由人可決定也。

八月三日　星期日　氣候：晴　午後雨

雪恥：一、俄共赫酋[5]帶領馬林諾夫斯基自上月杪到北平與毛匪會議三日後，今夕六時發表其公報。此一行動，乃為九年來俄共與毛匪雙方勾結之最

1　饒大衛（David N. Rowe），美國耶魯大學政治系教授。
2　柯夫（Albert E. Kaff），合眾社臺北分社主任。
3　關頌聲，字校聲，號柴聲，廣東番禺人。1920 年在天津創辦基泰工程司（Kwan, Chu and Yang Architects），是近代華北地區規模最大的私人建築師事務所。1949 年來臺後，事務所恢復經營，曾任臺灣省建築技師公會理事長、中華民國建築學會理事長。1950 年代致力推展田徑運動，協助培育楊傳廣、紀政等運動員，被譽為「臺灣田徑之父」。
4　謝哈布（Fouad Chehab），黎巴嫩政治家、軍人。原擔任黎巴嫩陸軍總司令，本年黎巴嫩危機中，經美國介入，於 9 月取代夏蒙而接任總統，任職至 1964 年 9 月。
5　赫酋即赫魯雪夫（Nikita Khrushchev）。

重要亦為最後決定毛匪（一切）命運的會議，故應特別重視。經兒接此消息
前來面告時，乃告其毛匪進犯臺灣之期在即，如能有效立策，則為我反攻復
國惟一之良機亦即來臨矣。

朝課後散步回，記事。上午指示餐室工程後，乃與經兒帶武、勇往宜蘭公路
上之坪林倒吊子橋下釣魚娛樂，惜正午雷雨，野餐後冒雨回來。午課後重習
戰爭藝術第三章，目疾又加為苦。晚九時自公園回，禱告時，即得經兒對北
平廣播報告，晚課。

八月四日　星期一　氣候：晴

雪恥：今晨四時醒後，感悟赫毛北平會議，其對高階層會議為排除我政府地
位而以毛匪代之的謀略為其重點之一，並由俄要求美、英必須以共匪加入聯
合國，為其和緩緊張局勢為其條件之一，故以大國會議為名而代替美、英所
主張聯合國各理事國為高階層會議之張本。但其最大問題，乃是其同意毛匪
解放之主張，為其此次會議之主題乎。

朝課後散步回，經兒將赫毛會議公報全文唸給我聽後，其表面為抬高毛匪地
位，除對美、英普遍攻擊以外，貌裝和平，而實為挑戰也。上午主持臺省議
員訓練班第三期開學典禮後，召集一般會談，討論赫毛公報約二小時之久，
結論認其為進犯臺灣為其會議之核心問題也。

八月五日　星期二　氣候：晴

雪恥：昨午課後特約美大使莊乃德與司馬德來談，說明此次赫毛會議乃為九
年來對我國政治最嚴重之舉動，美國應特加注意之意。先分析其會議性質與
其結果，判定其為以軍事進攻臺灣，特別使用飛彈，以使臺灣一日之內癱瘓，

而美第七艦隊尚不及加入作戰,乃已解決戰事,又如伊拉克顛覆,以一夜之間成為既成事實,而美國亦將不得不予以承認之往例,所以毛赫乃敢下此決心也,約談二小時方完。晡帶武、勇飛高雄,晚散步後晚課。

本(五)日朝課後閱報。上午到岡山空軍官校,主持四十期畢業生典禮,召見顧問與校長聚餐畢,回澄清樓(西子灣)。午課後記事,晡帶武、勇遊覽大埤湖,視察新建招待所屋樣,予以修正,晚車遊左營回,晚課。

八月六日　星期三　氣候:晴

雪恥:一、共匪今日又宣傳其要求召開大國會議而超越聯合國範圍之外,此其與赫魔昨日所宣布要求召開聯合國大會意義又不相同,當另有用意所在,其或將在聯合國大會期間共匪軍事進犯臺、澎,引起世界大國恐慌時,乃其乘機要脅召開大國會議,以解決臺、澎問題之伏筆乎。又鑒於北平所謂「臺灣委員會」發表之文字,更可知其最近必有一次軍事攻勢無疑,但其性質仍未敢抱有以武力澈底解決臺、澎之決心,其意或只在金、馬乎。

朝課後修正大埤湖屋樣。上午由岡山飛臺北,召開軍事會談,指示作戰計畫方略。午課後記事,整書,晡車遊,晚散步,晚課如常。

八月七日　星期四　氣候：晴　溫度：八十六

雪恥：一、每思朱子[1]以急迫浮露四字自反，而余更覺此四字實為一生最大之病根，昨日在軍事會談中暴露無餘，其將何以立業率人乎。今後必須以寬厚深沉自矢，以期挽救於萬一也。二、目前急務：甲、機構疏失與聯絡的工具，通信與交通。乙、通信（國防、交通、情報）各機構配合與統一。丙、郊外四區交通（水陸）設備複線準備，限期（一月）完成。丁、交通部機器移置郊外。戊、廣播臺設置預備臺。己、軍事機構辦公，限期移置郊外。庚、圓山隧道開工。

朝課，散步，上午入府會客，主持軍事會議，檢討中美協防的「樂成計畫」，指示作戰方針，方時不覺已過十三時半矣。午課後記事，審閱情報有益，晡車遊，晚帶武、勇與「白郎」狗名散步，晚課。

八月八日　星期五　氣候：晴

雪恥：一、第卅四師移駐馬公。二、金馬防務，指示應準備匪以原子武器力量轟炸金門，其司令部與預備隊應全部進入地下。二[2]、警察與稅務、司法等人員工作必須速理速結，不得延誤舞弊。三、戰時提出授權與憲法問題應早日準備方案。四、廣播預備臺之準備。五、臨時預備金一億圓。

朝課後手擬備戰令稿十餘通，十時入府會客，主持情報會談。午課後記事，批閱公文，晡到蔣林視察餐廳基址，晚散步回，晚課。

本日對於寬厚深沉箴語猶未能實踐。

1　朱熹（1130-1200），字元晦，一字仲晦，齋號晦庵，晚稱晦翁，又稱紫陽先生。南宋理學家，程朱理學集大成者，學者尊稱朱子。輯定《大學》、《中庸》、《論語》、《孟子》為四書作為教本，成為後代科舉應試的科目。
2　原文如此。

八月九日　星期六　氣候：晴

雪恥：一、臺灣警備司令黃振〔鎮〕球與黃杰[1]對調為宜。

朝課後手致胡璉函，指示金門防務要領八項，派經兒面交。十時入府召見羅友倫[2]，指示其陸戰隊任務與要領，主持軍事會談二小時。午課後記事，批閱公文，晡帶武、勇車遊山下一匝。晚與經兒乘車談金門軍事要點回，晚課。經兒夜飛金門。

上星期反省錄

一、黑、毛[3]二酋在北平會議之性質，乃在為毛酋解決臺灣統一全國，製造其成為五大國之一地位，要求加入聯合國以替代中華民國之地位，為其此次主要議題，而且必有決定。

二、上周初當黑、毛會議消息發表時，並不敢同時發動對臺灣之空軍奇襲，則其對侵犯臺灣之軍事行動仍照常規進行，可知其目的仍在軍事勒索，要求美國自動撤退其臺灣海峽之軍備，否則彼再使用武力，認為美必屆時退縮，不敢予以戰爭，以美國在中東問題與伊拉克政變之表示，皆承認其既成事實，不敢以武力報復，故其以為在臺灣海峽亦必將如此也。

三、聯合國大會九月十五日召開常會時期，正為俄共要求解決中國席位問題，此將為共匪對我軍事行動之發動最後時期乎。

四、本周對外交與軍事，特別對臺北防空與交通、通信之設備，已大體就緒，對戰略方針之指導不厭其詳，但自覺終有急迫浮露之病，而不能寬厚深

1　黃杰，字達雲，湖南長沙人。1957 年 7 月，調任總統府參軍長。1958 年 8 月，調任臺灣警備總司令。1962 年 12 月，調任臺灣省政府主席，至 1969 年 7 月離職。

2　羅友倫，原名又倫，號思揚，廣東梅縣人。1954 年 9 月，接任憲兵司令部司令。1955 年 9 月，調任國防部計劃參謀次長。1957 年 4 月，調任海軍陸戰隊司令。

3　黑、毛即赫魯雪夫（Nikita Khrushchev）、毛澤東。

沉自箴以治之，甚為慚惶，此乃修養不力之過也。

這一周將為我們反攻復國之契機。

八月十日　星期日　氣候：晴

雪恥：一、國際電信機構增設預備局所 — 頂北投、三峽附近及坪林、三民、中壢、龜山。二、頂北投招待所之修理與陽明山北投各旅館之控制。三、使節與外記者招待所。

朝課後記事，上午記反省錄，召見黃達雲後禮拜回，研究臺北附近四郊交通道路與地形圖。午課後審核荒漠甘泉新編本，再加訂正。晡帶武、勇視察大埔疏散區後，由大溪轉回山上。晚課後散步，十時後經兒由金門傳旨後飛回來報。

八月十一日　星期一　氣候：晴

雪恥：一、監犯疏散。二、商民疏散的組織與督導。三、配給制度擴大計畫。四、物價統制計畫。五、市中飲水與消防實施計畫。六、臺北水泥防空洞型應發交前線倣效。七、防空之實施賞罰令。八、民防計畫之實踐與賞罰。九、禁止消夜。十、市中民間廠庫物資疏散計畫。

朝課後手著荒漠甘泉卷頭語。十時研究院紀念周讀訓，召見叔銘等，指示白犬島防務等，與辭修談大局與軍費問題。午課前後記事，批閱，晡車遊，晚散步回，晚課如常。

八月十二日　星期二　氣候：晴

雪恥：一、宣傳指導委會對戰時機構遷移與補充計畫。二、勞倫斯[1]、阿索浦[2]之聘用。三、黑毛會議之結果：甲、澈底清算中華民國。乙、毛匪加入聯合國成為五大國之一，參加將來大國高峰會議等之要求條件。丙、否則不恤引起第三次大戰之決心。

朝課後寫緯兒諭示。入府會客，主持宣傳會談二小時之久。午課後編修荒漠甘泉至一月十八日課止。晡到蔣林監工，晚車遊回，晚課。

八月十三日　星期三　氣候：晴

雪恥：一、美國昨日對共匪不承認政策，發表其八頁長之白皮書，此對其艾其遜卅八年對華白皮書之大誤，自可抵消其一部分之愚昧恥辱，而其對我國在國際上之榮譽其影響頗大也，杜勒斯之政治智能亦由此更為顯著，未知艾其遜將作如何感想矣。

朝課後手擬對總動員會報備戰事項之指示要目，主持總動員會報。午課後記事，批閱大法官人選提案。晡帶武、勇乘車，上大屯山口到淡水，回後草廬約一小時半，已可通車。晚經兒由馬祖回報，乘車坐談一匝回，晚課。本日最熱，臺北九十八度。

1　勞倫斯（Jorge Prieto Laurens），墨西哥政治人物，時任拉丁美洲反共聯盟秘書長，後任副主席。

2　阿索伯（Joseph W. Alsop V），又譯阿索浦，1930 年代至 1970 年代美國記者和專欄作家。

八月十四日　星期四　氣候：晴

雪恥：一、如匪攻金、馬，其主戰場與主力究在何處之研判。二、我空軍應集中全力於一個戰場不能分散。三、匪用多數小艇與機帆船來侵犯金、馬，先使我砲彈與槍彈消耗後，再用海軍艦艇正式進攻之螞蟻戰術，應作積極準備，並策定殲滅計畫，而以轟炸其各港口，使之不得退回逃避。四、外島地下工事與沿海機槍陣地之重要與限制砲擊。

朝課後手擬外島戰法與準備要領，上午專心討論外島「計畫作為」三小時。午課後記事，批閱，晡車遊山下一匝，回陽明小築。晚餐後散步回廬，晚課。簽送羅鵬瀛[1]與何俊戰爭論各一份。

八月十五日　星期五　氣候：晴

雪恥：昨十時在馬祖東南方空戰，我 F-86 型機擊落匪米格十七型性能優越之飛機二架，另有一架亦可能擊落，此實開空軍技能特優之成績，堅定我三軍必勝之信念，不僅挽轉我上月杪在澄海上空被其擊落 F-84 二架後之士氣而已，我海軍同時亦擊沉匪破艇三艘，殊足懾匪膽而揚我威矣。

本（十五）日朝課後會客，入府主持財經會談，指示戰時財經方針與政策，以力避通貨澎漲〔膨脹〕與先動用外匯資金為應急之方。辭修前日在監察院擅自宣布，自本月起增發官兵副食費十圓而未依照正當程序，以其好勝心切，故聽之不問。午課後記事，審核要公，約英議員[2]茶會。晡帶孫車遊，晚散步，晚課。

1　羅鵬瀛，字萬里，湖南邵陽人。1957 年 7 月任預備第九師師長，時任陸軍反共救國軍第二總隊總隊長兼東引守備區指揮官。1962 年 10 月調任第三軍副軍長。

2　寇貝（Henry B. Kerby），英國保守黨國會議員（任期 1954 年至 1971 年）。

八月十六日　星期六　氣候：晴

雪恥：一、福利事業處：甲、經費收支審核與考察。乙、性質與組織之檢討。丙、業務方針與重點。丁、經費應由國防部負責與所屬各機構同樣職權負責審核。二、軍友銀行。三、乾糧加製。

昨、今二晨醒後，考慮共匪此次軍事計畫及其目標之所在頗詳。朝課後審修荒漠甘泉。上午入府會客，主持軍事會談，聽取福利事業與糧秣工作報告及軍官退除役案之解決辦法。午課後研究反斜面陣地與馬蹄形陣地之性質與戰術後，由小築回後草廬，入浴。晚接妻信，車遊，晚課。

上星期反省錄

一、我海、空軍皆於十四日在馬祖附近擊落匪機與擊沉匪艇，實為今後戰局勝負之重要關鍵，民心士氣大振。

二、本周每日皆有會議與會談，主持指導戰備最為積極。

三、對匪在臺灣海峽將來所採取戰略、戰術可能之行動，考慮甚切。甲、其主目標在金門。乙、其主力與緒戰先取馬祖。丙、共匪總戰力乃將由北（上海）來犯，無論其對金、馬或臺灣，故我在臺北部應集結兵力。丁、以螞蟻小艇戰術眩惑我守軍，消耗我彈藥。戊、我軍弱點在馬祖的白犬島。

四、判斷俄共此次對我軍事行動，其目的仍以戰爭脅制美國退出臺灣海峽，清算中華民國，使其不僅進入聯合國，而且成為五大國之一的春夢，故其計畫仍以局部戰爭掠取金門、馬祖為主旨，但亦不恤引起大戰、冒犯臺灣之準備，而其關鍵全在我金、馬戰鬥之勝負為惟一樞機耳。

五、決派一師進駐澎湖，為戰略基點之一。

六、美發表其不承認共匪之堅強聲明，與在聯合國臨時大會中宣布中東政策。美潛艇北極冰下航行，與飛艇一架深入北極圈內試航成功。

七、聯合國臨時全會上周末召集，本周三正式開始辯論。

八月十七日　星期日　氣候：晴

雪恥：一、國防會議定期開會指導戰爭。二、北部防務之加強。三、福利事業處之整頓與方針。

朝課後散步，視察後公園前築路工程。上午記事，召見孟緝，聽取馬祖與東引、白犬各島防務報告，禮拜如常。正午帶武、勇在大屯瀑前野餐，甚樂。午課後審閱共匪一點兩面戰術的解說，與我以三角全面戰術對之的研究，但尚未成熟。晡帶二孫經七星山至金山，轉基隆回，視察道路尚可。晚發妻電，散步，晚課。

八月十八日　星期一　氣候：晴

雪恥：一、東引運沙與逃犯監護及激獎。二、白犬預備隊速調派又高登。

朝課後散步，記事，十時到研究院主持紀念周後，召見海、空軍十四日立功將士李忠立[1]與鄭傑[2]等十一員畢，對議員訓練班點名。午課後批閱公文，見張柏亭[3]指示其三角形攻擊戰鬥群，就是對匪一點二面戰術之戰法的理論，令其擬草呈核。晚十時在基隆登艦，晚課。

1　李忠立，籍貫上海。時任空軍第五聯隊第五大隊副中隊長。本年 8 月 14 日率隊於馬祖附近擊落中共米格十七型噴射機三架，史稱「平潭空戰大捷」。
2　鄭傑，浙江人。時為灃江艦艦長，8 月 14 日率隊於馬祖附近擊沉中共砲艇三艘。
3　張柏亭，字相豪，上海市人。原任第三十二師師長（該師係由白團督訓之實驗師，即「實踐部隊」）。1953 年 4 月起任實踐學社專員、副主任，研究各種戰略、戰史，編著《克勞塞維茨戰爭論之研究》、《福煦元帥及其戰法》，編譯《戰爭論》（未完）、《俄共政治局的作戰典範》、《戰爭藝術》、《毛奇評傳》等書。

八月十九日　星期二　氣候：晴

雪恥：昨晚十時由基隆出發（艦上悶熱不能安睡）。本晨六時到北桿塘停泊後，即轉搭汽艇至高登島，視察碼頭與吊車工事，皆新建完成，可謂艱鉅難得，但碼頭與登山道路兩側皆無直接側防工事。登山先至指揮部即營部所在地，即轉北沃突出部排哨據點視察，回營部訓話、照相後約十時，乃循原路至大維港登艇。至馬祖（北桿塘）本島，即登圓臺山觀察所瞭望全區各島，及大陸北茭半島、閩江口皆歷歷在目，無任感慨。聚餐後至美顧問處巡視畢，休息。午課後四時對團長以上人員訓話後，沿途視察工事，乃由福沃陸船直航西犬島視察，指示後仍登原艦，已八時餘，乃即起碇，休息，晚課。

八月二十日　星期三　氣候：晴

雪恥：昨夜艦上睡眠較佳，本晨六時在床上朝課，默禱後起床，朝餐。七時後登陸視察第三新大坑道（太武山下）後，與胡[1]司令到小金門視察工事及醫院設備後，回指揮部訓話畢，回大金門視察空降陣地後，到戰地政務會休息。午課後巡視美顧問招待所加以慰勉，到防衛部訓話畢，視察雀山與塔后二坑道工事，皆已提早完成為慰。召集團長以上將領聚餐，訓話講評約一小時後，即搭機飛臺北，已十一時矣。回後草廬，晚課，乃覺出門一里不如屋裡之俗語為不我欺矣。此次巡視馬祖、金門，自覺得益甚多，對將來作戰補益必大也。

1　胡即胡璉。

八月二十一日　星期四　氣候：晴

雪恥：一、不懼敵人登岸進攻，只防戰前被敵轟炸先行癱瘓。二、今日戰爭在使敵先行震驚動搖，予以精神癱瘓與人力、物力的損耗，而後加以制服或不攻自破、不戰而屈。二、最近將領心病：甲、只信間接支援，而忽視直接防禦，即不靠本身力量只靠友軍援助。乙、只恃敵人不可能不得攻，而不恃自我之有備而不怕其來攻。

昨夜十二時方寢，今晨醒後考慮金、馬二地形勢與急務約一小時，起床，朝課，致胡璉信。召見李向辰，令其先赴金門候調，並口授講評要旨，令楚秘書[1]擬稿。午課後記事，修正致何俊信稿二小時。哺視察蒔林建築情形，晚散步，聽報，晚課。

八月二十二日　星期五　氣候：晴

雪恥：一、今日戰爭在先使敵方（物力與精神）全面震驚動搖，再加以癱瘓，而後予以征服（戰爭或政治）或達到其不戰而屈之目的。二、火力之地面擊中的損害，其面積範圍有限，而受其轟擊的震動影響，其損害反要大過十倍，故對震驚損毀之防護計畫應特別重視。

朝課後修正講評稿（致何俊函）。上午入府會客後，主持計畫作業會報。正午宴美第七艦隊卸任司令（畢克來[2]）。午課後寫何俊、胡璉各信，哺到蒔林視察工程，晚散步，晚課。

1　楚崧秋，湖南湘潭人。1954 年 6 月，奉調陽明山革命實踐研究院黨政軍幹部聯合作戰研究班第三期，獲擢拔為總統府侍從中文秘書、新聞秘書。本年 9 月，調任中國國民黨中央第四組副主任。

2　畢克來（Wallace M. Beakley），美國海軍將領，1957 年 1 月任第七艦隊司令，1958 年 11 月調任海軍作戰部副部長，1961 年 9 月調任大西洋艦隊副總司令。

八月二十三日　星期六　氣候：晴

雪恥：朝課後召見彭[1]總司令，指示其對馬祖工事注意各點，並屬白鴻亮往馬祖視察工事後陳述其意見，記事，手擬馬祖注意令稿。上午入府會客，主持軍事會談，聽取余伯泉等擬定廈門登陸軍行政設計之報告。協防部所提該計畫（廈門在友好部隊手中之想定），乃係指其美軍在廈門附近使用原子彈後，共匪全被消滅的情況而言也。指示備戰急務，並召見派往馬祖督導工事之戰略計畫委員十員。午課後帶武、勇二孫上角畈山，途經洞口湖新築基地視察擴大場基，甚不合宜。八時得匪砲大轟金門三萬餘發之報告，研究其作用何在，除以為前日余視察金門消息被匪偵獲以外，並無其他意義矣。晚課如常。

上星期反省錄

一、巡視金馬防務，甚為馬祖部署與工事缺點與弱點太多憂也，故全力指示改正與補救辦法以圖無失也。

二、星六晡金門對岸共匪，東自圍頭西至南太武山匪砲五百餘門，環攻金門各島全面砲擊，在八十分時之間發砲彈五萬餘發，我軍傷亡五百餘員名，其中趙家驤[2]、吉星文[3]、章潔〔傑〕[4]各副司令皆陣亡，其參謀長劉明夏

1　彭即彭孟緝。

2　趙家驤（1910-1958），字大偉，河南汲縣人。1955 年奉調第一軍團副司令兼參謀長，1957 年 7 月調任金門防衛司令部副司令官。1958 年 8 月 23 日，共軍無預警強力砲擊金門，與另兩位副司令官章傑、吉星文殉職，追晉二級上將。

3　吉星文（1907-1958），字紹武，河南扶溝人。1949 年 9 月從福建撤至臺灣。先後出任第七軍官戰鬥團團長、澎湖防衛司令部副司令長官。1957 年 1 月調任金門防衛司令部副司令長官。1958 年 8 月 23 日，共軍無預警強力砲擊金門，重傷不治殉職，追晉二級上將。

4　章傑（1909-1958），字微塵、維城，浙江臨海人。1955 年 9 月任聯勤總司令部副參謀長。1958 年，調任金門防衛司令部副司令官，8 月 23 日，共軍無預警強力砲擊金門，與另兩位副司令官趙家驤、吉星文殉職，追晉空軍中將。

〔奎〕[1] 亦重傷，可謂悲慘極矣，哀痛無已，幸俞院長與胡司令皆安平無恙也。

三、聯合國臨時全會對中東美、英在黎、約二國撤兵問題，由阿拉伯十國提議案全場通過，此一結果殊出俄共意料所不及，但亦不能算是美、英勝利耳。

八月二十四日　星期日　氣候：晴

雪恥：一、致何俊函：甲、東犬島應否放棄。乙、金門被砲擊教訓：子、地下電線不夠深入。丑、無線電機大半被震動失靈，須臨時修理。寅、本身自醫之訓練。丙、儘量抽集預備隊與臨時放棄不急要之工事的演練。丁、水泥工事限一個月完成之總計畫。戊、敵在大擔放煙幕。

朝課後巡視院中。上午記事，與白鴻亮討論馬祖防務，研究馬祖部署地圖。午課後審修荒漠甘泉新譯本。晡在大溪見美大使[2]，呈述其政府來電對我最優先援助之決定，以及重申其協防附件，以防我自動進攻大陸也，餘另錄。晚回角畈，膳後帶兩孫散步，觀月，晚課。

八月二十五日　星期一　氣候：晴

雪恥：昨日共匪對金門行動：甲、午後六時後仍砲擊大擔島與東淀及太武指揮部，並有六機在我金門上空盤旋，與八機掃射我古寧頭陣地。乙、晚間用魚電〔雷〕快艇射中我金門附近航行之登陸艇，此乃其困擾方法而不敢正式

1　劉明奎，四川廣漢人，時任金門防衛司令部參謀長。
2　美大使即莊萊德（Everett Drumright）。

攻擊金馬之企圖甚明，應於此切實研究我對策。

朝課後考慮致愛克函意，要求其授權於美駐臺協防司令，方能適應協防條約中雙方協商同意之行動以表示對匪軍事合作之誠意，認此為目前急務。上午自角畈返陽明後草廬，召見岳軍商討致函要旨。午課前後寫何俊與胡璉手書各一件。五時召各總司令與王[1]總長、俞[2]部長，研究戰況與戰略。車遊山下一匝，晚課。

八月二十六日　星期二　氣候：晴

雪恥：金門乃為引釣共匪之香餌，九年苦痛，四年忍耐，此次如不能誘其上鉤，恐再無此良機矣。應如何深切謀略，以達成反攻復國之目的也。

朝課後重修致愛克函稿。上午入府會客，對各國僑生今夏回國服務者五百餘人訓話後，續修前函稿第二次完。午課後記事，電夫人。晡美大使[3]與史馬德來訪，只報告其美國防部對我軍品補充之決議，而不及其他，余乃婉告其此為緩不濟急之決議，不能解決當前金門與海峽危急之實際問題。約談一小時餘，另錄談話稿，左目閃光又劇為苦。入浴，膳後帶武、勇巡遊敦化南路新工程回，晚課。

八月二十七日　星期三　氣候：晴

雪恥：本日致愛克函，幹部中認為有此需而有怕得罪美國不宜即發者，大維竟以司馬德表示其對昨日談話失望之態，乃大起疑懼，力阻不發，殊為可歎。

1　王即王叔銘。
2　俞即俞大維。
3　美大使即莊萊德（Everett Drumright）。

彼因恐美員不悅而對整個大局與前方生死於緩圖，對於本末緩急完全倒置，而且在臺美員如莊[1]大使與司馬德皆為執行事務之常員，並無顧問政策之權位，俞竟以其一言之表示，而即欲改變我政策與行動，更歎其只有小智而無大識，不可與謀國也。

昨夜以考慮對愛克函意，十二時醒後，未克熟睡。今晨六時前起床，即召義宣[2]往府拿函稿，朝課後再詳加增補，自認此函為最為完備而有力之文件。

八月二十八日　星期四　氣候：晴

雪恥：昨上午核定函稿後，入府檢閱廈門行政登陸之作戰計畫地圖，研究頗有心得。午課後記事，審閱機密情報甚切。六時大維來見，意欲臨時勸阻發電也，余囑其不必憂慮，仍如期照發。晡車遊一匝，晚課，散步。

朝課後記事，致妻電。上午入府召見四員，主持作戰計畫會報三小時餘之久。正午得愛克覆電，表示其重要性與最緊急的研討，有定即報之意，可知此電對此次戰爭關係之重大。如照大維等意見，則美將視金門作戰為常事，甚至石沉大海矣。

八月二十九日　星期五　氣候：風雨

雪恥：昨午二時半方回寓用餐，午課後批閱公文。晡帶武、勇車遊散步，晚帶武、勇到後公園草地上席地觀月、遊戲，晚課。

1　莊即莊萊德（Everett Drumright）。
2　孫義宣，浙江奉化人。歷任江西省第四行政區長官公署秘書，國民政府軍事委員會委員長行營秘書，國民政府軍事委員會委員長行轅秘書，總統府秘書。

一、美與共匪暗中勾結與談判的內情之研究：甲、波蘭重開美匪大使會談。乙、共匪加入聯合國。丙、雙方在海峽放棄武力之宣言。丁、限制我空軍不飛大陸上宣傳。戊、海峽停火。己、撤退金、馬。庚、共匪可加入大國會議。

朝課後記事，十時對軍訓教官講習班訓話回，審閱密件。午課後批閱公文，清理積案，東海颱風過臺甚微。晡見鴻鈞後，帶武、勇巡視市區。晚見叔銘，指示其對沿海匪機基地轟炸之準備。大維膽小與對美服從之心理與行態，幾乎不可想像，可恥。與經兒車遊山下回，晚課，十一時後寢。

八月三十日　星期六　氣候：陰晴

雪恥：一、匪俘供稱共匪此次軍事行動：甲、為中東牽制美國在太平洋之兵力。乙、對金、馬計畫：子、第一步鋼鐵比賽。丑、第二步封鎖外島。寅、第三步三個月內進攻解放。二、目前匪美勾結必為詐，美國不許我還擊，先使我癱瘓，最後乃輕易登陸佔領也。

朝課後記事，上午入府召見人員，主持軍事會談，聽取原子試放參觀報告後，指示對戰局要旨：第一為臺灣征兵與民心如何不受匪諜與反動派煽動，是為反攻成敗之基因；第二為鼓舞前方士氣，不受匪共之封鎖戰術影響也。午課後批閱，接見美陸長布洛克[1]君談一小時餘，彼甚對我熱心也。國務院覆電大意，只以新的行動阻制共匪攻佔金門企圖，至其如何行動，須待其國防部覆電得詳也。晚與兩孫車遊山下一匝回，晚課。

1　布拉克（Wilber M. Brucker），又譯布洛克、布魯克，美國共和黨人，曾任密西根州檢察總長、密西根州州長，1955 年 7 月至 1961 年 1 月任陸軍部部長。

上星期反省錄

一、自覺處理大事考慮政策，尚能持志養氣，即物窮理，特別是對不愧不怍、不憂不懼二語，下定決心力排眾議，不受外物影響一點，此乃修養之效乎。

二、本周匪砲擊金門十萬發以上，實為最猛烈之一周，而其全面射擊與重點射擊並進，情況更為險惡，尤其重點在大擔小島為然，但除陣亡三員將官以外，其他官兵死傷只六百餘人，物力損害更為有限。在此一周中並未發生意外之事，實已奠定我反攻基礎矣，余認本周乃為反攻復國之契機也。

三、馬祖於本周未遭共匪突襲，亦為鞏固馬祖各島防務之最大關鍵。對於工事之改正與逆襲訓練之加強，由此可以完成矣。

四、對愛克致函及對美大使二次特別談話，以及接到其國務院與國防部之不良答案之心情與態度，並未有過分之言行，而以依理立言，此乃寓理帥氣之修養功效乎，是亦可謂對盟國最重要一次之心理戰乎。

五、金門士氣穩定及其所有彈藥、油料皆儲藏無誤，並未為共匪如此全面砲擊所擊中，亦並無爆炸任何災難之發生。自覺平時嚴督切示，至此乃知苦口婆心之重要矣。

八月三十一日　星期日　氣候：陰晴

雪恥：本日十二時半，對美國防部以砲擊不能攻佔金門之詭辯，與對我要求其同意我軍單獨行動，用空軍轟炸共匪海空基地與砲位之建議，不呈正面答覆，徒以共匪空軍向我攻擊時，我可追擊至其基地予以打擊之意，聽取之下憤痛無已。但其司馬德口答，只以其處置「殘忍」與「太不平等」、「太不人道」，以及軍美如聞此息，必對美國增加無窮反感，並為共匪宣傳最佳之資料，余將對全國軍民無法控制之後果予以警告，使其能於三日內對此問題

予以重新考慮，早日答我。此乃極端情感不良之下，仍能以理智控制，並不現激昂之色，此或修養之效。朝、午、晚課如常，上午記事，召見陳總司令[1]等，指示作戰準備事項與戰略要旨，禮拜。正午宴布拉克等，下午批閱，散步，車遊。

---

1 陳即陳嘉尚。

上月反省錄

一、此次金門戰爭在戰略與政略上必須忍耐持久，藉此以完成戰備。如能假我一月以上至雙十節前後，從事反攻則幾矣。以理與勢測之，俄共此次挑釁決非姿態，而其必欲攻佔金馬為其最低之目標限度，故我不必怕失機會也。本節八月底所記。

二、共匪最初認為只要金門被其砲擊與魚雷封鎖後不到十日或半月，我守軍必將動搖癱瘓，而美國亦必如三年前之大陳撤退情勢一樣，勸我撤退金馬外島力求和平之慣技重現，否則彼亦可用兩棲登陸進攻即可垂手而得，美國就可退出臺海向之屈服，以達到收復臺澎、清算中華民國與國民黨，完成其統一，中國成為世界大國之目的。不料我軍固守一月以上，毫無動搖跡象，美國態度堅定明晰亦不為其恫嚇所動搖，而彼匪在大陸上發動反美運動，比之其前所謂援朝反美時期更為擴大十倍，至今月餘未息，在此一點上彼更騎虎難下。加之其所預定金門志在必取之計畫，則其對金門如砲擊無效，外交無望，乃就不能不竭其三軍全力以進犯金門，吾人可於其必取必得之「必」字來定制匪之戰略與政策，自可以靜制動毋恐其不來而失機耳，何況彼非擴大戰事不能引起世界注意與聯合國干預，更不能達其闖入聯合國之目的乎。（此節九月底所記）

三、本（八）月自黑、毛[1]北平宣言發表以後，對於外交與軍事之折衝與設計，可說朝夕不遑，未敢稍有懈暇，尤其對於敵方俄共之狡計陰謀研判，自覺多半料中。翻閱本月四星期之反省錄，頗覺自慰，茲將重要缺點與尚未能了解者分記如后：

甲、巡視金馬防務以後，甚覺馬祖陣地工事與部署不周，如果敵軍先犯馬祖或以其主力海、空軍由北方奪取馬祖，再事威脅臺灣北部，裁

1　黑、毛即赫魯雪夫（Nikita Khrushchev）、毛澤東。

斷我金門交通，因當時部署皆未完成，倉卒應戰危險較大，故余判斷其主目標雖在金門，但其必先取我易予者是其最為合理之計畫。但其計不出此，而乃全力砲擊金門以圖徼幸之一逞，此其失敗之基因乎。

乙、美國對我用空軍毀滅對岸匪軍砲位基地與截斷其交通線，以及授權予其協防司令之要求皆不同意，殊感意外，激憤之餘仍能忍耐從事，據理力爭不已，自覺修養之效於此見矣。而對於美陸軍部長布拉克之誠意亦令人感慰不忘。

丙、至今對俄共雙方言行始終不解者：「黑裡雪夫」在五日仍要求聯合國開臨時大會，而毛匪六日則要求開大國會議不在聯合國範圍之內，此二種言行完全矛盾。又共匪砲擊金門不於十六日聯合國大會召開之初開始，而延展在其一星期以後八月廿三日實施，其原因究何在哉？

九月

蔣中正日記
Chiang Kai-shek Diaries

蔣中正日記
Chiang Kai-shek Diaries

民國四十七年九月

九月一日　星期一　氣候：陰

雪恥：今晨五時起床朝課後，與布拉克談話約一小時，表示我對其國防部不同意我單獨行動之意見為主題。彼很慎重的對我說：「你相信這是國防部最後的決定麼？」但他又說：「這個問句，你不必要答覆我。」他又說：「我相〔想〕會有變更的」、「不必過於重視」，而我亦就是要他說這句話耳。上午十時後帶武孫入府，審查戰報。午課後約司馬德談話，屬其直告其對我海軍不努力之實情，彼詳報其意見，皆甚有價值之建議，余乃立命海軍梁[1] 盡如其所提改正。晡約韓劉載興總長[2] 茶會後，聽取美特別軍援計畫之報告，實足表示美國協助我保衛金門之誠意矣。車遊，散步，晚課。

晚發胡伯玉手書。

九月二日　星期二　氣候：陰

雪恥：本日國父月會後，少谷面告愛克來電大意，未將其全文譯呈，余誤以為其有警告性質，故頗為不安。及至午課後讀其全文，乃知其為解釋與安慰，並表示其對我支持政策之堅定不移的決心而已，但其並未正面答覆我問題。

1　梁即海軍總司令梁序昭。
2　劉載興，韓國將領。1956 年 9 月任陸軍參謀次長，1957 年 5 月任三軍聯合參謀本部議長。

據少谷與美大使口頭談話所得，此電尚非對我前電之覆文也，如此則尚有與其續商之餘地，乃屬少谷研究是否應覆之道。晡召王[1] 總長與各總司令，指示對金門運輸無計畫、無組織、無戰爭精神之斥責，自覺態度過於嚴重為戒，惟內外情勢皆使我憂心忡忡，此乃修養不足之證也，戒之。晡晚二次帶孫車遊山下，消遣解悶也。朝、晚課如常。

九月三日　星期三　氣候：颱風大雨

雪恥：一、小不忍則亂大謀，應切戒之。此次對美國防部電文限制過嚴之憤慨，不應立即面斥及表示憤怒，以期威脅有效，即使應該如此，亦只可先表示對其電文大失所望之意，而後另加研究作斥責耳，以後應力戒與改過為要。二、昨日對軍事幹部的嚴責面斥亦太過分，應加力戒。曾憶三十七年冬在北平，對衛立煌[2] 痛斥之失態，其所得後果，至今仍不知切改乎。

朝課後記事，十時主持秋祭革命先烈典禮後，入府召集辭修、岳軍及葉、黃[3] 等，研究對愛克來電內容及覆電要旨，指示其對此次戰略與政略及外交方針，約二小時之久。午課後批閱，召見柏亭，復見司馬德，約談半小時，成立中美聯合作戰機構事。晚以颱風與目疾在家休息，晚課後經兒來談。

今日為抗戰勝利（受降）節，感慨無窮。

1　王即王叔銘。
2　衛立煌，字俊如、輝珊，安徽合肥人。1948 年 1 月，任東北剿匪總司令部總司令。11 月 16 日，以貽誤戎機，遭撤職查辦。1949 年 1 月，去香港。1955 年 3 月回歸大陸，曾任國防委員會副主席，全國政協第二、三屆常務委員，第二屆全國人大代表，民革中央常委等職。
3　葉、黃即葉公超、黃少谷。

九月四日　星期四　氣候：陰

雪恥：近日性情又現急迫浮露之象，應如何學到寬緩深沉之態，當切實自修，以免重蹈三十七年冬之覆輒〔轍〕，戒之，勉之。一、布羅克與李查茲[1]之聯系。

朝課後修正致愛克電文。上午入府召見四人，指示少谷，準備本屆聯合國大會對金馬案之預防計畫，主持作戰會談約二小時半。梁序昭性能不像將軍，總是推諉卸責與虛偽不實，奈何。午課後與公超談外交方針一小時半，晡帶武孫車遊，晚課。

昨夜大颱風在東北方過境，今晨七時方息。

九月五日　星期五　氣候：陰

雪恥：一、杜勒斯奉愛克命所發表對金、馬協防的聲明（如共匪進攻時即實行協防）比前簡單明白，但仍留一點空隙可使共匪對金、馬進犯的野心未死，或將乘隙投機試探美國究竟有否實行的決心，故此一聲明，對我的希望與意圖並未相違為慰。如其目前即實行參加協防金、馬，反使希望喪失無遺耳。至今為止，自上月廿七日致愛克電及卅一日對司馬德面答之嚴厲措施，皆已達成大半重要之期望，可說又渡過一關矣。

朝課，記事，入府會客，主持宣傳會談二小時餘，仍有迫急浮露之象，戒之。午課後批閱，帶武孫巡視淡水一帶風巡，膳後又巡視市區回，晚課。

1　理查士（James P. Richards），又譯李查滋、李查斯，美國民主黨人，1933 年 3 月至 1957 年 1 月為眾議員（南卡羅萊納州選出）。1957 年 1 月至 1958 年 1 月擔任艾森豪總統特別助理、中東地區巡迴大使。

九月六日　星期六

雪恥：一、杜勒斯昨聲明，有共匪無論其合理與否之要求商討之權一點，乃與匪以乘機下臺即準備重開美匪大使級談判之要求，此即余認為其聲明中最大之漏洞，又被匪利用為其緩兵之計的良機，但我亦正須緩兵，以接收美械之組訓至少需要三個月時間之備戰耳。二、美國上月底要求我機暫不飛大陸偵察與宣傳，今觀周[1]匪聲明中有我不斷向大陸擾亂之語，可知此乃係匪已間接向美要求條件也，可加注意。

朝課後記事，入府與時代雜誌記者談話後，軍事會談，對海軍運輸計畫之虛偽欺蒙，予以據實況指斥後，憤悶異常，並責成梁[2]限期的運量之規定後，因疲乏而停止會談。午課後司馬德來報其明日運輸與護航作戰之決策，並見其第七艦隊司令與金門初回之顧問後，即帶武孫上角畈休息散步，晚課如常。

上星期反省錄

一、周匪準備與美恢復大使級之談判的聲明，美國必將起而反應，其贊成周之聲明，接受繼續談判無疑，但決無結果亦可斷言，如此則金門此次戰役又將形成拖移之局。照目前論則於我並無不利之處，以我接受此次美援武器，至少要有三個月至半年以上時間方能消化應用，而共匪對金、馬問題，決不能延展至半年或一年之久而不急求解決，吾有此一香餌之鉤，不患其不上鉤耳，吾何憂耶。

二、共匪此次挑戰乃由其在上月初黑、毛北平會議之鄭重決定，以達其清算中華民國，而使其成為大國之一，參加將來大國會議，不僅妄圖打入聯

1　周即周恩來。
2　梁即梁序昭。

合國，以替代我安全會之常任會員席次而已。但其不料此次聯國臨時大會（即黎巴嫩與約但問題）結束如此之快，故其對金門砲擊乃在大會閉會後之一日方得開始，於是俄亦不能將此事提出大會，成為另一討論問題，此其錯過一個機會矣。但又在此聯合國全體常會未開之前，不得不與美雙方談判，是其此案亦不能再提聯合國控告美國為侵略行動，果爾則黑、毛北平會議之整個目的成為幻影，而我軍在金門堅強不屈之奮鬥又得到一個重大收獲，且深信此戰已奠定反攻復國之成功基礎矣。

三、本周專心於金門補給之運輸，以及對愛克往來電報之藝術，而梁序昭不力最為痛苦。

九月七日　星期日　氣候：晴

雪恥：正午一時正對金門運輸護航情形之報告已安全抵達之時，復接華盛頓發表其擬與共匪恢復大使級談判之消息，相差時間不過五分而已，此其華府接獲其護航任務安全達成，共匪並不敢出戰以後，乃再發表其聲明也。余不僅不以為奇，而且此為美國一貫的嚇阻政策必然之結果耳，吾人惟有待補充軍備完成後，製定其自動計畫耳。

朝課後記事，上午寫妻信。午課後記上周反省錄畢，帶武孫車至洞口湖察勘，另造餘屋客室之基地消遣。晚指示外交部發表其對美匪繼續談判之聲明要旨，晚課。

九月八日　星期一　氣候：晴

雪恥：本日正午十二時由角畈回抵後草廬時，經兒迎於門外報告，我空軍在澄海上空擊落匪機六架、傷三架之戰報，內心沉重不樂，恐因此匪軍將對我金門報復，重起砲擊，則本日運輸又發生阻礙為慮。十三時半正宴李梅[1]時，得報匪砲又向我金門猛射且甚密，不到半小時，又接我正午已搶灘完成之美字號艦裝載砲彈者已着彈擊沉，此乃我軍對空軍作戰無整個管制計畫之表現，令力加改正，勿再貽誤。午課後即出發回角畈，經兒送至大溪別去，途中武孫迎於洞口湖同車回。朝、晚課如常，晚散步，今日鬱結不樂，運輸計畫須重定矣。

九月九日　星期二　氣候：晴　溫度：八十八
地點：角畈最熱

雪恥：俄「黑裡雪夫」致愛克電長四千餘言，其內容完全如我所想的北平黑毛會議的整個計畫無異：甲、共匪參加大國會議，以金門戰事為其契機，提出其匪、俄、美等會商之意。乙、共匪加入聯合國代替我國代表權。丙、美應承認共匪。丁、美應撤退臺灣海峽以及臺灣、金、馬由共匪收回。戊、澈底清算蔣介石賣國賊，認臺、澎與外島不過是蔣的逋逃藪而已，其他侮辱詞句不待多述。余認黑魔此一反動宣傳，不致動搖美國上下對我外島之立場，但不得不積極加以應付。

朝課，上午記事，批示馬祖防備之講評。午課後研閱福煦戰法開始，沐浴後帶武孫散步，晚課。本日朝、晚仍為金門運輸問題苦思設計也。

1　李梅（Curtis E. LeMay），美國空軍將領。1957 年 7 月任美國空軍副參謀長，1961 年 6 月升任美國空軍參謀長。

九月十日　星期三　氣候：晴　溫度：八十六

雪恥：一、控告俄國指使其第五縱隊侵略中國大陸，並最近指使共匪侵犯金門，作各種最不人道之所謂人民公社（大陸）與封鎖金門之侵略（軍事）暴行。二、對美照會與匪在華沙談話之內容暫不表示意見。三、此時集中精神，如何使九吋口徑重砲安全運入金門應戰，是為目前惟一急務。四、運物直升機要求美國作為最急供應，此或可解決金門與小金門間運輸問題之一部也。

昨晚睡眠尚佳，今晨六時起床，朝課後帶武孫乘輿至拉合渡口過渡後，仍即回渡歸來，未往溪口觀瀑，因恐有事也。上午閱俄黑[1]致愛克函全文，毫不驚異，到大溪與公超談話，並無要事。正午回角畈，武孫伴餐後辭去上學，彼尚年輕，不知祖父愛心之切，乃即回憶當余少年時離家外讀之際，先慈不忍離別之心如何情形矣。不肖之罪，終身莫贖。

九月十一日　星期四　氣候：晴

雪恥：昨午課後研閱福煦戰法，與叔銘通話二次，甚為金門運輸憂也。晡經兒由臺北來報告戰況及胡璉對戰局被封鎖之影響，實難怪也，但彼不知此間為他策畫督導之急切，甚於其本人耳。晚與經兒散步，晚課。

朝課後朝餐，聽報。上午記事，審閱美國與共匪在華沙大使談判之準備計畫及其方針，征求我方意見。余認為不應表示任何意見，既不能反對他此一不得已的行動，但亦決不敢贊同其此一政策，惟告其「切不可作有條件的停火，而不可對我有關涉之事謀取停火條件」加以警戒而已。午課後研閱福煦戰法後，到大溪與陳、張、黃[2]商談對美件覆意後，仍回角畈。晚為金門運輸督策加憂，晚課。

1　俄黑即赫魯雪夫（Nikita Khrushchev）。
2　陳、張、黃即陳誠、張羣、黃少谷。

九月十二日　星期五　氣候：晴　溫度：九十六　地點：（馬公）

雪恥：一、巡視前線後，即應美國對金門被共匪砲擊封鎖已足有三周之久，前方油料至二十日即告用盡，如再經一周，則存糧動用士氣低落，必將日甚一日。如下周再不能打破共匪封鎖，則我已至生死最後關頭，不得不採取自衛固有之權利，而使用空軍破壞其後方交通線，斷絕其糧彈接濟以資報復，望其諒解，否則只有美能保證金門運輸無缺之意，予以警告。

六時起床，朝課，據報金門昨運艦搶灘不成，三艘被匪阻回，自昨至今晨匪彈又發五萬餘顆。十時與經兒到桃園起飛，至馬公落機，內心懸慮不已，以幹部皆不實在也。正午約美將領午餐，警告其一周為我軍與盟國成敗之最大難關，務必共同努力，達成運砲至金門之任務。餐後檢閱重砲搶灘動作，甚以為慰。

九月十三日　星期六　氣候：晴

雪恥：昨午課後正在悶熱之際，楚秘書[1]攜合眾社所發愛克十一日對臺灣海峽情勢之廣播摘要來報，其中有一句「美將在和中共談判中，提議將（我國）外圍島嶼予以某種程度的中立化」之測度語意。楚口讀時並未說明此為該社之測度按語，初聞之下不勝驚駭，以馬公通信設備不良，消息不靈，竟使終夕不安。晚課如常，及至今晨在機上閱本日臺北報愛克全文，乃覺其文中並無「中立化」字句，惟其中確有「使這外圍島嶼不會成為困擾和平的根據」而已，此乃尚有補救與防制之道耳。

本日六時起床，朝課，八時起飛直抵臺北，上午記事，午課後修正對美國人報問答稿，致胡璉手書。晡車遊山下一匝，經兒與武、勇同行。晚散步，晚課，沐浴。

1　楚秘書即楚崧秋。

上星期反省錄

一、本周五楚秘書[1]誤報「愛克」講演中,有使金門成為「中立化」之句後,以致停止飛往金門慰軍而折返臺北之重大變更,不只是對我聽言處事之錯誤的又得了一個奇異教訓,而且認為此事乃上帝阻止我金門之行,寄有重大意義,以當晚金門機場被匪砲擊中之事,證之實有深意,或非偶然耳。

二、匪美皆彼此呼應其恢復談判,以及俄黑[2]致愛克長函恫嚇,與匪砲停止數日而復於星一開始轟擊加緊圍困金門後,愛克發表其對匪不姑息政策之聲明,又覆俄黑函件,表示其堅定不移之意念,乃為對共匪鬥爭決定成敗之最大關鍵也。

三、本周中心工作,第一為督導金門運輸與如何打破共匪圍困金門之毒計。第二為研究對美政策與方式,使之能直接對金門擔負運輸之任務。第三對匪圍而不攻之毒計,仍使美國對我協防外島之義務積極負責,不致其因匪不登陸進攻而托辭逃避也,此乃打破共匪毒計之一著耳。但對運輸問題更為苦思焦慮,尤其對八吋口徑重砲如何運抵金門計畫,不得不親自督導,勿使延誤為最急耳。

四、澎湖督運重砲正在十三至十四時之間,烈日九十六度炎熱之下完成校閱任務,不覺疲乏,可知體力未衰,聊足自慰。

1　楚秘書即楚崧秋。
2　俄黑即赫魯雪夫（Nikita Khrushchev）。

九月十四日　星期日

雪恥：今晨五時前醒後對運砲計畫考慮不置，六時後未明起床。

朝課後聽報（愛克講演全文）。上午見何世禮[1]報告美國防部一致對共匪之積極態度，以及夫人在美言行與號召影響之重大事實，皆為之心慰。禮拜回，記事。午課後四時起飛，到岡山轉左營，校閱重砲裝艦訓練與聽取新運輸計畫後，回澄清樓駐也。約彭、黎[2]等晚膳後，重研新計畫，使經兒了解，帶往金門轉報伯玉以資慰勞。九時半經兒受命後，即上機先飛馬公，再乘艦赴金門也。別後始知其未帶一人同行，甚念。晚課。

九月十五日　星期一　氣候：晴　溫度：八十六

雪恥：昨夜經兒赴金門（傳令慰問），事後方知其單身，甚覺不安。今後應令切戒，至少要帶一人同行也。

朝課後修改對美國人報問答稿，至十一時方完。見美記者「阿索埔」談一小時，旨在警惕美國不能妨礙我行使自衛權轟炸（空軍）敵匪基地也。午課後記事，記上周反省錄，晡視察大埤湖新築招待所工程，並予指正。八時約黎玉璽等便餐後，令玉璽運送重砲，親自指揮搶灘也。散步後晚課，沐浴。

匪美華沙第一次會談。

---

1 何世禮，原籍廣東寶安，為香港富商何東爵士第三子。1949 年隨政府遷臺，歷任東南補給區司令兼基隆港口司令、國防部常務次長。1950 年 6 月任駐日軍事代表團團長兼盟軍對日理事會中華民國代表。1952 年後，任駐聯合國軍事代表團團長、聯合國安理會軍事參謀委員會首席代表、行政院美援運用委員會委員。

2 彭、黎即彭孟緝、黎玉璽。黎玉璽，號薪傳，四川達縣人。1952 年 4 月，調任海軍總司令部副總司令兼海軍艦隊指揮部指揮官。1955 年 9 月免兼。1956 年 10 月，兼海軍六二特遣部隊指揮官。1959 年 2 月，升任海軍總司令部總司令。

九月十六日　星期二　氣候：晴

雪恥：近日甚想欺敵之電視作為，能以先試驗一次以觀察敵人對付行動如何，再定實施運砲搶灘之計畫。

朝課後記事，上午閱報、整修剪報，得悉經兒已於今晨六時半由金門乘小舟至外海，轉搭江船回途中為慰。約玉璽來談，甚覺其能力精神不能分別輕重緩急為憂。十四時經兒回來，面報金門詳情，彼之此行對於軍隊必發生重大影響為慰。午課後研閱福煦戰法，晡與經兒車遊左營一匝，晚散步後晚課。

九月十七日　星期三　氣候：晴

雪恥：十四時回澄清樓入浴、休息，午課後研閱福煦戰法。晡車遊左營，晚散步，晚課。

朝課後八時出發到岡山，九時半飛抵馬公，先到公墓對吉星文、趙家驤、章傑等陣亡將士致祭憑弔，悲悼無已。十時後到測天臺海軍軍區部，主持中美將領運砲計畫之檢討會議，美方提議以尚未得金門灘頭準備工作確報，主張延展十八小時啟運之意，余即同意，並將余試驗意見提出，屬其考慮，但不須其即時答覆，美稱切實研究後奉報，乃即散會，順訪海軍病院，慰問傷病兵。

九月十八日　星期四　氣候：晴　恆春雨

雪恥：今晚散步，晚課後就寢，預料今晚運砲搶灘必成，以心甚安定。十二時後，經兒報稱搶灘完成為慰，此為今後戰役成敗之一重大關鍵也。

朝課後與經兒飛馬公，玉璽迎於機場，即在車上報告其運砲計畫準備完畢，

定十五時起航的程序，到賓館後即令其回艦指揮，余召見李縣長[1]後，亦即飛回岡山轉澄清樓。午課後與經兒往鵝鑾鼻，先至墾丁擬視察招待所地址，以路不通乃即到目的地遊覽，並視察雷達站即回恆春，乘原機返高雄。自墾丁至鵝鑾鼻間之風景秀美，實為臺灣之首也。

匪美第二次會談。

九月十九日　星期五　氣候：晴

雪恥：昨夜八英吋口徑重砲在金門搶灘完成，安全運到金門預定地位（共三門），此乃金門戰局最重大之關鍵，故十日來之任務可說已成就七分矣，只要第二批三門亦能如期到達，則金門形勢當可於下周改觀矣。朝課後十時半，與經兒並帶羅友倫司令同飛馬公，以該處兩師將來反攻作戰歸於登陸部隊之組織，故先令其兼練兩棲作戰技術也。正午約美機動艦隊「布勒克朋」來見，彼意以準備關係，第二批重砲運金最好延至明晚實施，余允其所稱乃決延期一日。本來催其今晚啟運早期完成，故此來完全為此耳，留其午餐後而別。

九月二十日　星期六　氣候：晴

雪恥：昨在金門[2]午課後起飛回高雄途中，友倫報告其陸戰隊駕駛「水鴨子」（LVT）百六十艘官兵，撥作補給金門搶灘運輸之行動，勇敢在一小時半以上之敵砲密集火力下搶灘之情形，甚感將士忠勇，更增反攻必成之信心矣。

1　李玉林，河北灤縣人。1950 年隨部隊撤來澎湖，接任馬公要塞守備團團長兼軍官大隊長，2 月由軍職轉任官派澎湖縣長。1951 年 1 月，當選第一任民選縣長，從官派到連任二屆民選縣長，在澎湖主政時間長達十一年。

2　原文如此，實指馬公。

回澄清樓研閱福煦戰法，有益。晡與經兒沿要塞海岸路車行甚艱，路應速
修。晚散步，晚課。

本（廿）日朝課後寫胡璉信，約半小時畢。十時半與經兒飛馬公，玉璽報告
其第二批重砲三門已裝載完妥，十六時出航，約午夜到金門搶灘云。余再寫
一信寄胡璉，專言對匪戰略與政略之要旨甚重要，在機上休息、午課。十五
時到臺北閱報，批示要公，晡帶武、勇二孫與「佩朗」由蔣林轉山上。晚帶
孫觀月，晚課。

上星期反省錄

一、本周工作自覺功效頗著：甲、八吋口徑重砲六門已如計如期督運完成，
　　此本眾人所認為不可能之事也。乙、海運金門計畫與組織完成，且已開
　　始實施有效。丙、空運亦已開始成績頗佳。以上二事對於共匪岸砲封鎖
　　之威脅，已可減去五成，而對於金門士氣關係更大耳。丁、與阿索浦談
　　話及答美國人報問題，皆已親自擬稿發出，心身皆佳。惟苦文武幹部太
　　不得力，事事必須親理何。

二、近來最足自慰的一點，就是經兒隨身協助一切，甚感父子共同作戰與相
　　依為命之精神功效，其比任何部屬協力工作之成效不啻十倍，惟此更覺
　　興奮，因其對我革命事業之補益，不可以言語所能達其十一耳。

三、連寫胡璉三函，經兒親赴金門代我慰勞與視察一晝夜，其對作戰士氣與
　　無形中之助益及功效之大，在精神上實等於打破匪敵封鎖之威脅矣。

四、本周空戰二次皆勝，共擊落匪機五架與魚雷快艇一艘，更足懾匪膽矣。

五、聯合國大會對我國代表權印度提出討論，又為美國反對所擊敗，仍如往

年之例通過，此為一常事，但余實不敢想像泥黑路[1]何以無恥至此，今連俄共所不敢提出反華之案，而彼乃竟代其提案，其無心肝之程度實已超過一切傀儡矣。

九月二十一日　星期日　氣候：晴

雪恥：昨夜帶武、勇散步，至後公園草地上席地橫臥觀月，意興澹泊自得，閒觀兩孫與佩朗玩耍爭噪亦樂矣。午夜一時許，正在初醒時經兒入室來報，八吋口徑砲搶灘已於十二時完成云，不勝快慰，默謝上帝。但願此砲運到發射後，能摧毀對岸匪之重砲陣地，轉移金門戰局，解除其封鎖威脅耳。

本日朝課後聽報，令吳〔胡〕旭光代告司馬德，上周美海軍協助我護航運重砲安全到達金門，傳令嘉獎。上午與辭修談政務一小時後禮拜回，見王[2]總長等，指示其整個運輸金門計畫與美方交涉之方針後，記事。午課後記上周反省錄，見大維談戰略與政策有益。晡帶兩孫車遊，晚見叔銘再予指示，見玉璽，加勉同餐，晚課。

九月二十二日　星期一　氣候：雨

雪恥：明日與費爾德談話要旨，應着重於美國對金門參加空中運輸為主題。朝課後記事，上午到三重埔憲兵學校主持開學典禮後，入府主持宣傳會談，自十一時至十四時半，諄諄指示解釋政略與戰略，自覺盡其心力矣，不知果

1　尼赫魯（Jawaharlal Nehru），日記中有時記為泥黑路，1947 年 8 月至 1964 年 5 月任印度總理。
2　王即王叔銘。

有效否。午課後批閱，清理積案一堆完，以獨居無聊，乃至蔣林帶佩朗回來。晚經、緯二兒同餐後，再與經兒車遊市區，送其回家後獨回，晚課。

美與匪第三次會談。

九月二十三日　星期二　氣候：雨

雪恥：今晨五時醒後，考慮對費爾德談話重點：甲、對金門運輸補給品第一。乙、維持士氣振作民心，使軍民對美不生反感與疑慮而加強互信之心理，惟有美國迅即參加空運任務。丙、說明大、二擔如被匪佔領，即認匪對金門實施進攻，我即向大陸反擊空襲，以資報復。丁、匪如空襲金門或實施其兩棲登陸時，美海、空軍當於廿四小時內參加，我空軍即立即向大陸出擊之意旨，表明我之對美最大忍耐之誠意與決心，看其如何答覆。六時前起床，朝課，九時入府召見俞、王[1]等，商討對美要求其參加空運問題，決以在此二周內最緊急補充為主題要求其空運，而後再談經常持久運輸計畫，以觀其態度如何。

九月二十四日　星期三　氣候：晴

雪恥：昨（廿三日）上午，與費爾德談金門實情與大、二擔艱險真相告彼，並以維持戰地士氣與後方民心以增強對美信心與中美感情，只有美即參加空運任務為惟一挽救之行動，彼雖陽允請示其政府，而其內心仍無誠意。正午宴費[2]，午課後記事，晡與經兒車遊山下。晚課後叔銘報告其與費談話結果，

1　俞、王即俞大維、王叔銘。
2　費即費爾德（Harry D. Felt）。

以費稱參加空運此時乃美政策不許可，惟令其民航公司代表參運云。余乃電話少谷，屬其即問莊大使，此費所說美政策還是其政府今日所示費的政策，抑係今日以前政策。莊答：並非今日指令，而乃依照其原有政府而言，以費今日不及請訓也。余仍屬其必須電問其政府今日政策究如何耶，莊允即電問云。可知美員仍如一般外交觀念，對我所告實情真相與應急要領毫無誠信為憾。今日空軍使用響尾蛇式之飛彈，在溫州附近擊落匪機十架。

九月二十五日　星期四　氣候：晴　乍雨

雪恥：一、大擔島面積只有〇・七八方公哩，即不到一方公哩之土地，而在一個月內砲擊至七萬發（一〇五與一五五口徑重砲），地面工事完全貫穿毀壞，而我將士仍堅忍固守，屹立不搖，此為世界戰史中開一創例。但共匪仍不敢對此小島兩棲進攻，可知匪的戰術不在力取，而全在心戰，使我自形癱瘓，以妄圖我將士因恐怖困乏向之求降。故今日大、二擔地面工事雖被摧毀無法修補，只要我地下工事穩固堅守，將士心理不為所搖，則經此一個月之苦戰，該島已渡過危險矣。

昨（廿四）日上午主持常會，討論宣傳方針。午課後視察龍潭特種部隊組訓，皆優。朝、晚課如常，晚寫胡璉信，目力尚佳為慰。

匪美「華沙」第四次談判。

九月二十六日　星期五　氣候：晴

雪恥：昨（廿五）日朝課，記事，為大、二擔守軍困苦的生活與艱險的環境急籌方策，以減少其精神上之脅迫，心理上之安慰一點，朝夕焦思督導措施，終難自安，奈何。上午入府會客，主持作戰會報，對於大、二擔之補給

與臺灣戰時指揮所地點予以決定，仍覺急迫浮露之病未減耳。午課後手擬記者會講稿，晡車遊，晚課。對大、二擔指揮官陸志家[1]、洪智囊[2]等如何慰勉，頗難處理也。

本廿六日朝課後記事，入府會客，主持情報會談二小時。午課後批示，續研福煦戰法，帶勇孫遊後公園新路，車遊山下一匝。晚得報，匪對大、二擔發射燃燒彈，與外國記者八人在金門搶灘時其艇為匪砲與狂潮覆沒[3]，甚悶，乃與經兒到後公園觀月解愁，晚課。

九月二十七日　星期六　氣候：晴

雪恥：擬對美國朝野之警告文稿要旨：一、此次金門國軍對共匪一月以上瘋狂無比的砲火，與海、空軍四面包圍封鎖之反共抗暴戰爭，已使匪軍不敢侵入臺海一步，只在這一點上，我們雖不能說有多大力量，但我們已經制壓了共匪擴張侵略的野心，戳破了共匪恫嚇敲詐、無饜勒索的技倆，更限止了臺海戰爭的範圍，可說我們已盡到了對中美共同安全的協定義務，亦充分表現了中、美二國對這一協定的政策，已發生了重大防守功效。我們自信其決不有負於盟邦的期望，不僅是不損害於盟邦任何權益，或牽累我盟邦陷入於我反共抗暴戰爭，甚至演成世界大戰之恐怖境地。二、今日金門共匪發動侵犯戰爭，在此一月經過的實況，很顯明的其戰力之虛弱程度已至無法支持的階

1　陸志家，號愷琛，浙江富陽人。原任第九師增設副師長兼大膽島守備區指揮官，12 月調任第二十七師副師長兼代理師長。

2　洪智囊，安徽蕪湖人。時任第九師第二十五團第一營營長兼大膽島副指揮官。

3　1958 年 9 月 26 日，一艘搭載八名中外記者前往金門實地採訪八二三砲戰的海軍陸戰隊水陸兩用運輸車（LVT），在共軍砲火攻擊下，於駛往料羅灣航程中熄火沉沒，造成《臺灣新生報》徐搏九、《中華日報》吳旭、攝影新聞社傅資生、《徵信新聞》社魏晉孚、日本《讀賣新聞》社安田延之、英文《韓國時報》（The Korea Times）崔秉宇等六名記者和三名戰士溺水失蹤，唯有《青年戰士報》記者嚴重則和日本共同通訊社記者奧戶忠夫兩人生還。

段，只有挾其十五年以來虛聲恫嚇之故技，以隨其敲詐勒索無饜之慾壑，決無實力亦決不敢再作進一步之擴大戰爭。只要國際政治家不再為其戰爭所嚇倒，美國堅定立場，不再要其停火，最好置之不理，則我深信其對金門戰爭即此止步，絕無擴大憂慮。即使其敢作孤注進犯金、馬，我可保證其不是澈底被殲就是全部下海，亦如卅八年彼匪進犯金門的戰例，決不是憑空的自誇之談。否則如你一如現在要求其立即停火，則就永不停火，只有鼓勵其冒險擴張之野心耳。三、中國事只有中國人纔能真正了解，尤其是中共的行動、中共的心理以及其大陸的真相內容與民心，更是只有中國人纔能了解，纔能抗戰與對付有效。如世人在此十五年之中果能相信中國人，及其政府對共匪的決策，而不為其恫嚇、所脅制，則中國大陸不會有今日的慘劫，就是遠東與亞洲亦不為有今日赤禍討天、戰亂瀰漫、朝不保夕的形勢。若再長此下去，妄圖求和停火，苟安姑息，不啻是養癰貽患，姑息養奸，自鑽角尖，非至引發大戰陷於不可收拾而不止。四、中國事必須由中國人自己擔當，中共禍亂亦必須有中國政府與軍民來單獨負責敉平，我們自信有這個潛力，亦深信有其必勝的基礎，只要其國際上或盟友相信我們，而不妨礙我的行動而已。

附件

倫敦傳我曾與匪共直接談判　央秘參（47）第 1461 號

（中央社倫敦廿七日法新電）保守的「每日電訊報」今天報導，「中共與中華民國間之秘密談判已進行有些時日，直到中共於八日廿三日開始轟擊金門前不久。」

該報引述一項「不可非議的」聯合國消息來源說，「該談判在香港舉行，正與中共美國『大使』級會議在日內瓦進行之時。」該報說：「與北平華盛頓談判停止而宣告破裂，同時中華民國政府開始於八月中旬增加金、馬之防衛力量時，香港談判亦告停頓。」

該報又說：「國共雙方代表在這些會議中所討論之確實內容未經透露。在中共方面，統一中國領土，很明顯的是一主題。」

該「每日通訊報」說，「蔣總統曾討論與北平取得協調問題。他曾在過去不斷的否認，說他曾與北平做這種接觸的任何說法。」

四七・九・廿七

九月二十八日　星期日　氣候：晴

雪恥：昨（廿七）日為中秋節，朝課後先閱彭致胡璉函件，批閱公文。上午入府會客，主持軍事會談，聽取海上螞蟻戰術與對策，以及美械新來各種編裝之計畫，對於大擔島空投任務之督促，認此為安定大、二擔軍心最有效急務也。正午宴各大學教授百餘人，以明日為孔子誕辰教師節表示敬意。午課後記事，閱報，晡帶武孫車遊山下一匝。晚家宴，過中秋節後，到後公園草地上席地觀月，及孫與「佩朗」玩耍為樂。十時回寓，晚課寢。

本廿八日三時醒後，考慮對記者談話要點。五時起床觀月，正天朗氣清、月白風清之時，但陽明山月不如日月潭月之美麗耳。朝課後記事。

九月二十九日　星期一　氣候：晴

雪恥：昨廿八日為孔子誕辰，上午入府約見李濟[1]等教授、大學校長六位後，主持典禮。午課後帶兩兒與武、勇兩孫遊烏來，回時已八時矣。着手修正對記者答稿二小時餘，十時後完。晚膳，晚課。

1　李濟，字受之，改字濟之，湖北鍾祥人。主持河南安陽殷墟發掘，使殷商文化由傳說變為信史。1948 年當選中央研究院第一屆院士，1949 年創立臺灣大學考古人類學系，出任首任系主任。1955 年接任中央研究院歷史語言研究所所長。

本（廿九）日六時起床，朝課後修正記者問答稿二小時，入府檢討問答稿，作最後定稿，但已不及印刷分送，只可作口頭答覆。十一時半開會至十三時方完，重要意旨大都表達，但不及書面內容之透澈為憾，然已竭盡心力矣。午課後待勇孫外遊未回，故獨自到機場，與經兒同飛至岡山駐澄清樓，膳後散步，車遊回。上樓時突感腦暈不支，仍勉強入室就坐，不到一分時乃平復如常，此或與三年前暈眩倒地之病相似也。晚課。

九月三十日　星期二　氣候：晴　溫度：八十六

雪恥：今見法新社倫敦電稱，臺灣與中共秘密和談進行已久等謠諑，而昨日少谷又接曹聚仁 [1] 要求和談來信，此二事時間適相配合，甚歎共匪對中美離間之技倆奇妙而毒辣，寒心極矣。

朝課後記事，十時到陸軍官校舉行第廿七期生畢業典禮，此為本校新制（四年）之第一期也，光陰之速，無任興歎。點名聚餐後回澄清樓，午課後續研福煦戰法，並寫伯玉與郝柏村 [2]、陸志家等第九師守衛小金門、大二擔島等之指揮官及慰問全體將士，派經兒今晚再赴金門親遞也。晡與經兒車遊左營，至九時半寫信方完，經兒乃即啟行，余獨自散步觀月，晚課後入浴，十一時寢。

---

[1] 曹聚仁，字挺岫，號聽濤，浙江浦江人。1941 年受蔣經國委託，創辦江西贛縣《正氣日報》。1948 年，在上海出版《蔣經國論》。1950 年移居香港，擔任《星島日報》主筆、新加坡《南洋商報》駐香港特派記者等職。1950 年代中期起，與中共高層接觸頻繁，開始承擔對臺傳話任務。

[2] 郝柏村，字伯春，江蘇鹽城人。1955 年至 1957 年間，任第三軍砲兵指揮部指揮官。1958 年 8 月上旬，升任第九師師長戍守小金門（烈嶼）。八二三砲戰期間累積戰功，獲頒「雲麾勳章」。

上月反省錄

一、本（九）月實為軍事外交最艱鉅之一月，而對於精神上與政治上宣傳工作更為重大，迨月杪如無杜勒斯態度之突然惡轉，則可說對於俄共封鎖金門與奪取臺、澎之陰謀，已建立其擊破之基礎。此次杜之轉變完全受其國內左派與美共有組織、有計畫之圍攻，以及英國等之壓力，使之無法堅持，以致遭此挫失，亦可知美國政策之不可靠有如此也，殊足增加我重大之經歷與教訓矣。

二、杜卿[1]四日代愛克聲明（匪如進攻金門，美即實行協防）並最後有與匪協商之暗示，其他表示皆甚嚴正，尤其對俄黑之恫嚇二函，其後函且原函退回，拒絕接受之態度皆甚堅定，即在下旬退函之後，愛克廣播決不在砲火下退卻之表示，更具有力，惟其中隱伏金、馬不為我反攻基地之暗示，因此余乃不能不有廿九日對記者談話之舉，以示自動的不以金、馬為反攻之基地，免其為難，並暗示予其合作之意。不料卅日杜勒斯出乎意外之惡態，殊為可歎，但因余立即表示驚疑與反對之意嚴正斥責後，次日愛克對記者談話又轉變緩和矣。此乃在匪砲包圍中，對外交激烈鬥爭之經過也。

三、美與匪華沙會談自十五日開始，經過四次會談毫無結果，余亦不正式反對，以此為美國外交幼稚，明知其停火目的決難達成耳。但金門的戰局必將因此而拖延不決，恐要失去了反攻大陸開始的機會。

四、九月杪止，金門一月餘之砲戰士氣與陣基屹立不搖，實已奠定勝利之基礎，而共匪之失敗原因及其陰謀所在，可約而言者：甲、急於侵佔金、馬，奪取臺、澎，以企圖實現其統一之夢，因此以爭取大國地位而消滅我中華民國為其總目標。乙、借俄共聯合形勢，以威脅美國不協助我政

1　杜卿即美國國務卿杜勒斯（John F. Dulles）。

府，並使其轉要我撤出金、馬，以重溫其大陳舊夢。丙、先用重砲圍攻。丁、再用魚雷快艇封鎖金門海面，以斷絕金門補給。戊、不敢使用空軍轟炸與觀察砲擊之目標。己、待我金門自動癱瘓或求降以後，方敢登陸佔領，全以虛聲恫嚇為其作戰基礎。庚、大陸各地全面發動反美運動與全民皆兵的總動員，以不惜發動世界大戰以威脅國際姑息與中立主義者，使之轉迫美國軟化，不敢協助我政府並退出臺灣，為達其第甲項之總目標，是其完全以國際懼戰心理之弱點為其軍事進攻之資本也，最後結果適與其所想像之陰謀成為反比例也。

五、金門反封鎖與砲戰勝利之原因：甲、守軍固守不屈之決心與三軍一致之精神。乙、因我能堅定固守，故美乃積極支援，而其政府最後雖因共產宣傳與內外威逼所動搖，但仍因自我堅忍不拔，卒致共匪計窮力竭，破綻敗露，自動停火，而仍能轉變其態度以保持其固有援我之立場。丙、海、空軍屢獲戰勝，打破其魚雷封鎖之奸謀以及擊毀其機群，最後因我廿四日響尾蛇型飛彈之使用，卒使匪機不敢回顧再與我交鋒。丁、三軍所有能作運輸之工具，陸軍之機帆船在內，皆參加運輸，特別是陸戰隊LVT 之兩棲小艇連日冒砲火搶灘，而匪砲制止無效，從此封鎖之企圖全被我打破，使其不能不改變方式而向我求和，以轉於挑撥中、美兩國互助之方面，此其圖窮匕見，醜態畢露之結果也。

六、本月份工作重點所可述者：甲、派經兒冒砲火二赴金門傳信與慰軍。乙、致胡璉等手書不下十通，予以詳示與獎勉。丙、對愛克與司馬德等之電達與面斥，據理力爭之收效（月初）。丁、美太平洋司令費爾德之小器不予計校。戊、四赴澎湖督導運輸與運八吋榴砲之成功。己、廿九日記者招待會。庚、廿八日祀孔與宴教授，卅日陸軍廿七期生畢業典禮如期舉行。

（此頁為十月十六日記錄，而非上月反省錄也。）

一、近來玩索中庸之心得：「自戒慎乎其所不睹至莫顯乎微」一段，即不睹、不聞、隱微、顯現，乃說明道之本質也。「喜怒哀樂之未發謂之中」句乃為道之體，「發而皆中節謂之和」句乃為道之用。所以其後再說明「中焉者天下之大本也」即「體」，「和焉者天下之達道也」即「用」也。至於戒慎恐懼與喜怒哀樂之發與未發，皆言修道工夫而總結於「慎獨」一點上。最後「致中和，天地位焉，萬物育焉」是說中庸之功效也，凡此修道工夫亦即修道之謂教的教也。中庸序文中，其書始言一「理」末復合為一「理」之「理」字，乃指天命之「天」，亦即天命之謂「性」的「性」字，而與其後句索性之謂「道」的「道」字相對，亦即是理為體，道為用也。十月十六日晨記。

二、「天人一體」者指「性」也，「神人一貫」者指「理」也，「聖靈即在吾心之中，吾心即聖靈」者乃指心即「天」也。

蔣中正日記
Chiang Kai-shek Diaries

十月

蔣中正日記
Chiang Kai-shek Diaries

蔣中正日記
Chiang Kai-shek Diaries

民國四十七年十月

十月一日　星期三　氣候：晴　地點：高雄

雪恥：一、共匪對向〔響〕尾蛇彈報復行動之準備。二、共匪火箭砲團三個團之對策研究。三、雙十節為金門之戰告東南亞華僑。四、「政治科學」即「軍事決心」。

朝課後用膳，聽報，上午批閱，經兒安達金門防衛部消息午刻方接到。正午約見美聯社記者[1]，對杜勒斯昨在記者會談話予以批評。午課後記事，續研福煦戰法，晡獨往大埤湖視察招待所建築，太費財為懼。晚獨自散步，晚課。

本日時間已改正（即夏令日光時間取消）。

十月二日　星期四　氣候：高晴　北雨

雪恥：一、美國政府政策已被共產勢力在地下組織宣傳而動搖，一如卅三、四、五年時代一樣的方式，宣傳共匪為土地改革的革新進步黨派，而認其東方惟一盟國政府 — 中國國府為腐敗無能的封建落伍的一群，今日其方式與手段雖然變更，又進一步的新技術，但其性質與方針仍是一樣，就是要使美國

1　莫沙（Spencer Moosa），又譯慕沙、摩沙、莫塞，美國美聯社（Associated Press）駐臺特派記者。

在東方對其一切盟國喪失威信，成為孤立，非至完全退出整個亞洲而成為俄共的亞洲而不止。此一後果，美國不僅重蹈其十年前覆輒〔轍〕，必將得到比當時十倍以上之慘劇，此乃我國軍民十餘年所獲得教訓之定論也。

朝課後記事，聽報，續研戰法，見馮啟聰[1]。正午宴美陸戰隊司令「派特[2]」後，飛臺北祭洪蘭友同志之喪。

十月三日　星期五　氣候：晴　陽明山雨

雪恥：昨十八時召見莊乃德，談一小時餘，對美國政府數日來言行，其於我金門沐血將士在心理上打擊之重大，無異為「先宣判死刑，而後再定期執行」之情景，而發以杜勒斯聲言「待可靠停火安排以後撤退防軍，否則實為不智」之語，而加以嚴正指出其愚昧也，語畢即先退，讓辭修等予以周旋。晚課後以經兒未回為念。

本（三）日朝課後記事，聽報，入府接受厄瓜多國大使[3]呈遞國書後批閱。與岳軍談美政策，所謂對華政策不變者，乃指其最近對金門減少軍隊與中立之政策而言乎，應加注意，仍應予以駁斥。午前經兒由金門白日起飛回來為慰，聽其報告士氣振奮、與官兵團結親愛互助救援之各種可歌可泣之事實，無任欣慰，但大、二擔及砲兵將士之辛勞痛苦得未曾有，更覺寢食不安矣。

1　馮啟聰，字伯曼，廣東番禺人。1954 年 3 月，任海軍兩棲訓練司令部司令。1959 年 3 月，兼任海軍六二特遣部隊指揮官。1960 年 3 月，任第一軍區（代理）司令。

2　派達（Randolph M. Pate），又譯派特，美國海軍陸戰隊將領，曾任海軍陸戰隊副司令兼參謀長。1956 年 1 月至 1959 年 12 月任海軍陸戰隊司令。

3　賴瑞雅（Gustavo Larrea Cordova），厄瓜多駐華大使，1958 年 9 月 26 日到任，10 月 3 日呈遞到任國書，1963 年離任。

十月四日　星期六　氣候：晴

雪恥：昨午課後續研福煦戰法上冊完，覆妻電，晡獨車遊山下一匝。晚經、緯同來聚餐後，與經兒車遊臺北，送其回家後獨回，晚課。本日對於反攻作戰之創意研究甚切。

本（四）日丑刻醒後，考慮對美外交與尼克生對我仍有可靠保證，自然減少駐軍之說應加以糾正的辦法，特別指明共匪沿海機場與重兵，其侵略力量如此重大而置之不顧，只以單方面倡言金門減軍並公開宣布，此為最不公平、不道德之言行一點，更應說明，但以備忘錄方式以辭修名義出之，而不再作公開發表辯論，以避免為仇敵所利用也。見法記者[1]後，主軍事會談。午課後批閱，見英記者[2]與議員[3]後甚疲，帶勇孫車遊，晚送經兒回家，晚課。

上星期反省錄

一、對杜勒斯卅日談話之斥責，已使其愛克第二日談話不敢堅持杜[4]減少外島國軍之主張，而且至周末愛克覆葛林[5]函中，已表示其對金門不退卻之決心，此一外島非軍事化甚至歸匪管轄之陰謀試探，已為我澈底粉碎，實已渡過一層最大之危機。關於此一天助之機運，應有記述之必要，以一日約見聯合社記者乃係普通約見，如慕沙當時不來見我，尚未知杜有此謬論，及其詢問乃在無意中作此指斥之答案耳。如其當日不作指斥，

1　孟仁，法新社臺北分社主任。
2　休斯（Richard J. Hughes），又譯休茲，澳大利亞籍，擔任《泰晤士報》、《經濟學人》和《遠東經濟評論》記者，被視為「遠東外國記者團元老」。
3　白斯特（Beverley Baxter），英國記者、政治家。1935 年代表保守黨當選國會議員，連任至 1964 年過世。
4　杜即杜勒斯（John F. Dulles）。
5　葛林（Marshall Green），美國外交官，其職業生涯專注於東亞與太平洋地區事務。時任國務卿杜勒斯的首席助理。

則次日愛克發言後情勢必更惡矣。

二、對記者招待會問答談話亦甚有重大關係也。

三、經兒第二次代余往慰金門將士二晝夜，冒險視察戰地晝夜不息，感人至深，殊覺自慰，以家有忠孝之子也。

本星期預定工作課目

1. 對美金門減軍政策應正式駁斥反對：甲、減軍後必引起共匪之強佔。乙、軍移臺灣不能再起守臺作用。丙、今後不僅在臺軍民無意與美並肩作戰，而且東亞亦無人再信美之協防為可靠也。丁、只要減退一連一排象徵性部隊，在我軍民心理實等於整個撤退外島、放棄金馬也，其後果應特注重。戊、在戰鬥中公門〔開〕倡言減退軍隊，對友義已為最大之損害，而對盟友在戰鬥浴血中，更不應有此單獨聲明之行動。己、此一行動，第一予共匪以鼓勵，第二予盟友以最大打擊。庚、我國除照余星四日對其大使之聲明外，決無再有其他考慮之餘地。壬[1]、由辭修聲明。

十月五日　星期日　氣候：陰

雪恥：一、力學原理。二、剿匪戰法之創意。三、保衛金、馬不僅是保衛領土主權，而其意義更在保衛我金、馬人民之自由與生命（及其國民應有之權利），亦就是我們保衛大陸全體同胞的自由與生命之示範，凡是不願共產魔王所奴役的人類，應特別注意我今日保衛金門戰爭之精神，我們今日浴血反

1　原文如此。

抗共匪，亦就是代表全人類求自由、求生存，永不為邪惡侵略、武力所屈服
的象徵（憑證）。丑刻醒後，考慮對美民宣傳要領甚久。

朝課後手擬告美民文告要旨至九時半，召集宣傳會談，研討內容得失。十一
時禮拜回，記事。午課後帶勇孫車遊中興橋，昨始開通也，甚佳。晚與經
兒車遊山下一匝，晚課。

十月六日　星期一　氣候：雨

雪恥：朝課時經兒來報，昨午夜彭匪[1]廣播停止砲擊七日之消息，乃在意料之
中。惟對其共匪這一事先預告之作用，及隨其宣傳之行動與方式如何，未能
先作進一步之研究與準備，是為對匪認識不足之缺點，須知共匪的每一宣傳
與示意，其必有一行動隨之而發也。課後審閱陶稿，仍不洽意。九時入府，
召集陳、張、黃[2]各同志研討彭匪廣播之影響，與對外、對內應有之表示及
對匪此後之準備，均予指示。先召司馬德明示我政府之方針，切屬其海軍不
可退出護航之堅決表示，次見國家（美）廣播公司記者[3]，對此事予以問答，
不能不有簡明堅決之表示也。正午修正告金門軍隊將士令文，與督導運輸工
作。午課後獨居深慮，甚覺自得，入浴。晚約彭、王、陳[4]等指示一切，
晚課。

1　彭德懷，號石穿，湖南湘潭人。1950 年，任中國人民志願軍司令員兼政治委員，領導抗
　　美援朝。1954 年，任國務院副總理兼第一任國防部部長、中共中央軍事委員會副主席。
2　陳、張、黃即陳誠、張羣、黃少谷。
3　勃朗（Cecil Brown），美國國家廣播公司（NBC）華盛頓分社主任。
4　彭、王、陳即彭孟緝、王叔銘、陳嘉尚。

十月七日　星期二　氣候：陰雨

雪恥：朝課後記事，入府批示後，主持宣傳會談二小時餘。對本黨幹部之落伍與不求進步甚為感歎，對共匪今後企圖與目前國際情勢之分析，使之了解。午課後修正雙十節文告。晡獨自車遊重慶北路修築未完之一段回，再修第二次文告，張國英軍長自金門初回，報告匪砲停擊後之一般情形，留其聚餐。晚續修文告至廿二時方畢，晚課。

審閱黑力雪夫五日對其塔斯社談話稿，名雖指斥愛克駁黑函之反響，而其對我反攻大陸認為內戰，不主介入之意甚明，此或可使美國對我反攻大陸政策不再阻礙之一轉機乎。

十月八日　星期三　氣候：陰晴

雪恥：朝課後續修第三次文告。九時入府，約見莊乃德大使，商討美國暫停護航之聲明方式與文字內容。余將其原稿增加一句，即其最後一句「美國已與中國就此問題舉行充分商討」是也。批閱後回，續修文告。午課後續修文告，作為最後定稿，可說心力交瘁，一般文人幹部真是愧對其職守，惟有浩歎而已。王亮疇夫人來謝，特加慰勉。晚與經兒步遊中興大橋，一樂也。

史坦因[1]說，將來最大的發明總跳不出道德、社會和精神的範圍，因為我們對於科學既已走上了身外的自然律，就應當再回頭來去尋找我們那內在的生命法。

1　愛因斯坦（Albert Einstein, 1879-1955），又譯史坦因，出生於德國，擁有瑞士和美國國籍的猶太裔理論物理學家，創立現代物理學兩大支柱之一的相對論，是質能等價公式（$E = mc^2$）的發現者，1921 年諾貝爾物理學獎得主。

十月九日　星期四　氣候：晴

雪恥：一、胡璉病假及其代理人之決定。二、海軍總司令調職之時機問題。三、美國外交政策對於「黑裡雪夫」不介入我內戰之聲明後，應使之轉變同意我反攻大陸，重建中華，此其時乎。

朝課後續修第四次文告稿，十時前入府批閱公文，會客，召見海、空軍立功將士二十餘員，自覺欣慰。主持作戰會談，聽取彭[1]總司令視察金門報告及運補計畫，四日來至本日已裝載一萬噸，大部運到金門為慰。午課前後對文告再作最後之修正，直至六時廣播為止，乃定稿也。晚與經兒車遊山上〔二〕匝，並巡視總統府雙十節燈彩，如去年燦爛壯嚴為快，晚課。

四十七年[2]

十月五日。黑利雪夫對塔斯聲明：

他認為有必要向他的人民重申保證，他併〔並〕不將他們拖入一次外國戰爭中。以上為紐約時報記載與社論所引用。

十月七日。記事：

黑利雪夫對塔斯談談話[3]，名雖為其毀斥艾森豪對黑魔函件之反響，而其對我反攻大陸認為內戰，不主張介入中國大陸戰爭之意甚明也。

十月十日　星期五　氣候：晴

雪恥：今晨三時半醒後，想念總理與開國先烈在武漢起義之情形，不能再睡，乃於四時後起床，先靜坐默禱半小時畢，尚未破曉即行體操，唱贊美歌，而

1　彭即彭孟緝。
2　原文如此，增補十月五日、七日記事。
3　原文如此。

後再讀勝利生活（本日一課）與修正荒漠甘泉至五月卅一日課止，敬神。聽文告，惟覺「對自由世界和平與安全」段之內容不足，其他全文皆甚得意也。記事，九時經兒與勇孫來見，領其同車入府。十時主持國慶典禮後，接見使節祝賀畢，與勇孫（童子軍裝）照相紀念，回寓假眠。午課後用膳畢休息，四時後帶勇孫視察洞口新築，回來已入黃昏。膳後帶勇孫看總統府前燈彩，光輝燦爛，祝我國家前途亦願如此。回晚課，入浴。

十月十一日　星期六　氣候：晴　溫度：八十六

雪恥：一、雙十節文告已對美國發生其重大影響，在其各大報刊載與社評中，可以估計其分量，此為重視此文之程度，實自二十六年在廬山宣布對日抗戰文告以來之第一次乎。常憶卅七年雙十節禱告，獲得啟示錄第二十一章「新天新地」之恩賜預諾，至今正滿十年，如果今後國家能從此轉危為安，革命轉敗為勝，消滅全國共匪，拯救全國同胞完成統一的話，當以此恩賜與文告之應效為首也。

朝課，記事，十時入府召見調職人員後，主持軍事會談，聽取運輸金門物資數量，每月為二萬五千噸之運量，以上月只運二千餘噸耳。午課後批閱公文，致妻電，寫胡璉信。晡與武孫車遊山上，晚帶經、緯、武、勇同車，觀總統府前燈彩後，經中興橋徒步過橋回，晚課。

上星期反省錄

一、俄「黑裡雪夫」五日對其塔斯社之談話，不介入我國內戰之聲明，應特加研究，以為轉變美國不阻撓我反攻計畫之契機乎。

二、共匪星一宣布停止砲擊一周後：甲、我運輸量在此周中已達一萬八千噸

之數，實等於平時三、四倍之運量，可知潛力在於發掘耳。乙、美國中止護航問題之協議實費苦心。丙、周末杜勒斯無端提議其親自來臺面商金馬問題，及其對國際應付之政策，殊為駭異，可知其「非軍事化」之幻想，尚未為我四十四日反共保衛戰所打破，殊為可歎，又須作一番苦鬥矣。但此乃成功以前必然之經歷，不足為懼耳。

三、雙十節文告自覺為歷年來所最適意之一次，惟歉一般文人黨政幹部太不負責，未能供我一臂之助，奈何，不能不為黨國前途深憂矣。

四、共匪總參謀長粟裕[1] 在其第二次停止砲擊聲明之前夕突然免職，而繼其任者為黃克誠[2]，乃黃埔第四期生也。以粟匪免職一事，更可判斷其對金門砲擊而不敢登陸進攻之計畫完全失敗，僅就其停止砲擊之聲明內容與文字，證明其內心傍徨與內部衝突之情勢已至無法掩蓋之程度，此乃毛共末日臨頭之明兆也。

十月十二日　星期日　氣候：晴　溫度：八十六

雪恥：一、杜勒斯要求我邀約他來臺面談問題，應審慎研究，而以避免俄共與國際姑息政客誤認其為要求我金、馬中立化而來也。只要注意此點，則彼來可以討論美國對華不反對反攻大陸之新政的利害問題，乃正其時乎。

二、對美國防部長麥艾蘭[3] 來訪與其談話之重點，應加研究與準備，應特別提醒其金、馬是我中國本身問題，不使俄共對其美干涉我內政有所藉口耳。

朝課後神態較閒暇，遊覽庭院。上午聽報，記事，記反省錄，禮拜。正午帶

1　粟裕，幼名繼業，學名多珍，字裕，以字行，湖南會同人。1954 年 10 月至 1958 年 9 月，任共軍總參謀長。1955 年被授予大將軍階。1958 年 12 月，出任國防部副部長。

2　黃克誠，原名時瑄，湖南永興人。1954 年 9 月，任中共中央軍委秘書長、國防部副部長。1955 年 9 月，被授予共軍大將軍階。1958 年 10 月至 1959 年 9 月兼任共軍總參謀長。

3　麥艾樂（Neil H. McElroy），又譯麥艾蘭，美國共和黨人。1957 年 10 月至 1959 年 12 月任美國國防部部長。

武、勇二孫遊大屯瀑野餐，午課後寫妻信，晡車遊山上。晚與經兒及兩孫車遊市區回，晚課，見叔銘報告其在金門與胡璉商談其回臺醫病之結果。

十月十三日　星期一　氣候：晴　溫度：八十八

雪恥：今晨四時半醒後，起床問侍衛長對共匪停火問題有否廣播，竟無所悉以答，及至朝課後曙光已逝，乃得其報告，稱彭匪[1]在一時半繼續停火二周之消息，亦不明其詳。直至六時半經兒將匪廣播全文見報，方知其重點全在攻擊美國也，余乃決定約杜卿[2]來臺面商，此其時矣。並手書公超訂定對美外交所應進行之要旨三項，長約千餘言。上午入府，見美麥艾蘭部長即以此意告之，並便提歡迎杜卿來臺面商兩國共同政策之意，囑其先行電達也，麥氏表示頗誠意。辭出後回寓，記事，致妻電。午課後審核宴會席次甚久為苦。晚宴麥氏，宴後又談半小時，彼對我提起俄必不能參加我大陸內戰時，即現沉默不語之態，但我仍必提醒不忌也，晚課。

十月十四日　星期二　氣候：晴　溫度：八十八

雪恥：一、蘇俄軍隊弱點與恐懼心理之研究。二、蒙蔽上級，隱藏危機。三、承認錯誤毫不掩飾是軍人指揮官人格之基素。

昨夜與麥氏所談的：甲、美國應相信各地區盟邦對當地區共黨之觀察與判斷，多容納其意見。乙、愛克因〔應〕相信我對中共的制服是有把握的。丙、俄酋已聲明不參加中國大陸內戰乃可證明我過去所判斷為不誤了，在不引起

1　彭即彭德懷。
2　杜卿即美國國務卿杜勒斯（John F. Dulles）。

世界大戰原因下應不阻礙我反攻大陸之意。

朝課後記事，入府召見調職人員六名，批閱公文。正午召見胡璉，述其先行檢查體格，不宜辭職，並加獎勉。午課後審閱張學良坦述西安事變的痛苦教訓，他至此對共匪幻想始消除乎。

十月十五日　星期三　氣候：晴　溫度：潮濕悶熱

雪恥：昨晚膳後與經兒車遊淡水道上回，晚課。兩月餘來之心境至今似覺略寬，故有好整以暇之趣也。

本（十五）晨閱葉[1]電，稱杜勒斯訪臺之意未如過去之急的報導，余認為其必接麥氏[2]報告其與我談話之結果，恐要求其不反對我反攻大陸之含意，而有所遲疑乎。不過二小時後又接葉[3]電，稱杜[4]決於廿一日訪臺，余認為其仍接麥氏最後報告而作決定，是其對華政策有可能新的轉變乎，惟此僅為希望而已，阿們。朝課後記事，到中央黨部主持總動員會報三小時完。午課後，批閱魏汝霖[5]撰左宗棠[6]平回戰史目錄。五時約華僑回國慶祝團三百餘人茶會，晚與經兒車遊市區回，觀臺灣堡壘[7]電影後，晚課。

1　葉即葉公超。
2　麥氏即美國國防部長麥艾樂（Neil H. McElroy）。
3　葉即葉公超。
4　杜即杜勒斯（John F. Dulles）。
5　魏汝霖，字澤民，河北滿城人。時任國防部聯合作戰計畫委員會委員。
6　左宗棠（1812-1885），字季高，湖南湘陰人。清朝大臣，著名湘軍將領。親歷討伐太平天國、洋務運動、陝甘回變、新疆之役等事件。官至東閣大學士、軍機大臣。
7　《臺灣堡壘》（Taiwan: Island Fortress），彩色紀錄短片，美國二十世紀福斯（Twentieth Century Fox）攝製發行。本年先在美國紐約首映，10 月 8 日起在臺北公映。全片總體勾勒了臺灣作為海上寶島與反攻基地的「自由中國」形象。

十月十六日　星期四　氣候：晴

雪恥：一、中央全會日期：甲、會談人事：子、秘長。丑、四組長。寅、交通部長。卯、省主席。辰、副部長與副總長。巳、海總。戊[1]、聯勤。二、總登記之方針與時間。三、國防會議秘書長（立夫[2]？）。三[3]、對美記者[4]談話：甲、金、馬不保，美與匪直接衝突，乃美非決心退出太平洋不可，此不必待匪攻至臺、澎，而後美匪衝突作戰也。乙、臺人對政府不滿之流言。

朝課後記事，聽報，入府會客，與道範〔藩〕談立夫事。主持作戰會談，對三軍總司令予以總體訓戒與指示。午課後審閱「三角形戰術基本思想」之總結論未完，約林語堂茶會後散步。晚觀聖女貞德[5]之電影，此為五月目疾以來第一次之試觀也，晚課。

十月十七日　星期五　氣候：陰晴

雪恥：一、將領成功之道：甲、誠實（無欺無蔽）。乙、和諧團結（榮辱與共，不可背地批評與推托）。丙、精明（管制政策）。丁、握要重急（本末先後，輕重緩急）。

朝課後記事，聽報，入府見紐約時報記者，談話一小時，說明金馬今日實際地位，與該報主張交給共匪之謬論，加以糾正，記錄甚為重要。主持財經會

1　原文如此。
2　陳立夫，名祖燕，字立夫，以字行，浙江吳興人。1949 年 6 月至 1950 年 3 月任行政院政務委員，1950 年 8 月任中國國民黨中央評議委員。時中國國民黨展開改造，整頓黨內派系，以參加道德重整會議名義，偕同家人離開臺灣，僑居美國。
3　原文如此。
4　麥規格（Greg McGregor）。
5　「聖女貞德」，可能指英格麗・褒曼（Ingrid Bergman）主演的《聖女貞德》（*Joan of Arc*），雷電華影業（RKO Radio Pictures）1948 年發行，1959 年 1 月在臺重映；或珍・茜寶（Jean Seberg）主演的《聖女復國記》（*Saint Joan*），聯美電影（United Artists Corporation）1957 年發行，本年 3 月在臺上映。

談，午課後續審三角形戰術思想完，尚須修正也。晡散步，為紐約時報談話記錄頗為急切。入浴後續觀電影，晚與經兒車遊回，晚課。

十月十八日　星期六　氣候：陰晴

雪恥：一、與杜勒斯談話要目之準備：甲、共同防衛協定中之附件，擬取消或修正。乙、樂成計畫之修正點在發射原子武器時之同意。丙、共同防衛金馬或限定其參戰時間為十二小時內。丁、減少金門之駐軍數目與時期。戊、原子砲或其他有效武器增防金馬。己、對發動大陸反共革命行動之促成工作，空降工具歸我運用。庚、在不引起大戰程度內，應不阻礙我反攻行動。辛、潛艇供我自由運送大陸人員與接濟，並准我向他國訂購。壬、不干涉我內政，不妨礙我主權的基本政策。

朝課，記事，入府會客，主持軍事會談，裁定金、馬工事經費之要領，與臺北坑道與交通計畫。午課後帶勇孫上角畈山休息，氣候清靜為樂。晚散步，晚課，九時寢。

上星期反省錄

一、對杜[1]希望：甲、聲明中國有其緊急自衛與報復權。乙、在臺灣海峽安全有關之（外島）沿海島嶼與中美協定有關之軍事外，其他與此無關（如大陸內軍事）問題，美自無權干涉其內政問題，決不妨礙我固有主權之行使。丙、共匪政權存在一日，金、臺決無一日安定，則西太平洋即一日不得和平，故美國政策為根本利益計，不可再阻礙我大陸革命有關

1　杜即杜勒斯（John F. Dulles）。

行動，以保障共匪之安全也，惟在不引起世界大戰為範圍。丁、減少外島駐軍之方案。戊、建設現代化軍隊之計畫，裝配紅石飛彈與編成五個軍部及一個軍團部之裝備。

二、談話目的：甲、重申我緊急自衛權之尊重，不妨礙主權之行使。乙、金、馬為臺、澎與西太平洋之屏障，必須確實保衛勿失，美國在必要時應予協防。丙、長期防衛金、馬之力量應予充實。丁、克制共匪長期砲擊困擾與阻絕我交通補給之陰謀。戊、調整金、馬兵力之部署，以增強其火力。己、防止共匪之武力侵略以引起世界大戰之方針下，對於大陸億萬人民之自由應設法使之恢復，以實行解放奴役之政策。

三、杜之王牌：甲、聯合國席位。乙、國際要求其變更對華政策。我之王牌：甲、我之對策隨時對大陸轟炸報復。乙、人民受共匪宣傳脅誘與反美心理。

十月十九日　星期日　氣候：晴

雪恥：一、飛彈營長人選與任命權。二、召集外交與軍事人員討論對杜[1]會談各種問題之方針。

昨子夜醒後，忽覺金門駐軍過多，如俄共使用原子飛彈時之危險性，可以剎那間全部毀滅之關係，則對杜氏果提減少外島部隊之建議，應作有條件之同意為宜。朝課，記事。九時半帶勇孫至溪內觀瀑，並到瀑頂之潭上，在屹立之大石前閑坐休息，頗覺自得，約廿分時照相紀念，乃回妙高臺寓午膳，經兒亦由臺北來陪。午課後詳閱紐約時報，對余答語之記載扼要無誤，此乃可予美國反華派一個重大訓示乎。

1　杜即杜勒斯（John F. Dulles）。

十月二十日　星期一　氣候：晴

雪恥：昨晡與經兒散步至望月臺上，忽見東方高山上白雲籠罩面之日光反影，特呈紫紅色的奇觀，並見半月當空，氣象清明，殊感快樂，以重陽在即也。晚觀電影，以目閃乃止。晚課後用膳，散步。

本晨（二十日）醒後略有思考，即覺暈眩數次，但甚輕微，此為過去所罕有者。起床（五時半）後朝課如常，八時後與經兒同車回府，觀地球圖，又覺腦暈。十時後約見岳軍、叔銘、少谷等，十一時舉行尼加拉瓜國最高勳章禮節，與其特使佘維安[1]寒暄畢，回寓。午課後召見公超，聽其在美報告一小時完，接閱妻函。晚宴佘特使，十時客去，晚課。本十六時共匪又恢復其對金門砲擊，至八時後止，約發一萬餘彈，其名為捏造美艦護航理由，而實為打擊杜勒斯明日訪臺也。

十月二十一日　星期二　氣候：晴

雪恥：一、我軍民不能長期忍受匪砲之困擾，必須予以積極克服。二、不以金、馬為反攻基地，亦不對匪挑釁。三、尊重我緊急自衛權，不再阻礙。四、在不引起世界大戰與美國捲入漩渦以外，應與我較大之活動，以促成大陸反共革命之形勢。五、共匪為金門戰爭之禍首，如其一日不放棄其武力主義，則中、美兩國為其自身安全與共同防禦協定之義務，必須加強合作，抵抗侵略，以防止東亞與世界大戰，確保西太平洋之安全。

本日三課如常。上午考慮談話要旨，十時入府，與陳、張[2]等研討談話重點與

1　佘維安（Sevilla Sacasa），又譯佘維雅，尼加拉瓜外交官，1943 年至 1979 年任駐美大使，時為訪華特使。
2　陳、張即陳誠、張羣。

方針，約二小時餘。午課後四時至六時半與杜卿[1]對談，由葉[2]翻譯，余以和善意態不與爭執為主之方針出之，完全談政策有關問題，並未作結論，但一般當稱和偕〔諧〕，無所歧異也。

十月二十二日　星期三　氣候：陰雨

雪恥：昨晚要求杜[3]對護航問題以對匪心戰，因其訪臺時匪重新砲擊行動，不可不有一正式表示。彼乃不允，甚為差異可怪。

本（廿二）日朝課，記事，手擬對杜談話要目，入府。十時半杜來會，即提出其預擬之說帖，其內容消極方面不要我做者五項，其重點要在無形中成為兩個中國之張本，並要我主動聲明願為可靠停火之安排，無異求和投降也。余聽葉[4]讀解後，心中痛憤，忍之又忍，故仍對杜未發憤色，只告其此議准作保留，即不予面斥嚴拒之意，但明告其對余素所深知，應知余為革命者，而我政府亦為革命政府，故對我革命主義決不作犧牲之舉，望其了解，餘容再談。辭出後，即令少谷作擬答之大意，而以其對國際上多對我遺棄之現象，為要脅我退讓之王牌一點，特予說破，我決不願為求得國際姑息主義者之同情，而喪失大陸同胞之自由希望，故我寧捨國際與聯合國之席次，而仍保留我大陸同胞對我之信心也。

1　杜卿即美國國務卿杜勒斯（John F. Dulles）。
2　葉即葉公超。
3　杜即杜勒斯（John F. Dulles）。
4　葉即葉公超。

十月二十三日　星期四　氣候：陰

雪恥：其來往原件皆留檔案，作為此一重大困難與苦痛交涉之經歷與教訓也。於此對外交之感覺，任何盟友或言行之信義者，皆無信義可言，弱肉強食之通律，美與俄皆不例外，余對外交今後又得一新覺悟矣。午課後力促少谷，速以前意作口頭答覆，而彼咬文嚼字，遲延至四時半實施，可歎之至。晡晚課後，吊教王[1]之喪禮。七時杜[2]來會，八時宴會後專談金門軍事問題，促其注重匪之長期砲擊陰謀與我軍不能久耐之後果，乃要求其從速設法克服共匪此一陰謀，予我以原子重砲毀滅其砲兵陣地，否則只可由我空軍轟炸其運輸線也。

本廿三日朝課後，修改杜所提之聯合公報稿，增加二點：甲、金、馬與臺、澎防務有密切關聯。乙、光復大陸的主要武器為三民主義之實行，而並非憑藉武力，不料其英文重修稿以「憑藉」改為「使用」，甚為不懌。

十月二十四日　星期五　氣候：雨

雪恥：（續昨）但在事後發覺英文稿已經發布，無法再改，此乃余之疏忽之病，亦是信任所屬譯者，故未令其最後面譯校對一遍，致此錯誤，以後切戒任何譯文必須作最後面校，覆核無誤為要（當時譯者為公超，當杜約余單獨談話，在樓上僅有公超一人在場翻譯。當談話之初，公超先告余曰，杜已照余原稿完全同意，余即信之甚慰，不料其「不憑藉」之原文而其英文譯為「不使用」，此乃其意完全不同，而公超竟如此欺主，無異賣國，殊堪痛心，但此木已成舟，對之亦無可奈何，惟有忍之，須知其為何如人也。中正）。

1　庇護十二世（Pope Pius XII, 1876-1958），曾任天主教教會駐巴伐利亞大使、駐普魯士大使、國務樞機卿，1939 年 3 月 2 日當選第二六〇任教宗，本年 10 月 9 日病逝。
2　杜即杜勒斯（John F. Dulles）。

九時半杜來訪，先由其與葉、黃[1]等洽商公報稿約一小時半，然後再與彼單獨談話，彼似甚覺滿意，此老言語一句不苟，思慮明澈，而反應敏捷，殊為可佩，此亦美國人中所見者也，余甚自愧遲鈍矣。正午留勞勃生便餐，午課後以「憑藉」誤譯為「使用」，甚為不快。入浴後獨自車遊山上一匝。晚八時經兒由金門回來，詳報一切略慰。膳後散步，晚課。

本廿四日醒後甚感「不憑藉武力」改為「不使用武力」之不妥，但事已如此，只有以「萬事都互相效力，惟有使信神者得益」句自慰，且信此事結果亦將於我有益也。

十月二十五日　星期六　氣候：陰

雪恥：昨朝課後記事，入府召見六人主持作戰會談，批閱公文。午課前後記事，見法記者與胡璉後，帶武孫車遊山上，晚巡視市中回，晚課。

本（廿五）日朝課後，先召見大維、叔銘、孟緝，研討金門司令官人選與應否調換問題，結果決調劉安祺[2]繼任，並對美提金門增強火力與減少人數案之方鍼，繼召公超來談對美宣傳與用款，以及與杜談話錄等事，並述余妻近況，頗覺憂慮。記事後，十時半帶武、勇二孫起飛，十三時半抵日月潭，氣清天朗為快。午課後帶兩孫遊湖回，入浴。晚散步，獨自遊湖聽鐘聲，晚課。

本晚共匪廣播雙日不砲擊金門碼頭機場的聲明，其內容之荒亂兒戲可笑，更斷定其內容與內心之矛盾無主矣。

1　葉、黃即葉公超、黃少谷。
2　劉安祺，字壽如，山東嶧縣人。1953 年 3 月，調任澎湖防衛司令部司令官。1955 年 7 月，調任陸軍預備部隊訓練司令。1958 年 11 月，調任金門防衛司令部司令官。

上星期反省錄

一、中、美會談後所發現我方重要之缺點，應作為今後對外交之警戒：

　　甲、事前擬定各種交涉之要點，但並未把握其重點的中心，而且亦未預計對方之中心要提在那一點上，亦未加以切實認清。

　　乙、聯合聲明雙方人員商定稿件以後，而未經主官重複核對，即憑負責譯員已照我手擬文字定稿一語即信之，而未作最後面核，以致英文多生弊竇，此乃為最大之錯誤。例如「恢復大陸人民之自由」的英文在中文應為「恢復大陸國土與人民自由」，又「非使用武力」的英文我所手擬之原稿為「並非憑藉武力」，而葉竟在定稿時不詳細說明，其事後辨〔辯〕稱在上文「達成此一使命之主要途徑」的「主要」二字，連貫下文「非使用武力」之語，其意並非不使用武力，不過使用武力為其主要途徑，但在國人觀之，必特別注重「非使用武力」原句，而不注重上文之主要與不主要之點矣，此與我「憑藉」之原意完全不同也。總之，此次公超負責作譯，其言行是否出於無意抑為有意，應在將來再加證明，然余尚不疑其出於有意耳。其他英文如自由中國與自由的中國之英文，其第一字母之大寫與小寫亦有錯誤，而且金、馬與臺、澎之有密切關連之上「在當前情況之下」余原稿亦未有此字樣。如果當時作最後面核，則余決不允有此字句，此皆重要之錯誤，應加詳記，以作將來外交經驗，而余之疏忽無主亦於此可見矣。

十月二十六日　星期日　氣候：雨

雪恥：一、對美現階段之方針，只能說明其為增強大陸人民反共革命之力量，與我軍為接應大陸革命之準備的計畫而努力，不可為直接反攻大陸之工

作而要求其同情也。二、今接愛克與杜卿[1]各電，表示感謝與滿意之心情，應研究運用之具體對策為至要。

朝課後膳畢，帶武、勇散步視察小學後，乘船遊湖，登玄藏寺[2]，道路已修成大部矣。回後記事，記上周反省錄，午課後經、緯二兒全家與薇美[3]、華秀夫妻[4]同來拜壽。入浴後記本月反省錄三項，晚課畢，聚餐後觀影劇，至十一時後方寢。

十月二十七日　星期一　氣候：陰

雪恥：一、美方所提金門加強火力案：甲、廿四生的口徑重砲與八吋口徑加砲為主要目的。乙、前展〔瞻〕計畫原定臺灣七個師武器不可移充於金門。丙、金門前展〔瞻〕師應由美方自行新訂計畫，我不提要求，惟望其能照我最初所提本第一年之前展〔瞻〕計畫十一師至十二師之原方案，能重加考慮而已。二、今後反攻戰力應專重以金門砲火能直接摧毀廈門附近之主要砲位與陣地，俾能直佔廈門以開闢光復大陸之道路，亦為戳破鐵幕一點之原定計畫實施之第一步驟耳。

本日為舊歷九月十五之正日生辰。六時前起床，朝課禱告畢，修改葉[5]記我與杜卿二次之談話錄，九時方完。經、緯、華秀、薇美等來拜壽，惟妻未參加，頗感寂寞。亦如往年禁食，未敢朝餐，以紀念慈母養育之恩情也。

1　杜卿即美國國務卿杜勒斯（John F. Dulles）。
2　實指玄光寺，下同。
3　孫薇美，浙江奉化蕭王廟孫益甫次女，嫁蔣中正長兄蔣介卿之子蔣國炳為妻，有一子四女，分別是子蔣孝倫，女蔣靜娟，蔣志倫，蔣環倫，蔣明倫。
4　華秀夫妻即韋永成、蔣華秀夫婦。韋永成，廣西永福人。白崇禧外甥、蔣中正侄婿。曾任第五戰區司令長官部政治部主任、廣西省黨部主任委員等職，時任立法委員。
5　葉即葉公超。

十月二十八日　星期二　氣候：晴

雪恥：昨午前帶緯國與武、勇二孫車遊埔里醒靈寺一匝即回，正午侍從人員
與至親等共二十人聚宴。午課後劉司令官安祺來見，以其新任金門防衛司令
也，予以指示，切告其今後以防空工事為第一也。記事後帶經、緯、武、
勇遊湖回，入浴，晚宴，觀影劇後晚課，十一時寢。

本（廿八）日朝課後記事，上午經兒等皆回去，僅留武孫侍奉，以其病後體
弱，留此休養也。手擬對美加強金門火力與減員提案之對策四項，令國防部
研究酌量後，向美提出自認為最合理之方案。午課後帶武孫遊湖，視察進水
口之噴水情形，已較枯水時提高三尺矣。沐浴，晚膳後再帶武、勇[1] 泛舟觀
月聽鐘，山色濛瀧，湖光澄平，甚有身入仙境之感，遊樂約一小時乃回。晚
課，九時半寢。

十月二十九日　星期三　氣候：晴

雪恥：一、祝賀教王[2] 就職之特使派少谷。二、發公超宣傳專款。三、約李
承晚道經臺灣時下機會談？

朝課前聽鐘為樂，膳後即帶武孫泛舟遊湖，至電力公司招待所登岸回館。記
事，記本月反省錄第四、五、六各項。午課前後獨居東書齋，窗靜几明，自
覺幽閒自得，為數月來所未有之樂趣也。晡帶武孫泛舟，至番社視察回，入
浴。晚膳後散步，再與武孫泛舟觀月，至光華島折回，晚課。

1　原文如此。
2　聖若望二十三世（Pope John XXIII），原名龍嘉利（Angelo Roncalli），義大利樞機主教，
　　本年 10 月 28 日當選為天主教教會第二六一任教宗。

十月三十日　　星期四　　氣候：晴

雪恥：一、據實地視察大陸共匪內容之中立者消息，認為大陸一切虛弱，不能作戰，至於人民公社之混亂情形秘而不宣，更為其致命喪，此乃共匪多行不義必然之結果，吾人此時固不能坐待其自斃，但亦不可以急於促成其斃之不慎，而反予以得救之轉機，故只有積極備戰與間接促成大陸反共革命之興起，而以正面軍事反攻為次要任務矣。此其中美共同宣言之要旨也。

六時起床，在院中散步聽鐘後，朝課。膳後散步，指示植梅地點回，記事，修核致愛克覆電，帶武孫遊文武廟下山乘舟回來。午課後帶武孫泛舟，至玄藏寺後山西灣之陳家村，其幽靜可愛，惜向西北耳。

十月三十一日　　星期五　　氣候：晴

雪恥：昨晡遊湖回館，經兒與胡伯玉已到，聚餐後觀影劇畢，晚課，十一時前寢。

本（卅一）日六時起床，在院中散步聽鐘後，朝課，默禱父母親在天之靈安慰，以減免平生不孝之罪也。記事，與少谷通話，囑其往羅馬教王祝賀途徑不經香港以避共匪和謠，蓋共匪時想其為和談橋梁耳。十時帶經、緯與武孫往遊臺北大學林場之「溪頭」[1]，由胡伯玉同車，談金門戰事與敵情。彼對敵情及其人事最有研究，最為難得，對於建軍與考人見解亦有研究為慰。自鹿谷經廣興至溪頭招待所，公路崎嶇，幾乎不能行車，可怪。十三時半方到，略覺疲憊，休息一刻時聚餐，至柔、劍靈皆未約突來。膳後視察辦公室，並植一杉苗為紀念後，賞識臺灣杉木畢，登車回。

1　意指臺灣大學位於溪頭的實驗林場。

上月反省錄

一、此次杜勒斯來訪期間，余原定對杜如於我國無重大妨礙或損害之事，則不予為難，以免兩國交惡之方針出之，故其結果各有得失。但在我方形式上損失較大，尤其公報上「非使用武力」一語，對我國民之失望必大，但於事實上是否反於我有益，當在不久將來方可證明。以此語美方得之，可以安慰其民心，以免除其因我作軍事反攻牽累其捲入我戰渦之恐怖，而使其政府援我無阻也，並使其可以轉移英、加、紐等姑息主義者對我之恐怖心理，不使其積極承認共匪也。至於非使用武力一語，在現時無力反攻之前，並無實際損失，只是使大陸人民一時失望，但不久以事實即可挽救，故對我將來反攻並不有實際之妨礙耳。觀其杜卿回國後之聲明，與愛克之謝電，余信此一結果至少美對我之軍援不致減少，而或能加強乎。最重要之點，為余對杜卿並無作任何要求其有交換條件也。

二、公報發表時對我缺失之點甚多，如果當時與杜卿作最後之對校，其文字必有面爭不快之舉，故未作最後面核是一大誤，但因此缺失而於中美情感反無所損，而且有益，此或即「萬事互相效力，惟信神者能得其益」之意，其為上帝暗示之力乎。

三、杜卿第一次所提「五項」消極之建議說帖的經驗，無論任何國家對我外交均無道德與信義可言，只有自立自主。如有力量準備完成，則任何公報亦難約束我所應有之主權與革命矣。

四、與杜談話經過自覺「知言」工夫之重要，而我與對方談話最大之缺點：甲、未能防範對方所欲求者為何事，以及其所求目標之中心，皆不能時加警戒。乙、自己談話亦未能把握重點，亦無固定目標，所以最後只有所予而未能有所取。惟余最初方針，只在確保外島為我主權與領土地位決不能作任何之讓步一點，最後公報亦終得達成此一目的，以我方參加會談與起草公報者皆不注意，一任美方原稿絕無隻字提及金、馬外島問

題，可知我幹部之知能與識見如何，使人不能不對國家前途之憂慮矣。

丙、交涉之要訣，以預測對方之意向何在？凡其有某種要求及其意向所在之測覺時，我方必有一預定之交換條件為之相對，或拒或予或繼續研討，或半拒半予、似允非允、似要非要之各種態度，以期最後不失我所預定之目標也。以後對「知言」工夫應特別用力也。

五、此次最危險，而美國對我國之基本政策，其所提五項之底牌全盤托出，是為最足自慰者，以今後對美外交乃可以此為防範之準繩矣。

六、將來反攻復國成功時應不忘此次交涉為我勝利之基因，若無此次公報第六項「不以憑藉武力為反攻復國之主要途徑」一語，則對外之阻力與對美之疑忌終無法袪除，而我僅拘束於「武力反攻」而無法實踐之口號，徒使人民失望與指責，究有何益。此次所得者，余以為乃登上實踐反攻之途，而放棄其武力之虛名，不惟對國際，而其對共匪心理之作用或可使之鬆懈一點，未始無益耳。

七、俄「黑裡雪夫」五日稱不干涉中國內戰之聲明，與毛共六日停止砲擊之聲明，以及其第二次停擊之前夕革除粟裕之偽令，可知黑、毛之矛盾與共匪內部之矛盾已至無法掩飾之程度，而其兩次停擊偽令之措辭離奇恍惚，對於挑撥中、美兩國之關係，其醜態與拙劣真所謂匪夷所思，除了其臨終之前一派胡言亂語、神經昏迷之狀態外，再無其他可以形容矣。[1]

1　第八項記於 11 月 1 日之後。

十一月

蔣中正日記
Chiang Kai-shek Diaries

蔣中正日記
Chiang Kai-shek Diaries

民國四十七年十一月

十一月一日　星期六　氣候：晴

雪恥：昨（卅一）日回途中仍與伯玉同車，談外交事，途經鹿谷與廣興，皆下車視察鄉公所農會與民眾為禮。十七時正到涵碧橋，觀大陳義胞之故鄉臺閣及音樂之聲，不禁又起鄉念矣。入浴後晚膳，觀民眾放煙火花後，晚課。

本（一）日朝課後，補修致杜勒斯覆電，甚覺必要，聽報約一小時餘。上午重閱「蓋爾」（英將）論核子時代的將才與指揮藝術小冊[1]，有益。午課後讀勝利的生活二篇，帶伯玉、經、武等遊湖，視察高砲陣地回，入浴。審核去年日記總反省錄未完，膳後散步，晚課。

續上月反省錄

八、自八月初俄共在北平會議聯合公報發表以來，至十月杪止，此三個月間對美國外交之爭折，實較對俄共軍事上之鬥爭更為艱鉅，在此俄、美夾擊圍困之中，自認為是誠與拙精神終能贏得第一會合之勝利，無論對敵、對友與對己，惟賴此堅忍不撼之決心，■■所由內蘊與表現耳。經兒在

1　蓋爾（Richard Gale），英國陸軍將領。本文為 "Generalship and the Art of Command in this Nuclear Age", *RUSI Journal*, 1956。

敵砲猛射之中三次舍命前赴金門之舉，實亦為此次轉危為安之重要關鍵。余以為此三個月之痛苦與忍受，不僅建立了消滅共匪、光復大陸之最大基因，而亦建立了中美共信互助之基礎。特別是杜勒斯訪臺之意義更為重大，雖杜氏[1]之來共匪惱羞成怒，砲戰重起，但此場惡戰不能不說是由黑裡雪夫發表俄匪北平公報而開其端，乃由杜勒斯訪華發表中美公報而收其果耳。

本星期預定工作課目

1. 黨務重登記之方針，應否延期須考慮。
2. 特種部隊與空降計畫及準備。
3. 軍官教育：甲、文字與語言之技能特科。乙、生活禮節與紀律之加強。丙、任用程序與資例之考慮。丁、科學與技術之具體分析。戊、地形識別與利用課。己、指揮藝術 — 掌握作戰指導方針。庚、戰術慧眼 — 要決定決戰地點最有利的所在 — 認識地形。辛、對作戰細微末節之注重檢核，但對部下授權而不加拘束。壬、親臨前線。癸、兩個主官或指揮官會談必須通知有關業務之幕僚，或帶他參加會談之必要。子、直接掌握部下與其規定通信信號。丑、欺騙隱蔽及奇襲與地形關係。
4. 核射線與熱射線及輻射與輻合之學理。
5. 主官不應手擬計畫命令及各種文稿，而應假手幕僚。

1　杜氏即杜勒斯（John F. Dulles）。

十一月二日　星期日　氣候：晴

雪恥：朝課後記事，記本周工作表甚久。九時聽報後即帶伯玉、經兒、武孫出發，經霧社略停，視察警局後即換吉普車，登橫貫支路，在翠峰下車，視察囚工住所生活，此為上次過午野餐之地也。繼續前進，乃由二千公尺向三千二百公尺高之南嶺上進，經昆陽下車視察，此為日人滑雪之地，略有平地，水土甚佳。再經南嶺最高之埡口即到石門關，其地勢即由此下坡，此處為南北合歡山之中心，氣候、土形、風景皆佳，可以棲息之地。再下約三公里即為合歡埡口，即幹路與支路之交接點，其對面即為崎萊山脈[1]，風景形勢甚宜，乃與同行者合照幾片。午膳後巡視幹線坑道洞口工程畢，乃登車回程，經南嶺埡口下車，即公路最高點，照相紀念後回來。

十一月三日　星期一　氣候：晴

雪恥：昨日回途至霧社下車，見武孫面色蒼白，乃即令其服藥休息，余與伯玉先回到涵碧樓，已五時半，入浴，武孫亦回，見其無恙為慰。此支路山脈之西流即為烏溪，東流即為濁水溪，其東面高山即為崎萊山，西面即為八仙山，其在中部地形說此路最為重要。經兒主修此支路，以助築幹路中間工程之開闢，使幹線可分四段同時進行，以縮短完成之日期，其結果之意義不止於此耳。膳後散步，乘舟聽鐘回，晚課。

本（三）日朝課後記事，上午重校去年日記總反省錄，頗有益，更覺共匪「多

1　即岐萊山，今奇萊連峰。「奇萊」一詞源自臺灣原住民撒奇萊雅族，其居住的美崙溪平原，被稱為「奇萊平原」，清治時期地圖將西邊的山嶺標為「岐萊山」，漢人轉寫為「澳奇萊」或「奇萊」。

行不義必自斃」之命運不遠矣。十一時前見楊啟泰[1]、蔡功南[2]等僑領十二人後，聚餐畢辭去。午課後審閱上月日記，帶經、武兒孫遊湖。膳後散步，聽鐘，晚課，九時後寢。

十一月四日　星期二　氣候：晴

雪恥：昨（三）日匪砲自十二時起至午夜，又向金門列島共發射四萬餘發，前日（二）日則未射一發，推究其故，乃因美國（四）日總選舉，使其政府黨受到打擊，企圖改變其對共政策乎，除此之外再無其他作用。十二小時之間發射四萬餘顆砲彈，豈不太費本錢乎，其萬毫無意義，可知共匪臨到窮途末路，意亂腦昏，只可出此胡思亂想、胡作妄為之表現矣，不滅何待？

本（四）日朝課後記事，上午聽報，乃知臺、港政客們對我反攻大陸成功時，彼等無投機餘地，故必欲在此時要求政府召開救國會議之心情甚急，只有可歎與可痛而已。綜核八月日記，補記反省錄，午課後補記未完。晡帶高魁元[3]與經兒、武孫遊湖，與高談人才。晚散步，與經、武泛舟聽鐘回，晚課，十時前寢。

1　楊啟泰，福建龍溪人，菲律賓華僑。倡辦菲律賓中正中學，任校董事長達四十年。戰後擔任菲律賓交通銀行董事長、行長兼總經理達二十年。

2　蔡功南，福建晉江人，旅居菲律賓凡六十餘年，時任菲律賓華商聯合總會理事長。1954 年與其子蔡白生代表臺灣，參與在馬尼拉舉辦的亞運飛靶射擊賽。本年率領中華射擊代表隊參加東京亞洲運動會，其子蔡白生奪得不定向飛靶項目銀牌。1961 年華僑商業銀行成立，擔任該行首任董事長。

3　高魁元，字煜辰，山東嶧縣人。1957 年 7 月任陸軍總司令部副總司令。1958 年 7 月調任陸軍預備部隊訓練司令，1959 年 1 月調任第二軍團司令。1961 年 1 月，任國防部總政治部主任。

十一月五日　星期三　氣候：晴

雪恥：一、目前主要工作：甲、金門制壓匪砲的火力，二四生的榴砲與八吋口徑加農砲之爭取。乙、空降部隊訓練與工具之準備。丙、空降士兵之宣傳與組織工作訓練為最要。

朝課後記事，上午審閱八、九月份日記，追記八月反省錄，午課後補記九月反省錄未完。美國參眾議員總選之結果，共和黨慘敗程度出於意外，惟紐約州長「勞克菲祿[1]」為共和黨員當選，頗強人意。晡帶經兒、武孫遊湖，至月湖最西端之深灣，另成局勢，幽雅勝人。膳後散步，晚課。

十一月六日　星期四　氣候：晴

雪恥：一、特種部隊之目標地區與工作技能之訓練：甲、閩、贛、粵與閩、浙交界各縣鎮及其關隘。乙、沿海各縣要地。丙、以人民公社佔據為第一對象，對匪幹之控制澈查與利用及防範等方法，與民眾組織領導技能之研究。丁、破壞據點百里內之交通橋梁，與沿途伏兵襲擊等戰法之訓練。戊、組民與發槍帶路與通信及退卻方向與處所。己、各種對空通信記號。庚、訓詞實踐院，關於收復匪區有關之問題切實研討與實習。

朝課後記事，上午記八月、九月份反省錄完，午課後審閱六月、七月份日記後，帶經兒、武孫遊湖。晚觀影劇皆甚幼稚，晚課，十時半寢。

1　洛克斐勒（Nelson A. Rockefeller），又譯勞克菲祿，美國共和黨人。1953 年 6 月至 1954 年 12 月，任美國衛生、教育和福利部副部長。1954 至 1955 年，任總統外交事務特別助理。1959 年 1 月至 1973 年 12 月任第四十九任紐約州州長。

十一月七日　星期五　氣候：晴

雪恥：一、特隊佔領城市後，應嚴防匪機之轟炸為第一，故其部隊應分散四周，而其司令部更應設在郊區且極保密。二、特隊戰術（分散分區）與鄰近其他特隊之互助與集合，以及化整為零與化零為整之實習，務以針對匪情而定。三、準備雨衣。

朝課後記事，指示植梅增廣地點，上午手記六月份反省錄。午課後記七月份反省錄後，招待華僑來遊者數十人。晡帶經兒、武孫遊湖，晚仍散步遊湖。男、女學生在碼頭上排隊唱領袖歌，鵠候一小時不散，甚為感動，何以報其愛戴之忱也。晚課後九時半寢。

十一月八日　星期六　氣候：晴　溫度：八十

雪恥：一、特種部隊對來攻匪軍之宣傳要領及工具，與來歸條件保證，又對於歸誠後之處置及控制與防範之技術應特別研究與訓練。二、對佔領城市、鄉村等民兵與匪幹處置管制與組織以及運用之方法。三、對平民、士、農、工、商等各業分別之組運。四、對教師、學生、青年與兒童之管理。五、對集中營與監獄人犯之解放運用與宣傳組織訓練之方法。

朝課後記事，補記七月份反省錄完，聽報後遊覽，十一時接見英自由黨副總理[1]（女）後，乃準備起程。十四時經故宮博物館，巡視國防部招待所（臺中），未能視察當地預訓部及軍部也。在機上午課，十五時回蔣林。晡入浴，晚帶武、勇二孫車遊，經臺北橋轉中興橋回，晚課。

1　英國自由黨副主席卡特爾爵士夫人（Violet Bonham-Carter），及女作家鄧格斐夫人（Elma T. Dangerfield）。

上星期反省錄

一、美國會議員選舉共和黨大敗，情勢殊出想像之外，今後兩年中對於反攻大陸行動更將遭遇阻礙？

二、美匪華沙會談最近之一次初畢，美大使比諾[1]即回美報告請示，其中必有重大因素應加注意，共匪其將對美讓步乎。

三、以毛匪年來行動及其此次金門砲擊與求和誘談的態度，完全出於其主觀想法，無論對外、對內的方針，決不能如往日自如得法矣。

四、在日月潭休息半月之工作：甲、五月至十月各反省錄補記完成。乙、對特種部隊使用方針，為促成大陸反共革命之主體。

本星期預定工作課目

1. 力學原理、聯合作業教程與人民公社。

2. 前清各級政制與文武統屬的關係。

3. 高級將領學藉〔籍〕之轉移期別。

4. 預備部隊官長之舉措延緩。

5. 高級機關之辦事程序與效率。

6. 省道縣制之研究。

7. 上校以上之陸軍，應補其黃埔相當期別學藉〔籍〕。

8. 各部隊之副職，其資例高於主官者，應調為學校與史政處之研究專科之專員。

9. 地形學與戰史學特設專科研究員。

10. 達成任務與決心之習性的養成。

1　比諾（Jacob D. Beam），美國外交官，1957 年 8 月至 1961 年 11 月任駐波蘭大使。

11. 禮節訓練與檢查，定為每周六之常課。

12. 二軍團司令、美軍援考察團交涉、長程砲催運、留美參校特訓人選。

十一月九日　星期日　氣候：晴　溫度：八十二

雪恥：一、第二軍團司令高魁元，預訓司令劉玉章[1]？二、蕭銳[2]與劉鼎漢[3]對調。三、孫竹筠案查明。四、美軍援團長「肖夫[4]」之接洽。五、廿四生榴砲與金門減額問題之解決。

朝課後記事，召見大維、叔銘、孟緝，商討對美援促成前展〔瞻〕計畫之重要，大維消極可歎。禮拜後研究特種部隊使用地區與辦法，午課後補研作戰指導要綱，晡帶武、勇車遊山上一匝，晚再召見叔銘與孟緝，晚課。

十一月十日　星期一　氣候：晴　溫度：八十二

雪恥：一、總理誕辰之講詞查核。二、據曹諜[5]確報，毛匪在其第二次停止砲擊偽令以前，一面革除其參謀總長粟裕（因反對停火令）之職，一面親飛廈門前線強制停止砲擊後，方能實現其停火偽令，是其軍隊內部矛盾已因

1　劉玉章，字麟生，陝西興平人。1953 年 3 月，任臺灣中部防衛區司令官，1954 年 5 月，調任金門防衛司令部司令官。1957 年 7 月，任陸軍副總司令，1959 年 1 月，調任預備部隊訓練司令。

2　蕭銳，字慎哉，湖北麻城人。時任第二軍團副司令，1959 年 1 月調任金門防衛司令部副司令官。

3　劉鼎漢，字若我，湖南鄞縣人。1955 年 4 月調任第七軍軍長，1956 年 3 月調任第一軍軍長。1958 年 4 月調任陸軍預備部隊訓練司令部副司令。1959 年 1 月調任第二軍團副司令。

4　蕭夫（Charles H. Shuff），又譯休夫、肖夫，時任美國國防部主管國際安全事務副助理部長。本月 9 日，率領美國軍援計畫訪問團一行，自日本飛抵臺北訪問三天。

5　曹諜即曹聚仁。

此次金門戰役而完全暴露，此其對於軍事前途命運乃為致命之打擊，不可不深切研究。

朝課後手擬今日訓詞要旨，九時見美「庫特[1]」上將談空軍問題。十時舉行陸參學校正規十一期畢業典禮，致訓，點名，召見顧問聚餐。午課後記事，晡帶武孫遊後公園，晚車遊中興橋視察回，晚課。

十一月十一日　星期二　氣候：晴　溫度：八十二

雪恥：一、憲法研究小組之恢復。二、宣傳指導委員主任之人選。三、游擊隊第二縱隊閩藉〔籍〕隊員之選訓。

朝課後記事，入府召見調職三員後主持宣傳會談，對共匪「人民公社」制及其後果之研究頗感興趣。午課後批閱公文，對師長人選考慮甚詳。晡見美軍援考察團長蕭夫等，茶會，提醒其金門對岸匪砲克制之火力不可忽懈。本日心緒沉悶，時覺被輕侮也。晚膳前後帶武孫車遊消愁，晚課。

（共匪今日又取消其隔日砲擊之聲明，而恢復其全面砲擊。）

十一月十二日　星期三　氣候：晴　溫度：八十四

雪恥：一、近日心神不佳，以美國軍援拖延不到，不守信諾，令人對之更為失望，以吾人如此精誠待他，而他仍無信義表示可痛。二、妻電話語意聲浪皆使人不快，更令心神不佳。

朝課後，批核留美參校特訓第三期學員與候補名單，以及師長以上升調人員

1　庫勃（Laurence S. Kuter），又譯庫脫、庫特，美國空軍將領，曾任遠東空軍司令，1957 年 7 月任太平洋空軍司令。

之考查，甚費心力。入府主持總理誕辰紀念後，約見莫柳忱[1]與陳辭修談話，往訪馬安瀾覆車傷勢回，記事。午課後審閱情報二小時有益，與張柏亭商討明年實踐社教育長期特班計畫。車遊回，觀影劇，晚課。

十一月十三日　星期四　氣候：晴　溫度：八十四

雪恥：一、對莊大使[2]談話：甲、新戰車二營之續運與前展〔瞻〕師七個師之計畫，希望國務院特別關照其國防部。乙、美對華政策已有改變？二、金門鋼筋器材應多購運。

朝課後記事，手擬作戰會談關於建軍訓示八項。入府見美海軍司令霍武德[3]後，見孔德成[4]與陸志家畢，對海軍立功官兵訓示點名後，主持作戰會談二小時。午課後召見莊乃德與司馬德、唐納[5]等，解決金門加強火力（廿四生榴砲速運金門）與減少步兵問題獲得協議，此為中、美間對外島兵力不同意見之癥結所在也。

1　莫德惠，字柳忱，吉林雙城人。1954 年 8 月任考試院院長，達十二年，任內改革考試制度，推行職位分類，倡導考用合一，創辦公務人員保險等。
2　莊即莊萊德（Everett Drumright）。
3　霍伍德（Herbert G. Hopwood），又譯霍武德、霍達武德，美國海軍將領。1957 年任海軍作戰部副部長（後勤），1958 年 2 月任太平洋艦隊總司令。
4　孔德成，字玉汝，號達生，孔子第七十七代嫡長孫，襲封三十二代衍聖公、大成至聖先師奉祀官。1949 年來臺後，復建臺北家廟，倡導儒學。自 1955 年起，於臺灣大學中文學系、考古人類學系兼任教授，講授「三禮研究」、「金文研究」、「殷周青銅彝器研究」等課程。1956 年起，任國立故宮中央博物院聯合管理處主任委員。
5　唐納即杜安（Leander L. Doan）。

十一月十四日　星期五　氣候：晴　起風略冷

雪恥：昨與美商談對金門廿四生榴十二門之增防，余認為今後對廈門反攻計畫之基礎也，故親自解決不使拖延。晡帶武孫車遊山上一匝，以武將於今晚入醫院，明日對扁桃腺施用手術，故膳後令早回家。晚獨自視察園藝所後山之坑道開築情形回，晚課，九時半就寢。

本十四日朝課後記事，十時前由淡水球場乘直升機，到美艦中途〔島〕號¹視察，軍禮如儀。本日所見者，其艦長比上次李察號增加三分一，其他二發動機噴射轟炸機及其轟炸技能之表現，皆為前所未見者也。十四時後離艦回來，午課如常，晡帶勇孫車遊山上一匝。武孫今晨割治扁桃腺經過良好為慰。晚與經兒車遊山上一匝回，晚課，九時半寢。

十一月十五日　星期六　氣候：晴陰

雪恥：一、「人心惟危，道心惟微」之人心與道心不易解釋，今以意度之。人心乃指普通之「心」，而道心則指「性」，即「天性」而言，因之性的本質比「心」為更進一層，所謂存心養性即此意乎，以性本善而微而心亦善，但甚易偏差，故為危也。

朝課後記事，入府見美「可倫波」廣播記者²，所提問題皆甚幼稚為憤，但此種無理問題應作拒答，置之不理，何必惱怒。主持軍事會談，核定中美聯合作戰之樂成計畫修正案，乃一要事也。午課後約各地華僑祝壽團員茶會，講詞聲明澀重，乃覺精神尚未復元也。晡晚各車遊淡水及市區一次，晚課。

1　美國航空母艦中途島（USS midway CVB-41）號。1945 年 3 月下水，9 月服役，1992 年 4 月退役。原在大西洋及地中海執勤，韓戰後轉入太平洋艦隊，曾參與大陳島撤退。
2　美國哥倫比亞廣播電視公司（CBS）駐遠東區主任凱立許。

上星期反省錄

一、與美協議與合作之點：甲、金門加強火力與減少兵員案，已獲解決。乙、中美聯合作戰協防的樂成計畫重加修正完畢。丙、中途島航空母艦之參觀，與「庫特」及「霍武德」聚談有益。丁、美對我經濟開發貸款已經成立二千餘萬美金。戊、美對我國輿論雖仍有左派反宣傳，但已譽多於毀矣。

二、留美參校特班第三期學員人選已核定，高級將領高魁元、劉玉章、田樹樟[1]、何俊等之調職已令行。

三、對反攻大陸之陸、海、空三軍基本武力已有具體腹案，自認為其只要一得適當機勢，自可作登陸最小限度之實際行動，只要廿四生榴砲果能如約運到而已。

四、國際形勢：甲、俄酋以撤退東德之俄軍與廢除波士坦協定，要求西柏林交還東德統一向西方美、英威脅，以美態堅強，故俄態已自動緩和。乙、停試核子會議與防止突襲二會議，皆無成功希望。丙、約旦王[2]飛歐竟被埃、敘飛機空中襲擊，幸得無恙，安全回國。

五、共匪之人民公社之暴政已引起世界非共各國之震驚，而其內部統治之弱點亦日形暴露，余認為此着即為我反攻復國時期必促成提前之到來無疑，應特加注意。

六、對特種部隊使用計畫，將盡力指導其實現，今後應以此主要工作也。

1　田樹樟，號中夫，山東高苑人。1955 年 1 月，任第八十一師師長。1959 年 1 月，調任第十七師師長兼馬祖守備指揮官。

2　胡笙（Hussein bin Talal），又稱胡笙一世（King Hussein I），為約旦國王，1952 年 8 月 11 日至 1999 年 2 月 7 日在位。

十一月十六日　星期日　氣候：晴

雪恥：一、第三期反攻準備已進入於實施時期，戰爭性質：甲、引信導發戰必須由半軍事性之空降作戰，促大陸反共革命運動之突發。乙、局部優勢之作戰。丙、解救民眾的戰爭必須宣布戰爭宗旨約法三章：子、恢復家庭團聚以恢復生活自由。丑、歸還其原有自耕之土地，或分配人民公社之土地，撥歸民眾自耕。寅、協助反共軍隊，不違反反共法規，保障其個人生命與安全。

朝課後手擬特種部隊作戰要綱未完，禮拜如常。午課前後仍續前稿，晡約美海軍司令霍武德並晚宴後散步，晚課，十時半寢。

十一月十七日　星期一　氣候：晴

雪恥：一、金門砲兵對匪砲陣地以主動的集中局部優勢分區毀滅，但必須待廿四生榴砲到達裝備完成以後。二、調鄭挺鋒[1]為預訓副司令。三、使用無線電之簡碼密語應平時習慣，並須有計畫的不斷替換與每周編發。四、特種部隊之編制組織與各級指揮要領之演習。

朝課後記事，入府召見程滄波[2]同志，以其能黨員錯誤之覺悟來書懺悔自認錯誤，予以獎勉。批閱人事，以胡適向岳軍二次請見，乃約其定期進見。記上周反省錄。午課後檢查目疾，未曾加深。帶勇孫參觀兒童樂園。晚與經兒車遊回，晚課。

1　鄭挺鋒，原名庭烽，字耀臺，廣東文昌人。1955 年 7 月，調任第一軍團司令部副司令。1959 年 1 月，調任陸軍預備部隊訓練司令部副司令。
2　程中行，字曉湘，筆名滄波，江蘇武進人。1948 年，當選行憲後第一屆立法委員。1949 年 5 月，赴香港任《星島日報》總主筆。1951 年赴臺灣，歷任中國國民黨內要職，並任政治大學、東吳大學、世界新聞專科學校教授。

十一月十八日　星期二　氣候：陰雨

雪恥：一、特隊對城市與對鄉村及人民公社所在地降落與佔領，初時之任務行動以及各種工作目標與處置方法不同之要領，應作具體考查與研究其解決問題，訂立各種想定與方案。二、初時第一安民告示之重要，應研究簡明之文句──對匪幹、民兵、農人、工人、青年與知識階級之鼓勵與號召。三、對人民公社之方針：破壞？或保留利用？四、退卻時對壯丁之帶走與對其他人民之處理皆應具體擬定辦法。五、公社如果破壞分散後之人民住食問題，如何解決。六、同行帶走之壯丁，糧服如何補給問題。

朝課後以天雨未能巡視飛彈營及新式飛機之表演，乃在家。上午專心手訂特種部隊作戰計畫教育訓練綱要完。

十一月十九日　星期三　氣候：陰　微雨

雪恥：昨午課後召見張柏亭與范健[1]教官，指示其目作要領及特種部隊之協訓與游擊隊之戰史等任務。晚帶勇孫車遊中興橋回，晚課，甚感寂寞，故九時半就寢。

朝課記事後，補充特種部隊綱要之指示完，此乃最近之重要工作也。主持中央常會，聽取匪區人民公社之實情報告與我們對策，甚有益，予以指示。正午宴評議委員老者十餘人，說明中美聯合公報經過情形。午課後召見胡適，此誠一政客也，余仍予以普通禮遇，不使難堪，以彼二次請見也。晚車遊後審核人事，晚課。

1　本鄉健，前日本陸軍砲兵大佐，化名范健，1950 年 1 月抵臺，協助整訓國軍幹部，為革命實踐研究院軍官訓練團（白團）之副總教官。1963 年 12 月離臺。

十一月二十日　星期四　氣候：陰雨

雪恥：一、特隊第五目標：粵、桂、湘邊區以梧州、肇慶與南路為主目標。
二、特特〔隊〕應準備各項：甲、地名與方向數字之假名詞之記憶。乙、
反情報與假口供、假投降之技能訓練與逃回方法。丙、出發目的地不令隊
員先知，必待降落後宣布。丁、多帶收音機、擴音機、廣播機與通信機及
電池，修理等訓練。戊、當場宣布不准殺害民兵與歸誠之匪幹。己、對社內
復員軍人之組訓與優待。庚、組織反共同心會與中共革命委會。辛、對公
社人民應以群眾性方法（煽動、激勵、破壞、報復等）領導之。
朝課，記事，入府會客，主持情報會談，批閱。午課後批閱要公，散步遊
覽，帶勇孫巡視市區。晚觀影劇（百戰飛將[1]）甚佳，晚課。

十一月二十一日　星期五　氣候：雨

雪恥：一、匪人民公社成立一年後之成敗形勢如何，以及其二年、三年以
後之可能形勢應切實研究，與我之進行對策。二、召見柏亭談陸大預備班設
立與否問題。三、函戒至柔不正行為。
朝課後，補擬特種部隊組訓與任務等重要問題，特別對於其目的之說明。上
午入府見馬來亞回教訪華團後，見大法官林紀東[2]等畢，批閱回，續擬補
稿。午課後研閱福煦戰法下卷開始第一章完，帶勇孫車遊。晚與經兒車遊
淡水回，晚課。

1　百戰飛將，指劇情電影《百戰長空》（*The Hunters*），講述韓戰期間美國空軍飛行員的
　　戰鬥與愛情，二十世紀福斯公司 1958 年出品。狄克・鮑威爾（Dick Powell）導演，
　　勞勃・密契恩（Robert Mitchum）、羅勃・韋納（Robert Wagner）、梅・白麗（May
　　Britt）主演。
2　林紀東，福建福州人。1958 年 9 月獲總統提名，監察院同意，就任中華民國第二屆司
　　法院大法官。

十一月二十二日　星期六　氣候：陰

雪恥：昨行政院宣布「匯率統一」辦法，其實行以前未有報告，辭修行動漸露驕矜應加警戒。對周至柔品性言行傲慢驕矜，不知自愛為眾所惡，不勝憂惶，乃致書切戒，以冀其速改，免致喪失。

朝課後致至柔書，上午入府見阿根廷代辦[1]及大法官二員，主持軍事會談，聽取閩省沿海各港口島嶼襲擊計畫之報告頗慰。午課後重修周函，召見柏亭後散步，入浴，觀影劇後晚膳，晚課。

上星期反省錄

一、會見最不願見的無賴（胡適）政客及悔改之黨員程滄波，能強勉而行，是乃品性修養上進步之效也。

二、愛克覆函總要限制我對大陸一切解放行動，絲毫不肯放鬆，此或出於羅勃生之小人手稿，只有一笑置之，不予計較。

三、美國軍援最近延緩拘束日緊，只有聽之，雖爭無益，惟有向我預定之目標積極準備，待機進行而已。

四、俄將東柏林交還東德之狡計，以脅制西方退出柏林，果能達成其目的乎。

五、特種部隊使用方針與要領，手擬六千言，已完成全稿，此乃反攻之基本計畫也。

1　艾卡格（Carlos Echagüe），阿根廷駐華代辦，1957 年 11 月 7 日受任，1958 年 3 月 2日到任，1959 年離任。

本星期預定工作課目

1. 韓斌[1]、張鍾秀[2]、汪英華[3]、何振起[4]、李虎辰[5]、劉鐵君[6]等自傳與履戰歷查報。

2. 德潛艇消息。

3. 發俞[7]特別費。

4. 召見雷黎與狄恩[8]等。

5. 視察飛彈基地。

6. 函劉[9]司令。

7. 召見胡璉。

8. 對特隊訓示。

9. 人民公社研究會組織與聽講。

10. 軍事會議日期。

1　韓斌，號又斌，山東壽光人。1957 年 8 月，任第四十九師副師長，1960 年 1 月，升任第五十八師師長。

2　張鍾秀，熱河建平人。1956 年 1 月，調任第二軍團副參謀長。1958 年調任裝甲兵第二師副師長。1959 年 11 月，任陸軍砲兵學校副校長。

3　汪英華，號鍔生、蓴蓀，湖北武昌人。1955 年 5 月任第三十四師副師長。時任實踐學社教官。1961 年 9 月調任陸軍軍官學校副校長。

4　何振起，號範之，湖南長沙人。原任第九師增設副師長，時任實踐學社教官。1959 年 9 月，調任預備第九師師長。

5　李虎辰，山東泰安人。1955 年 5 月升任第三十二師參謀長，時任革命實踐研究院戰術教官。

6　劉鐵君，號友梅，安徽桐城人。時任革命實踐研究院戰術教官。1963 年 2 月升任陸軍第四訓練中心指揮官。

7　俞濟時，字良楨。號邦梁、濟士，浙江奉化人。1955 年 6 月辭總統府第二局局長，專任總統府國策顧問。

8　狄恩（Fred M. Dean），美國空軍將領，1957 年 3 月任太平洋空軍轄下第十三航空特遣隊司令，8 月兼美軍顧問團空軍組組長。

9　劉即劉安祺。

十一月二十三日　星期日　氣候：晴

雪恥：近日甚以美國態度自杜卿來臺發表聯合公報後，最初其愛克與杜來各電表示和協之意，但在事實上並無進步，反增加其限制與消極程度，甚以外交不能有何道義與情感可言，只有各自之利害與欺詐是尚也，慨歎之至。

朝課後記事，記上周反省錄。上午遊覽庭園，審核人事，禮拜。午課後往大溪召見張學良，其身體言行一如二十年前相同，自稱其受共匪之欺詐，最近已澈底痛悔矣。晚與經、緯等車遊中興橋，晚課。

十一月二十四日　星期一　氣候：晴

雪恥：一、今日反攻復國的基礎，無論在（敵方）客觀上與主觀上（本身力量）已經形成了，所缺的只在美國政策尚有所待，此後無論對內、對外，只要能寬諒、忍耐、不怒、不妄，沉默自重以創造時機，期其有成而已。

朝課後記事，寫劉安祺司令函。十時到研究院主持建設臺省研究會開學典禮致訓回，批閱。午課後續閱福煦戰法下卷第二章，見美太平洋總司令部參長[1] 後散步。觀影劇，不佳，晚課。

十一月二十五日　星期二　氣候：晴

雪恥：昨記不怒不妄之箴，今更以不求不爭以補之，此乃「持其志，毋暴其氣」是也。

1　即雷黎（Herbert D. Riley）。

朝課後記事，入府會客，見史恆豐[1]可用。主持一般會談後，審核師長候補者人選，頗費心力。午課後續閱福煦戰法論，有益。晡帶武、勇二孫車遊淡水回，入浴。晚膳後與經兒巡視中華路違章建築實地情形，使人發生如何建設之感矣。晚課，九時半寢。

十一月二十六日　星期三　氣候：晴

雪恥：一、令柏亭事：甲、基本戰術圖示之編印。乙、高級史地班之籌設，以戰史地理（分歐、美、非與亞洲，中國、西北利亞、中亞細亞與印度、中東半島）及地形地圖學。二、留學師長與代理人選。三、實踐學院下期以各軍師參長未受訓者調訓為主。

朝課後記事，上午主持中央常會，午課後續閱福煦戰法及福煦品格 — 第四章模範軍人完，頗有益。晡召見張德溥[2]與胡伯玉，談飛彈營編組及人事問題，晚觀影劇後晚課。

十一月二十七日　星期四　氣候：晴

雪恥：一、軍友銀行之設置。二、將校團之基本組織。三、實踐教育目標：甲、陸大預科班。乙、史地研究班。丙、將校（高級）研究班。丁、國防

1　史恆豐，字良毅，陝西華縣人。1950 年，擔任第七十五師第二二五團第一營營長期間，駐防大膽島擔任南山指揮官。在大膽島戰役中，以不到三個連的兵力迎戰共軍。擊斃共軍三百餘人，生俘三百餘人。時任陸軍步兵第九新兵訓練中心指揮部副指揮官，其後歷任步兵第一新兵訓練中心指揮部指揮官、第二士官學校副校長、第十七師副師長、臺灣警備總司令部綠島地區警備指揮部指揮官等職。

2　張德溥，號偉民，浙江吳興人。1957 年 4 月，任第十七師參謀長，後任陸軍指揮參謀學校參謀組教官。1958 年 10 月，任陸軍飛彈第一營營長，負責籌備勝利女神飛彈營。

研究院之附設各科班。四、新任師長人選與方式（實授或代理）。五、特種
傘兵作戰準備計畫即以「武漢計畫」代名之，其要領：子、爭取匪軍反正
及途中截擊後，使之繳械或逮捕其主官、政工人員而收編之。丑、編組以
每中隊防戰砲二、三門，小高砲一門，無後座砲一門為基幹。寅、解散公
社、恢復家庭為口號。

朝課後記事，九時出發先到林口，視察勝利女神飛彈營組織與操作，所謂「按
紐」作戰之結構，初次領略也。再轉桃園機場，參觀 F104、F101 及 F100、
C119、RF100 各種機型，最感欣賞者惟 C119 型機，將為我復國計畫之導發
要具乎。

十一月二十八日　星期五　氣候：晴

雪恥：昨午十三時前由桃園視察回途車中，經兒報告其又接匪諜曹某[1] 廿一
日函，其意有不和則戰，最遲當在明年五月以前，匪軍對臺必用飛彈炸平等
恫嚇之詞，可笑之至。午課後約見美眾議員安德生[2] 後，與大維談美援裝備數
量後散步。晚帶武孫車遊，晚課。

朝課後記事，入府會客後主持財經會談，決定明年減征三萬新兵，征兵只以
廿一歲役齡為準，移其經費為增家〔加〕老兵之待遇，此為健全部隊之重要
步驟。午課後與柏亭談陸大預備班之方針，及軍官團教育方式。晚膳後觀
西班牙製電影，甚佳，十時後晚課。

1　曹某即曹聚仁。
2　安德生（LeRoy H. Anderson），美國民主黨人，1957 年 1 月至 1961 年 1 月任眾議員（蒙
　　大拿州選出）。

十一月二十九日　星期六　氣候：晴

雪恥：一、湘、鄂、黔邊區傘兵之活動地點。二、預約投物地點之代名詞及收音符號。三、實踐學社同學會之日期及方針。四、惟誠與實為成功之本的口號。

朝課，記事，入府接受委內瑞納公使[1]呈遞國書後會客，主持軍事會談，對明年度建軍基本工作，以健全軍士制度、軍官團與高等軍事學府、三軍聯合大學為第一要務。午課後帶武孫車遊基隆，晚膳後散步，車遊淡水道上至關渡折回，晚課。

上星期反省錄

一、金門三師長代理人選，特選此次保衛大、二擔最有功的副師長，行伍出身之陸志家，以鼓勵士氣，乃是破格之舉也。

二、視察勝利女神飛彈隊及C119運輸機以及F100、F104、F101等飛機性能，特別對RB57之照測機之技術人員裝備與訓練更覺有益。

三、特種部隊空降組訓與業務戰術繼續研究補充指示，不厭其詳為慰。

四、福煦戰法看完，臺省建設研究班第二期開學親自主持。

五、本周遭遇之事，可憤可憂者甚多，但亦有忍耐強勉與奮鬥之績效耳。

1　葛邁萊（Luis A. Colmenares），委內瑞拉駐華公使，1958年11月18日到任，11月29日呈遞到任國書，1964年10月離任。

本星期預定工作課目

1. 決定明年缺員減征新兵三萬名。
2. 徐思賢[1]司法次長與軍法處正、副處長之情形查報。

十一月三十日　星期日　氣候：晴

雪恥：一、反攻戰略第一階段之方針，應以敵人空軍基地及其主力（空軍）所在地區為主目標，不應以舊日政治地理及其地面部隊為第一對象也。

朝課後記事，發電。九時到總體育場主持原子防護演習一小時半，對民眾防空工作與教育必有益也。禮拜如常，帶武、勇遊後公園，午課後約狄恩、范席古[2]茶會，以此二人升級也。又見沈怡[3]，晚觀觀[4]西班牙影劇「匈牙利志士之血[5]」甚佳，晚課。

1　徐思賢，浙江嘉善人。1955 年 12 月任國防部動員局副局長，1961 年 2 月調任國防部人員司副司長。

2　范席古（Neil David Van Sickle），美國空軍將領，1957 年 4 月出任美軍協防臺灣司令部副參謀長，1958 年 10 月升任參謀長。

3　沈怡，原名景清，字君怡，浙江嘉興人。曾任交通部政務次長、南京市市長。時任聯合國亞洲暨遠東經濟委員會防洪及水利資源開發局局長。1960 年回臺，出任交通部部長。

4　原文如此。

5　匈牙利志士之血，即《匈牙利志士血》（Rapsodia de Sangre），講述 1956 年匈牙利革命期間布達佩斯人民抗暴行動，西班牙施斐亞影業 1958 年出品。安東尼‧伊薩斯門（Antonio Isasi-Isasmendi）導演，瑪莉亞‧茜卡杜（Maria Rosa Salgado）、維生‧派賴（Vicente Parra）主演。

上月反省錄

一、匪諜（曹某[1]）在九月廿六日致少谷函，稱匪擬於十月六日停止砲擊，而以國軍不要美國護航為惟一希望，我乃置之不理，而匪果於六日自動如期停火矣。

二、九月中旬聯合國為黎巴嫩問題召集臨時大會，獲得迅速結會，而使俄共不及將臺、海、金、馬戰爭提出大會討論，是其共匪對國際與美國恫嚇之預計失了機會，而後俄共且將此臺海戰事甚恐聯合國之討論，而不敢再提出聯合國，又減少吾人在聯合國內之麻煩，是亦共匪作賊心虛，不敢正視公理矣。

三、最後研究杜勒斯之所以急於訪臺求得中美公報之發表者，實以美、英皆恐我乘金門砲戰勝利，而自動反攻大陸以引起大戰，故其以此為阻制我行動之憑藉。因之我之作戰凡有一勝利，必受列強之嫉忌與破壞，決不允我有獨立與自由之可能也，能不自求乎。

四、上月毛酋與劉、周、朱[2]等皆麕集漢口，而且長期密會，此乃非常之舉，是其金門砲戰失敗後，對內、對外特別對於人民公社實施之成敗關係，以及對反美大運動之失敗以後，對人民如何作宣傳交代問題。此乃十年以來共匪竊踞大陸後所遭遇最大窘迫時期之臨頭也。

五、韓共、越共各頭目亦皆麕集漢口，更可證明此為其於金門失敗後，將在遠東又作如何進行第二會合之步驟，重新掀起反美之高潮也。多行不義必自斃，不患共匪知難而止，只要力自振作，反攻復國之機必然來臨也。

1　曹某即曹聚仁。
2　朱德，字玉階，四川儀隴人。中華人民共和國成立後，先後擔任中央人民政府副主席、中共中央紀律檢查委員會書記、中華人民共和國副主席、中共中央副主席等職務。

六、俄逼迫美、英退出西柏林之陰謀畢露，此乃其在東方金門砲戰不成後，又一新的冷戰之開始，但必不能達其目的。

七、上月工作重點在空降部隊作戰之準備一點上，可說已盡心力，但尚嫌不足耳。

八、可憤可憂之心事甚多，美國態度不定，乃其國會總選反對黨（民主）大勝後顧忌更多，殊為可慮。尤其共產國際在美滲透煽惑，近更猖獗，而其左派對我之各種毀壞之宣傳，無異於卅三年以後之時代，惟今日自我之基礎已較當時為穩，只要能自求不懈，則敵將無所施其技矣。

十二月

蔣中正日記
Chiang Kai-shek Diaries

蔣中正日記
Chiang Kai-shek Diaries

民國四十七年十二月

本月大事預定表

1. 福煦戰爭論。

2. 聽講歐戰史。

3. 實踐新學員之核定。

4. 新師長之選定。

5. 人事制度之革新

6. 海總司令之調派。

7. 招商董長人選。

8. 廿四榴砲之設計。

9. 防大與實踐畢業。

10. 勝利生活之督編。

11. 三軍儲備班之設計。

12. 中央秘長人選之決定。

13. 明年看書計畫（俄軍）。

14. 明年軍事目標與設計。

15. 德國潛艇之購製。

16. 重新登記之方針與檢討。

十二月一日　星期一　氣候：晴

雪恥：一、在高雄期間的工作：甲、海軍總司令人選與日期。乙、中央全會日期與議題及目的。丙、明年度軍事計畫與目標。丁、明年應看之書目與研究重點。戊、勝利生活之修編。己、福煦戰爭論之研閱。庚、整理積案與必修之書。辛、明年學員實踐社人數與教育方針及班次之選定。

朝課後以孝鎮[1]私自回家外宿，不勝憤怒。記事後入府，舉行古巴大使[2]呈遞國書典禮。十一時前到研究院主持紀念周，對留美參校學員訓話後會客。午膳後即起飛至高雄，以急於審閱情報，乃忘卻午課，至夜課時同時補習。晡視察大埤湖招待所建築工程，尚未完成。晚散步，甚感武孫能順意侍奉，不覺孤寂為慰。

十二月二日　星期二　氣候：晴

雪恥：一、晨醒考慮任期滿後繼任人選，及本身對政治之責任問題：甲、無論國大人數及正式會議是否開成，余決心不再連任，而以黨魁職責指導反攻復國事業，以建立今後政治之基礎，予後人以規範。如國大無法開成，則亦以交副總統以代理總統名義繼其任也，此於國事較有益也。

朝課後記事，膳後帶武孫在海灘散步，向北行進約二公里許，礁石阻塞不能再進為止。午前批閱行政改革會建議卅六案完，此亦一要務也。午課後研閱福煦戰爭論第一章，不忍釋卷，恨不早讀也。晚散步車遊後，觀影劇未完。膳後散步，晚課。

1　蔣孝鎮，浙江奉化人，蔣中正族侄孫。從北伐時期即追隨蔣中正任侍從副官。時任總統府內務科科長。
2　甘篤（Rosendo Canto），古巴駐華大使，1958 年 11 月 28 日到任，12 月 1 日呈遞到任國書，1960 年 9 月離任。

十二月三日　星期三　氣候：晴

雪恥：一、福煦對於戰略與戰術之分別：凡與戰鬥及其手段有關者為戰術，而與政治及其目的有關者為戰略也。二、辭修好聽細言，而其左右又沒有一個識大體、具遠見者為之襄助，只有派系自私與排除異己者，玩弄其虛偽情報，以獵取其權利為職業。此次在美對 CC 反動之報告，純為防阻立夫回國之作用，而辭修竟然信之，殊為前途憂也。

朝課後先閱福煦戰爭論第一章近代戰爭之本質完，記事。午課後批閱人事，晡約見美海軍顧問組新舊組長[1]後，帶武孫海灘散步，與「佩狼」作玩耍回，入浴。晚觀影劇「泰山搏命記[2]」頗佳，晚課。

十二月四日　星期四　氣候：晴

雪恥：一、華僑經濟服務處之設立。二、太國松卡[3]領館之設立與人選 ─ 簡文思[4]（禮賓司幫辦）。三、青年向往之心與激發鼓動。四、特種部隊官兵之超級方針，只要其當地兵員充實，即以其員額編成單位准予任命為主官，但以連長不得超任團長以上之主官，即最高超二級為止。五、群眾化平等生活，但作戰必須服從階級。六、情報第一組織為本。七、考核與監察及審

1　畢立定（Theodore H. Britten），美國海軍軍官，卸任援華軍事顧問團海軍組組長。包義德（A. M. Boyd, Jr.），美國海軍軍官，1958 年 12 月至 1960 年 7 月任援華軍事顧問團海軍組組長。

2　《泰山搏命記》（Tarzan's Fight for Life），美國米高梅公司 1958 年出品，是第二部彩色泰山片。

3　太國松卡即泰國宋卡府。宋卡府（Changwat Songkhla），位於泰國南部，是通向新加坡和馬來西亞的門戶。

4　簡文思，四川巴縣人。1953 年 3 月任駐泰國大使館一等秘書。時任外交部禮賓司幫辦，參事。1969 年 5 月調任駐菲律賓大使館代理參事。

問技術。七[1]、員額人數以多為貴，但約法四章：甲、自願。乙、共甘苦。丙、服從命令。丁、為眾服務。朝課後研閱戰爭論，上、下午續閱至第四章止，記事。朝、夕帶武孫海灘散步，玩耍，入浴，車遊愛河傍，晚課。福煦戰爭論實為優越其他兵書也。

十二月五日　星期五　氣候：晴

雪恥：一、特隊要務：甲、爭取民眾。乙、爭取匪軍。丙、爭取匪幹，防制匪幹。丁、爭取匪黨黨員而組織之、利用之。戊、爭取匪團團員而教育之，激發其救國愛民之天性。己、組訓敵探，令其將功贖罪。庚、實施連坐法。辛、殘酷與仁愛，控制與自由之分。壬、以共對共、以民對共，不加禁止。癸、報復與奪取，服務與報酬。二、不自由毋寧死，不願再受共產奴役作牛馬，寧可反共到底，餓死戰死。

朝課後續閱福煦戰爭論，至正午第五章完。午課後在游泳場觀美滑水團表演，晡散步，入浴。晚與經兒、武孫車遊回，晚課。

1　原文如此。

十二月六日　星期六　氣候：晴

雪恥：一、譯編要目：甲、俾士麥[1]傳、菲烈德[2]傳、毛奇[3]傳。乙、拿翁[4]傳、奈爾遜[5]傳（英）。丙、華盛頓[6]傳及其繼任者傳林肯[7]傳。丁、伊藤博文[8]傳、乃木[9]傳、列寧傳。應明年征求編譯。二、中國名將賢相列傳之編著。

朝課後以養目關係未看書，只看荒漠甘泉新譯稿之一課而已。膳後帶武孫散步，上午續閱福煦戰爭論至第七章止。午課後記事，批閱。與經兒、武孫巡視大埤湖招待所，晚觀電影劇「老人與海[10]」甚佳，能發人深省，晚課。

1　俾斯麥（Otto von Bismarck, 1815-1898），又譯俾士麥、畢士麥，普魯士人，1867 年至 1871 年出任北日耳曼邦聯首相，1871 年德意志帝國成立後成為德意志帝國首相，後世史學家稱作「鐵血宰相」。

2　腓特烈二世（Friedrich II, 1712-1786），又譯菲烈德、菲德列，1740 年任普魯士國王兼布蘭登堡選帝侯，被後世稱為腓特烈大王。

3　毛奇（Helmuth Karl Bernhard Graf von Moltke, 1800-1891），普魯士將領、德國將領，1871 年至 1888 年任普魯士參謀本部總長、德國參謀本部總長。

4　拿破崙（Napoléon Bonaparte, 1769-1821），法國陸軍將領，法國大革命時崛起，1804 年至 1815 年為法蘭西皇帝。

5　納爾生（Horatio Nelson, 1758-1805），又譯奈爾遜，英國海軍將領，著名的特拉法加海戰指揮官。

6　華盛頓（George Washington, 1732-1799），1775 年至 1783 年美國獨立戰爭時殖民地軍總司令，1789 年成為美國第一任總統。

7　林肯（Abraham Lincoln, 1809-1865），第十六任美國總統，1861 年 3 月就任，直至 1865 年 4 月遇刺身亡。領導美國經歷南北戰爭，維護聯邦完整，廢除奴隸制，增強聯邦政府權力，並推動經濟現代化。

8　伊藤博文（1841-1909），字俊輔，號春畝、滄浪閣主人。日本近代政治家，首任日本內閣總理大臣，明治維新元老，中日甲午戰爭策劃者，日本首任朝鮮統監府統監。

9　乃木即乃木希典。

10　《老人與海》（The Old Man and the Sea），劇情電影，改編自海明威（Ernest Miller Hemingway）同名小說，美國華納兄弟 1958 年發行。約翰‧司圖加（John Eliot Sturges）導演，史賓塞‧屈賽（Spencer Bonaventure Tracy）主演。

上星期反省錄

一、來高雄休息，實為避煩也。本周研閱福煦戰爭論，自第一至第八章為止，甚覺此著不能於二十年前研閱為憾，故每日誦讀不忍釋卷，以其理論與法則仍多適合於我國今後之戰爭也。

二、審閱黨員對重新登記之意見，並無特殊優超之見解，僅覺中央黨部編纂〔纂〕不合科學為歉。

三、繼續考慮特種部隊作戰之要領與方針不遺餘力。自上月以來對此工作，認為今後導發大陸反共戰爭之主要武力也。

四、一周來目疾似漸減輕，睡眠亦甚正常為慰。

本星期預定工作課目

1. 聽講日期。
2. 科學軍官儲備人選。
3. 各代理師長人選。
4. 召見留學學員。
5. 中外名將相傳記之編印。

十二月七日　星期日　氣候：晴

雪恥：一、大軍統帥之講義（范健）。二、任務與決心之重要。三、原子彈爆炸方式及地面零點與產量之判斷。四、澳頭（劉五店）與澄海（外沙脣）之兵要地誌。五、特種部隊之主要戰法，乃以奇襲為目的與任務。六、組織與情報二種戰術。七、欺敵計畫使敵對方向與目標之錯誤，為主要作用。八、鼓勵士氣：甲、希望。乙、光榮。丙、財富。丁、自由平等。戊、

名與利。己、威脅與利誘。

朝課，膳後巡視侍衛室。上午續研戰爭論第七章完，散步遊息。正午孝章母女[1]來拜別，膳後即回去。午課後記事，帶武、勇巡視舊神社與要塞部附近，預七師部總覺缺少活力也，晚課。晡巡閱左營、龜山與春秋閣，其景甚佳，惟污極矣。

十二月八日　星期一

雪恥：一、有老家者還住老家，無家可歸者即在公社內按家分住之口號。二、南路粵、桂之特種游擊地區。三、問二四榴砲到否。

朝課後複核致妻函後，朝膳畢，帶武孫海灘散步，與「佩郎」作玩消遣為樂。上午續閱福煦戰爭論第八章，正午約桑納斯[2]便餐。午課後記事，續閱前第八章完，帶武孫車遊半屏山周圍公路一匝。晚觀影劇，晚課。

十二月九日　星期二　氣候：晴

雪恥：一、人事考核與資料仍不確實，即不研究發展之故。二、對前在金門海面俘獲三青年砲艇匪兵，並未盡到應有審問要務之條目：甲、應以此三青年不同之環境、家庭及其教育所發生之效用，予以測驗與考證，以為今後對匪軍心戰不同方法運用之參考基本資料。乙、匪軍二十歲之士兵與卅歲以上之官長（下級與中級）的心理之判定，有如何不同之點，最為重要，即

1　即蔣方良、蔣孝章母女。蔣方良，俄名芬娜（Faina），取名芳娘，後改方良，祖籍白俄羅斯。1935 年 3 月 15 日，與蔣中正長子蔣經國結婚，1936 年 12 月，隨蔣經國回中國。生有蔣孝文、蔣孝章、蔣孝武、蔣孝勇三子一女。

2　桑納斯，美國互助廣播公司特約記者。

大陸淪陷前後之青年心理感情，對共匪與對我黨之情緒，必有重大差別也。朝課後續閱福煦戰爭論「戰爭各種原則」章，甚覺有益。午課後記事，約美滑水團員茶會畢，帶武孫車遊，晚課。

十二月十日　星期三　氣候：晴

雪恥：一、特種部隊對於當地人民之心理戰，應有兩種相反之情勢與場合的對策之準備：甲、人民絕對受共匪之控制，不敢反抗，而引我軍為敵人，處於敵對態度時，則應以嚴酷手段對之。乙、人民大多數附從我軍而反對共匪，但仍有少數共產分子從中作祟，則對此作祟蟊賊澈底清除，但由民眾名義行之，而將其他人民編入同心會，青年編入反共軍，予以組訓。二、對特隊之今後行動與方向，雖予以大體指示，但不加限制，准其獨斷專行，只求其能發展與存在也。朝課後續閱福煦戰爭論第九章，至奇襲與機動會戰止。午課後記事，召見陳市長[1]與憲警主官及鄒鵬奇[2]、羅恕人[3]等。晚帶武孫車遊，晚課，九時就寢。

1　陳武璋，臺灣政治人物，臺南出生，曾擔任高雄市議員、副議長、議長。1957 年至 1960 年間擔任高雄市市長，為高雄政治派系「臺南派」領導人物之一。
2　鄒鵬奇，號東賓、百仁，湖南邵陽人。1953 年 9 月任國防部戰略計劃研究委員會委員。1955 年 3 月任金門防衛司令部增設副司令，7 月調任第二軍團副司令。1961 年 1 月調任第一軍團副司令。
3　羅恕人，湖南益陽人。1957 年 3 月，調任第二軍團副司令兼政治部主任、高雄區戒嚴司令。後任金門防衛司令部副司令。1962 年 11 月調任陸軍總司令部作戰研究督察委員會主任委員。

十二月十一日　星期四　氣候：晴

雪恥：一、國人對事缺乏熱情篤愛、精研深思、感奮與愛國犧牲之精神，最為民族前途憂也。消極與淡漠實為復興之敵。二、梁[1] 調副參謀總長或國防部副部長？三、屬生調駐日大使，唐縱[2] 或守謙調黨秘長。四、人事制度之積極任務，平時實際考（察）驗及負責推荐最適當之任務，並應依照考察人事九項原則實施，對其直屬上級人事處督導負責，並重視其考驗之意見。

朝課後續研福煦戰爭論，至第十章近代之會戰止，記事，清理積案。午課後召見王多年[3] 等各軍師長十餘員，晚觀影劇，晚課。緯國來見，談軍官團教育與團結作用。

（本夜服安眠藥）

十二月十二日　星期五　氣候：晴

雪恥：一、儲備班人選之保荐。二、第一兵團與國防部保荐人數，每師三人至六人，每單位廳署各一人為限。三、實踐學員以各軍師參長與副師長為優先。

朝課後續閱福煦戰爭論至各兵種之任務止，記事，批閱。午課後召見高雄市議長[4] 與市黨部主任委員[5]，晡帶武孫視察大埤湖招待所，尚未完成。入浴後晚課畢，晚膳後再帶武、勇車遊左營消遣，以養目也。九時就寢。

1　梁即梁序昭。
2　唐縱，字乃建，湖南酃縣人。1957 年 8 月，調任臺灣省政府秘書長。1959 年 5 月，出任中國國民黨中央委員會秘書長。
3　王多年，安東鳳城人。1957 年 1 月任金門防衛司令部副司令兼第八軍軍長。1960 年任第二軍團司令。
4　黃載德，臺灣高雄人。曾任高雄市議員、載德醫院院長、萬億輪船行董事長，1958 年 2 月就任第四屆高雄市議會議長。
5　嚴澤元，號不嚴，四川慶符人。曾任福建省田賦糧食管理處處長、福建省保安副司令、國防部人員司司長、高級參謀，時任中國國民黨高雄市黨部主任委員。

十二月十三日　星期六　氣候：上陰（高雄）　下雨（臺北）

雪恥：一、毛匪辭職之決議案消息得到後並不懷疑，但未料及其如此之快耳。昔以為其今後行動與出處，只有硬幹其到死為止，不易放手，否則一經脫手，其危險甚於死亡也。今乃忽然提出辭職，而其全會雖有專作黨的中央主席，其末尾「也有可能使他騰出更多時間，來研究馬列主義」一語，是其偽中央主席亦必決心解除矣，可知其黨內之內訌與矛盾，乃至其不能維持之程度矣，應繼續研究其繼任之人選為誰乎。

朝課後續閱戰爭論，記事，批閱。召見曾祥廷[1]、張儒和[2]。午膳後由高雄出發，到屏東大武營巡視空降團，點名訓話畢，起飛到臺北。經兒來迎，報告共匪毛酋決辭消息。晡入浴，晚觀影劇，晚課。

上星期反省錄

一、周末回臺北，經兒來接，即在車上報告破獲重慶航站通電，其偽中央全會同意毛酋不再提名為偽府主席，並將不作其偽黨中央主席之可能消息，此乃共匪存亡生死之關鍵也。應將此案作如何宣傳之要領示之，以擴大中外之視聽，增加共匪內部之危機也。

二、本周工作之要點：甲、特種空降部隊準備要領之指示。乙、續研福煦戰爭論，頗有心得。

三、召見高雄附近各軍師長及軍校主官，對其工作與所屬之優員研討，不嫌其詳也。

四、審問俘虜之要領特加詳批，或有補益也。

1　曾祥廷，字濟中，福建平和人。1955 年 3 月任第七軍副軍長，1956 年 4 月調任第九軍副軍長，1957 年 6 月調任第十軍副軍長，後調國防大學學員，再任第八軍副軍長。

2　張儒和，號如禾，江蘇銅山人。1957 年 6 月，調任第九十二師副師長，10 月調任第八軍參謀長。1959 年 8 月，調任國防部入學高級參謀。1960 年 1 月，調任第四十六師副師長，3 月派任總統府第二局高級參謀兼第二科科長。

十二月十四日　星期日　氣候：雨

雪恥：一、王總長等升級命令。二、訓練第一與精專第一的口號。三、三角形攻擊戰鬥群為各軍校必研課程。四、惟精惟一、惟誠惟實、惟專惟熟為教育方針。五、檢討文告為之實施。

朝課後記事，接以朱德繼毛酋為主席之情報，果不出所料，以劉、周[1]二匪各不相下也。召見柏亭與宗敢[2]後，禮拜畢，帶兩孫車遊。午課後見少谷與宗南。晚聽唱片武家坡消遣，亦有益也。晚課，就寢甚安。

十二月十五日　星期一　氣候：陰

雪恥：毛酋決定辭脫偽府原因何在：甲、俄共反對毛酋言行，不支持其金門軍事計畫及不滿其公社制度，超越俄共理論與違反其政策也。乙、黨內因俄共反毛而引起矛盾與對毛減低信仰。丙、人民公社制度無法繼續實施，不能再用暴力強制人民服從。丁、金門砲戰失敗，實為以上三因所發生之基因也。

朝課後審研戰爭原則之研究報告，有益。十時主持國防大學第七期畢業典禮訓詞，會客，召見五員與留美參大特訓學員後，午宴。午課後到實踐聽講歐戰指導史略二小時，晚宴美基維德[3]等，及對史馬德等九將官授勳，晚課。

1　劉、周即劉少奇、周恩來。
2　皮宗敢，字君三，湖南長沙人。1956 年 1 月陸軍運輸學校校長，4 月調任陸軍指揮參謀學校校長。1959 年 9 月改任陸軍指揮參謀大學校長，12 月調任三軍聯合參謀大學校長。
3　紀維德（Frederick N. Kivette），又譯開維爾、基維德，美國海軍將領，曾任第七艦隊第七十二特遣隊司令，1958 年 9 月至 1960 年 3 月任第七艦隊司令。

十二月十六日　星期二　氣候：晴

雪恥：一、特種部隊的要務：甲、奪取匪械分給人民。乙、奪取車輛。丙、保存汽油和焚燒。丁、奪取通信工具及其人員。戊、對人民帶走或留在原地及其方針與方法。

二、毛匪辭脫政治，而尚求生在或再起，實不可能。今日毛匪在人民公社現狀之下與共產哲學與習性之中只有兩條路：其一為希脫勒[1]之自焚或如「慕叔理嚴[2]」之被民眾所殺。其二為照現狀梗〔硬〕幹到底，待斃為止，此外別無他道。故毛匪僅辭脫其偽府主席，而仍保留其他權位實不可能，以共產哲學之下，決不能以普通常情推斷也。

朝課後記事，與寶林[3]牧師談話共餐。入府會客，主持宣傳會談。午課後聽講，晡入浴休息。晚帶武孫月下散步，車遊市區，晚課。

十二月十七日　星期三　氣候：晴

雪恥：一、反共革命需要暴力與流血，但對匪區人民必須竭力愛護，設法減少其再為共匪所殘害之道，處處為其留有餘地。而對於潛伏與脅制人民之匪幹從中反對我軍革命者，亦必予以特別檢舉與當場處治不貸。

朝課後記事，九時對軍事情報會議訓話後，主持中央反共抗俄總動員會報。午課後續聽講二小時回，入浴休息。膳後與經兒、武孫車遊山上一匝回，晚課。

1　希特勒（Adolf Hitler, 1889-1945），日記中有時記為希脫勒，德國納粹黨領袖。1933 年至 1945 年擔任德國總理，1934 年至 1945 年亦任元首。其於 1939 年 9 月發動波蘭戰役，導致第二次世界大戰歐洲戰場爆發，並為大屠殺的主要策劃者之一。

2　墨索里尼（Benito Mussolini, 1883-1945），又譯慕叔理嚴、墨索利宜，義大利總理，法西斯主義的創始人。

3　珀林（Daniel A. Poling），又譯寶林、包霖、波林、鮑林、包零、保令，基督教兒童福利基金會董事，《基督教先鋒報》總編輯。1950 年代起協助臺灣光音育幼院臺中育嬰院、大雅盲童育幼院、樂生療養院職業治療室等成立。

十二月十八日　星期四　氣候：晴

雪恥：一、反攻與空降部隊對民眾態度：甲、自由居住（家庭），耕種、工作、學術、賣買與行動皆予自由。乙、（防制）共匪滲透、搗亂、造謠、挑撥、離間、破壞。丙、切戒與匪往來、通信、窩藏、情報，知匪不報、被脅不敢揭露，連坐、連保，恢復保甲制度、家庭制度等約法，惟保甲長可以公舉三－五人，再由政工指定其正、副各一人。

朝課後記事，上午審核國防大學與實踐學社調訓人員名冊，完全被動不行，予以指示，手令應由國防部人事機構主動考選調派，不能由各級保荐充數，使人事訓練能上軌道，方能建立軍隊基礎也。對研究院臺建學員二百餘員點名、訓話。

十二月十九日　星期五　氣候：晴

雪恥：昨午課後續聽第二次世界大戰指導概史，至德俄戰爭一千九百四一年冬止，晚帶武孫車遊市區回，晚課。

一、對共匪的戰略應以毀滅其匪酋毛逆為主目標（第一步），而以消滅其共黨為副目標作為第二步驟，其戰術程序應先使匪黨分裂成為內訌，而後再加以各別圍剿，使之各個消滅為止，此乃今後鬥爭之綱領也。

朝課後批閱，入府會客，見譚紹華[1]等。主持情報會談，介民報告毛酋辭退之原因，全為俄共所貶斥之故，所舉列證頗確為慰。正午宴美空軍參謀長「懷特[2]」，感想甚佳。未午睡，惟午課如常，續聽二次大戰指導概史完，

1　譚紹華，廣東新會人。駐阿根廷大使（兼駐烏拉圭），1958 年 9 月 29 日任命，1959 年 2 月 7 日到任，2 月 25 日呈遞國書，1962 年 1 月 27 日離任。

2　懷特（Thomas Dresser White），又譯懷德、懷達，美國空軍將領，曾任空軍副參謀長，1957 年 7 月至 1961 年 6 月任空軍參謀長。

甚有益。晚聚集家人紀念先慈九十五誕辰會餐，觀影劇後晚課。

本日為先慈九十五歲誕辰。

十二月二十日　星期六　氣候：晴

雪恥：一、原則性訓詞之實習成性：甲、三角形攻擊戰鬥群。乙、消滅共產主義之基本法則等之考驗。二、科學化、組織化、制度化、群眾化。三、訓練第一、學術第一、研究第一、發展第一之習性，求專求熟、求精求一。四、人事九大原則之訓詞。五、組織原則之訓詞。五[1]、各機構工作成績之年終檢討及人事評判。六、前警政司長姓名與處分查明。

朝課後記事，入府會客，主持軍事會談，聽取金馬工事設計與經費報告。午課後聽白總教官[2]講用兵之原則二小時完，晚觀影劇後晚課。

上星期反省錄

一、本周對毛酋案之研判頗詳，認定其最大原因出於俄黑之主動，迫其不能不去職，而其近因實由其金門戰役失敗所致也。不僅其俄共報章批評毛酋人民公社，而且俄黑（黑裡雪夫）對美議員直認人民公社制為其落伍行動矣。

二、美第七艦隊「基維德」與空軍參謀總長「懷德（達）」先後來訪，對懷德氏感想特佳也。

三、全周每日下午到實踐學社聽講二小時，范健教官講述德國對第二次大戰

1　原文如此。

2　白即白鴻亮。

指導概史，得益頗多為樂。

四、對實踐學社與國防大學下期學員之人選甚切，以此次學社畢業者多不
合理想也。

十二月二十一日　星期日　氣候：晴

雪恥：一、美發表擎天神式人造衛星與地面收發通信及錄音廣播成功的
報告。

朝課後，審閱昨日講課要旨與白[1]著論戰略小冊。上午記事，帶武、勇二孫
散步，視察防空工程後禮拜如常。正午帶武、勇到大溪野餐，午課後巡視
洞口新築，猶如廟宇為嫌，甚不合意也，但仍予以指示改正。回途經鶯歌
山之腳板橋公路，此為第一次也，其區風景甚佳，交通亦便為快。晚車遊
回，晚課。

十二月二十二日　星期一　氣候：雨

雪恥：一、對光復大陸會講詞要旨：甲、設計應以大陸匪情動態為對象。乙、
光復大陸的目的：第一是人民，第二是土地。丙、人民生活自由（信義與仁
愛）為主要對象。丁、生活分為精神的與物質的二種並重。戊、精神生活
即倫理道德——四維八德。己、物質生活即食、衣、住、行、育、樂六種建設。
庚、三民主義就是要實現人民這二種生活自由與康樂福利。辛、大陸共匪的
人民公社就是三民主義對敵，就是要求人民病死與仇恨。壬、光復大陸的方

1　白即白鴻亮。

法先要挽救人心、轉移頹風、重整道德，由大陸人民秉持此主義與信心主動的發展反共革命，同時由臺灣發動反攻內外夾擊。癸、故大陸上主義反共發動革命為主，而以武力反攻為從，亦必先將大陸與臺灣的人心自覺與倫理道德的精神力量恢復的時候，而後光復大陸，消除共匪方有確實基礎。

十二月二十三日　星期二　氣候：晴

雪恥：一、共匪武漢全會同意毛匪不續任偽人民政府主席，並且可能解除其匪黨主席之職，此乃十年來一件重要案件，果不出我上月總反領錄中認其最大窘迫時期之臨頭也。如毛匪下野，對其匪黨內部與大陸社會雖不如其暴斃之影響，但亦將陷於半死之狀態，而人民對其痛憤之積恨，必將因之暴發，決不以其下野而即為恕諒寬容，亦可斷言。以其謊言欺凌害國害家之討天罪孽，決不允其逃避法網耳。

昨廿二日朝課後，續研福煦戰爭論完及附錄。上午主持研究院建臺研究會結業典禮，訓話二次，聚餐。午課後記事，召見實踐學員十九名回，入浴。晚帶經兒、武孫車遊淡水回，晚課。

十二月二十四日　星期三　氣候：晴

雪恥：昨（廿三）日朝課後記事，手擬講詞要旨。十時到中山堂光復大陸設計會大會致詞約一小時，先宣布反對修改憲法之提案以正中外之觀聽，因此提案皆以為要延長總統任期而作，或疑為由余默認之意也，其次再正式演講反攻復國之方針與計畫。蓋自十月廿四日中美聯合公報發表以後，一般反動政客多曲解為政府已放棄武力以動搖人心士氣，故不能有此聲明與糾正也。入府召見柯遠芬等六將領，午課後義宣回來，接妻函，召見實踐學員十九

名。晚車遊後聽片，晚課。

本（廿四）日朝課後記事。九時後入府，對黨政軍考績優秀人員二百餘人召見、訓示畢回，手擬空降特種隊計畫補充稿二小時半。午課後召見學員十九名，晚課。宴聖誕節宴，一如往年，並觀影劇後禮拜，十一時寢。

十二月二十五日　星期四　氣候：晴

雪恥：一、美軍學狀況判斷之方法如何。二、戰爭中利用人類弱點來研擬擊敗敵人之道，乃是計畫與準備中基本條件之一，並檢討自我消除此種弱點，不為敵人恐怖手段所制。三、去年菲德列與拿翁戰史及圖表檢呈。四、馬漢[1]戰略論等鈔本檢呈。

朝課後續閱戰爭論，入府各別召見派美留學將領十員，足有三小時之久，回補擬特種部隊計畫稿。午課後召見學員十七員，記事。晡觀影劇，入浴，車遊山上回，晚課。

十二月二十六日　星期五　氣候：晴

雪恥：一、學術與計畫皆須注重體系。二、陣地編成與戰鬥組織之重要。

朝課後記事，審閱陶擬元旦文稿，太弱須另擬。上午入府召見留學將領四員後，主持情報會談。午課後研閱福煦戰爭論附件，研究兵術之方法與態度一章完，最為重要，甚悔讀之晚也，此為軍事教育之要訣也。晡帶武、勇遊覽後公園，見梅花盛放，其香清幽可愛。晚車遊回，晚課。今日氣候最佳，夕陽特美也。

1　馬漢（Alfred T. Mahan, 1840-1914），美國軍事家，提出海權論，1911 年發表《海軍戰略論》。

十二月二十七日　星期六　氣候：陰　夜雨

雪恥：將領缺點：甲、組織。乙、研究（不中節）。丙、體系重點。丁、準備。戊、合作。己、澈底、真實、精熟。庚、警覺。辛、決心。壬、不知追求真理。癸、常識。

朝課後清查日記，預擬工作項目及指令對特種部隊作戰要領。上午入府召見退伍士兵代表四十餘人，訓話後召見留美學員四人，主持軍事會談。午課後記事，聽講蘇德戰史最後一次二小時完，晚宴實踐學社本期畢業紀念訓話，對將領常識不足引為憂慮，晚課。

上星期反省錄

一、廿三日對大陸光復設計會講演反對修改憲法之聲明，乃是對國家與個人前途之成敗關係的決定，亦是對反動派與共匪一個最大的打擊，彼等總以為修憲問題是今後政治上一個死結，予我以最難解決的問題，可乃藉此任以拷詐要脅或乘機謅奉圖功的良機。余此一聲明不僅是對黨國一個安定的基石，而且一年半以後如能卸去總統職責，反得以革命領袖地位自動的領導反共軍民進行反攻復國的工作，再不受美國之干涉與限制，回復我自由行動矣。此乃自去年春季以來不斷考慮所得之結果。如果明年再不能開始反攻，則後（四十九）年乃得到自然結果矣，吾復何求耶。

二、上周工作：甲、福煦戰爭論看完，自覺最有益。乙、聽講第二次大戰德國戰爭指導概史十四小時完，亦有心得且感想極大。丙、召見實踐學員與派美留學將領，共計八十餘員，頗費心力。丁、建臺研究會第一、第二期研究員聚餐訓話。戊、對特種部隊指示之補充，可謂不遺餘力，盡我心神矣。

本星期預定工作課目

1. 服裝補給欠缺。
2. 覆補兵餉遲誤三 — 六月。

十二月二十八日　星期日　氣候：雨

雪恥：一、元旦文告應強調金門一戰已擊中了共匪要穴，使之頭部失靈陷於癱瘓狀態。二、舉棋不定、徬徨無措的敗局，卒成為後悔莫及的死着。

朝課後記事，召見少谷與沈琪〔錡〕，談馬來代表接濟問題後，禮拜。午課前後記上周反省錄，約見星島與馬來代表予以慰勉。晡帶武、勇二孫車遊淡水道上。膳後車遊市區內，晚課。訓戒緯兒自立自強。

十二月二十九日　星期一　氣候：雨

雪恥：岳軍對於文告中所提政治綱領第一條，人民公社歸社員，以其人口多寡、勞力大小為公平分配之標準一節，認為太過具體，乃改為最後所發定稿。

朝課後未記事，即修改元旦文告稿，自八時至十八時，除午課半小時外，皆專心從事修改初稿，頗覺辛苦，因目疾未痊為慮。晡入浴休憩，膳後帶武孫散步，因雨乃乘車巡視中興橋與中華路，甚想拆除該路違章小築，以資整頓也。晚課。

十二月三十日　星期二　氣候：陰晴

雪恥：昨晚失眠，服藥後恍惚昏迷，仍未能酣睡，其狀似較往昔為劇。

朝課後續修第二次文告稿，至十三時方完。午課後記事，召見劉玉章司令後，帶武、勇二孫車遊山上一匝回，續修第三次文稿，約二小時完。膳後帶武孫巡視市區回，晚課，十時後寢。本日修稿時又昏暈一次，幾乎不識人事為慮。

十二月三十一日　星期三　氣候：晴

雪恥：本年四十七年又忽忽過去了，大陸上一片片愁雲慘霧，一陣陣血雨腥風，不知人民明年又將如何過去。國內的反動政客，自稱自由人士的，毫不以此為意，而以惟私是圖。國際上美、英所稱為民主國家，不顧他人浩劫，畏戰避難，犧牲友邦滿足自己，猶以人道主義為言，此可忍孰不可忍，明年能不自救救民乎。

朝課後重審文告，又加修正，至九時方畢，真使人苦煞矣。十時主持中央常會。午課後記事，召見柏亭，聽取實踐學社成績報告後，帶武、勇巡遊山上一匝回，文告貫〔灌〕片。晚經兒來聚餐，與武、勇二孫，祖父子孫共為四人團圝一桌，不覺寂寞。膳後車遊市區一匝，晚課，寢。

上月反省錄

一、毛酋被內外形勢所迫，本月中竟不得不宣告辭退其偽府主席之職，同時勢非卸去其匪黨中央主席不可，此為九年來最重要之關節。自我政府退出大陸至本年金門戰役擊敗共匪之日止，九年恥辱與奮鬥，至此乃有雪恥復國之一線光明矣，能不自勉乎。

二、兩月來金融外匯率統一等政策實施後，財政經濟情勢確有進步，行政院改組之效至此顯著，可慰，惟自我忍耐亦極。

三、美國對我大陸空投傳單與救濟品工作，兩月來不斷予我以莫大阻礙，及至本月下旬方默認我恢復工作，但其防制空降遊〔游〕擊人員之行動與日俱增，可痛可恥。而且其對我接濟印尼革命軍工作亦橫遭干涉，美國政策無異自掘墳墓，不勝憂惶。

四、兩月來修養心神或有進步，但腦暈時起，目疾未減，殊足憂慮。

五、本身工作足記者：甲、近來容忍與憤慨之情性相互發見，而且恩怨盤旋不易遺忘，此乃修養不足，所謂庸人自擾。何苦如此，應加戒勉。乙、反攻準備與空降部隊之策畫與督導，竭盡心力矣。丙、廿四生的榴彈砲十二門附充足之彈數，已於月中到達，而 B119〔C119〕型之空投機十六架，亦交給我空軍管。此二者乃為反攻武力之基礎，頗足記錄也。丁、在大陸光復設計會反對修憲之聲明後，只有少數反動政客胡適等表現其慶幸之色，以為其不久就可達成其反蔣目標，而且製造謠諑，稱我當時並不再競選總統之表示。此等無恥政客只有狂妄野心而無政治常識之所為，惟有一笑置之。但此一反對修憲之宣布，自信其不僅對於目前反共復國大有裨益，即於將來建國大業以及後世治國修身，亦發生其模楷作用乎。此實余革命歷史之大關節也。戊、聽講第二次世界大戰史十四小時，得益頗多。己、福煦戰爭論研讀完，最為有益。庚、國防大學與實踐學社本期皆如期畢業，並對實踐學員七十員、留美學員卅員皆單讀〔獨〕召見，對人事甚有補益。辛、元旦文稿最費心力，自信其國內影

響必大，而對共匪之打擊更為重大也。壬、兩月來對金門運補戰品達到三萬八千噸，對於防務加強最為重要。

六、家事：甲、孝章赴美留學。乙、夫人滯美尚未回國。丙、經兒事業在半年內殊有長足進步，但近年來時常縈懷不安者：子、中正路口之銅像徒招注目，無益而有損。丑、角畈山村中水泥路寬廣浪費。丙[1]、洞口建築本為防空之準備，忽而放大變形，殊不相稱，認為其近年來之工作最不合理。或許此三事皆非其所主持，但其必參予而不阻止，亦應有其責任耳。

七、兩月來國際重大事件：甲、日內瓦防止突襲與停試核子爆炸二會議至年終仍無結果，乃必然之事。乙、俄要求西方退出柏林，至年終三國覆文拒絕。丙、法國戴高樂當選為第五共和之總統。丁、伊拉克、敘利亞皆為俄共滲透，埃及納塞似已對俄深懷戒懼，且已逮捕埃共分子，但俄仍貸鉅款予埃承建水壩也。戊、蘇丹政變承認共匪，應加注意。己、俄貸款印尼一億美金，必欲與美競爭勢力範圍也。庚、星馬代表訪臺求援，我中信局在星島成立，而馬來之共匪偽中國銀行且已勒令停業，此為我本年外交差強人意之事耳，但亦耗款不少矣。辛、柬埔寨與越南、泰國皆交惡甚深，完全受共匪操縱矣，惟寮國外交已有進步，並將開設領館矣。

八、本月（十二月）自覺成就頗多，而以空降特種部隊之準備計畫指示完成為最大也。

九、俄黑裡雪夫廿六日致毛酋六十六歲祝壽電，稱：「我們對於中共政權和黨以及同志本人對社會主義陣營的團結，與各民族間和平所作特殊貢獻，甚為欽佩。」此一電文，表示其對毛酋無話可說，只有以此搪塞之情景表現無遺。其間所謂各民族間所作特殊貢獻，是否其指俄、匈在前年十月杪之戰爭，毛酋二次聲明干涉而言乎。總之此一電文在余觀之，

1　原文如此。

不啻為黑魔對毛魔送葬之言辭而已。

四十八年一月二十日與二十一日英、美兩國所報導，對黑、毛與俄、中共間之內容消息如屬真實，則以上之判斷更可證明其非誤矣。

蔣中正日記
Chiang Kai-shek Diaries

雜錄

蔣中正日記
Chiang Kai-shek Diaries

全年反省錄

本（四十七）年總反省錄

（一）自卅八年初至本（四十七）年終之十年間，含恥忍辱苦戰奮鬥之結果，即自余第三次下野之日起，至毛酋宣布其退職之時止，可說是我國民革命第三期任務中之第一階段（十年）因金門砲戰獲得全勝，而使毛酋不能不被迫倒臺之事實告一段落也。在此階段中（十年間）所預定對俄共整個之戰略：第一以臺灣為復興之基地，使之充實穩定。第二使敵人（俄共）轉移其對臺灣目標，而向韓、越與東南亞方向擴張。第三加強外島防務，鞏固臺、澎，控制臺海之制空權，始終保持不失。第四聯合與國特別為美國共同反共抵制共匪擴張。第五務使俄共與毛酋以及共匪內部之矛盾衝突。第六先取守勢擊敗來犯之敵，然後逐漸打破敵我政治、經濟、文化、社會、外交與軍事之平衡力量，以轉移優劣形勢。第七乘機單獨反攻大陸，或在美國支援之下實施反攻，此乃為不得已而必在有利之機會下行之。第八乃為聯合（韓、越）反共與國（美國在內）共同向共產鐵幕反攻，以達成我復國建國之使命，亦即完成國民革命第三期之任務也。自本年十月以來正在上述第六項計畫進程之中，明（四十八）年將進入於第七、第八項計畫開始行動矣。但今日反共準備已建立相當基礎與共匪必倒之現狀下，如無特殊有利之條件，不應冒此單獨反攻之大險耳，應加戒勉。

（二）心身修養與學術研究方面，似較往年有進無退，自覺忍耐力更為增強，自一月間監察院彈劾俞鴻鈞案之後，接續立法院激烈反對出版法

修正案,此皆以本黨黨員反抗本黨中央政策,為從來所未有之現象,黨紀與黨德之敗壞,為遷臺十年間最惡劣之一次。其間復有胡適之猙獰面目與荒謬言行從中煽惑,及其在中央研究院無理面斥,更為難堪,然皆能以容忍出之,最後仍得安定無恙。此乃上半年中所遭遇之無妄之侮辱,而竟能忍耐到底,渡過內部重重難關,不可謂非忍人之所不能忍之修養所得者也。特別在八、九月間金門砲戰之中,始終忍耐不用空軍轟炸還擊匪陣與交通線,順受美政府之無理強制,更覺修養之有進無已,時用自慰。此乃對於荒漠甘泉新譯本之編審與勝利生活之修正的自修工夫實與有力也。惟對家傭無能,不能稱意,往往以細微之事反生暴怒,而且急迫浮露之態時現,寬厚深沉之象未踐,足見修養尚多欠缺不到耳。至就學術研究而言,最有益的是為福煦戰爭論,此比約米尼戰爭論更為重要。其次在年終聽講德蘇戰史連續一星期之久,實有心得。而對「蘇俄軍事思想」之將領讀書心得之批評、編訂,以及教戰總則之手著與戰爭原則釋義之督編,皆為本年軍事著作之成就。此外為在政治、外交上之著作,如革命民主政黨與黨員重新登記之意義等四講,九月杪對記者之談話稿(並斥責杜勒斯談話)以及雙十節告書,自認為其理直氣壯,在對敵對友、對內對外、對軍對民之政治心理戰上發生重大效果。若與當時毛酋對其匪軍所下停戰手令,所謂「你們不知道將來為知道」之神昏顛倒者之文字相比,無論在軍事上、政治上、精神與文字上之修養,更可自測其一年中之進步,殊非尋常可比也。惟對人觀察不能精明,對事研究不能深入,尤其是聽言觀色不能靈敏,此在十月間與杜勒斯談話中,更可證明其短拙。特別對軍事與外交戰皆不能作無情之澈底打擊,總為對方保留其餘地,此一性情亦即余平生不能有完全成功,以致勝利而復失敗之最大病根所在也,能不自勉乎哉。

(三) 余年至今已足七十有一矣。孔子所謂「七十而從心所欲不踰矩」,自覺心神修養實較往昔為有進步。近年常以「不愧不怍,不憂不懼」自箴,亦能自檢實踐,昔者對於邪思妄念,必須強勉克制尚有所不能實

踐者，今年則已漸趨於自然，所謂非禮勿視、非禮勿動者亦已能之，此或為「從心所欲不踰矩」初步之境歟，勉乎哉。

本年總反省錄本有（一）美俄鬥爭。（二）黑裡雪夫與毛匪鬥爭。（三）共匪內容。（四）國際反共形勢與（五）自我黨政軍一般工作等之反省錄。徒以近來目疾日深，不能多記，只有在卷首大事表內絡續摘記，以補缺憾而已。（四十八年七月九日）

雜錄

一月廿一日。（一）勝敗的程序和定律：甲、最下生活者：失敗、失敗、失敗到底。乙、較高生活者：失敗、得勝、失敗，其經驗過程是崎嶇不平的。丙、高級生活者：得勝、失敗、得勝，卻沒有勝利、勝利、勝利，始終是勝利的道理，惟有進入靈性生活的生命最深處，快樂、忍耐、仁愛、信心、溫和、自治，乃得謂之最高的勝利生活。

五月七日。近日回顧在大陸失敗以前，對於重大軍事、政治與外交等問題，皆不能有健全之幕僚與顧問組織事前作切實檢討及精密之研究與計畫，此即獨裁武斷之所為，此後能不切戒乎。

五月八日。

（一）克氏戰爭原則：3. 集中兵力，預備隊主動。7. 追擊。5. 奇襲。1. 目標。2. 攻勢。4. 機動。6. 爭取輿論（即德國原則）。

（二）約米尼戰爭五原則：1. 集中。2. 預備隊。3.（機）動。4. 追擊。5. 奇襲。6. 攻勢。

（三）福煦四原則：1. 節約兵力。2. 自由行動。3. 兵力自由處置。4. 安全。

（四）法國原則：1. 目標。2. 安全。3. 集中。4. 攻擊。5. 機動。6. 奇襲。歸納拿翁箴言。

（五）俄共所謂「實力基礎」的內容：1. 力量。2. 機會。3. 趨勢。

　　　此即孟子雖有磁基不如待時，雖有智慧不如乘勢之意也。

（六）俄的運動與主動原理：1. 機動。2. 彈性。3. 速度。

（七）俄之所謂人獸兩面主義，人以合法言，獸以暴力言。

（八）艾爾法斯奇襲原則。

（九）李布偏重防禦。

六、二日。作戰攻擊準備與命令必須包括欺敵計畫一項。

六、五日。用兵在藝術，作業在科學（中正）。思想或死亡（美空軍語）。

七、十九日。積極統御不待上官督示，與權責下授至班長的方法。全體官兵每人皆有發現缺點與立即糾正之責任。

七、二十日。統帥部對於作戰計畫督導之步驟：1. 決定目標，擬定具體作戰計畫，研究全部軍事力量之領導方法。2. 準備作戰條件，人力、物力與財力如何獲得及其使用。3. 實施作戰，實際支配各種軍事活動之法則。

七、二九日。戰略作業之程序：第一意念，第二概念，第三構想。要項而以情報與研判的中心為作業基礎。

七月廿七日。約米尼戰略要領：
一、利用兩個作戰基地所能給予我方的最大利益（以我方基地與敵方戰略正面垂直最為有利）。
二、選擇「戰略陣地」的三地區（左、右、中）中之一個為「主戰場」（使敵方可以受到最大損害，而我方只冒着最小的危險）。
三、佔有良好的基地，並使「作戰線」具有良好的方向，把「作戰線」的方向指向戰略正面的兩端或直指戰略正面的中心（應看軍隊所佔的相對位置而來決定其取捨）。
四、「臨時機動線」其方向應使我軍能集中較大兵力，而又能阻止敵軍集中兵力或是各部分互相援助。
五、根據同樣的「戰略運動」原則集中力量，一切的戰略位置和各支隊兵力都要以掩護戰場上最重要的戰略點為目的。
六、部隊應保有最大的機動性和活力，使其能連續的使用在不同的重點上，

並用優勢兵力企圖把敵軍各個擊破。迅速而連續的行軍，可以增加我軍的力量，同時亦可抵消敵軍的力量，但其行軍方向若能指向作戰地區中的決定戰略點則功效更大，迅速而連續的運動，其主力而且能保持其正確方向，那對獲勝和確保戰果就都可具有更大的把握。

積極（正面）要則六項：

李德哈達戰略和戰術要則：

一、調整目標以來配合手段，在決定目標時必須具有清楚的眼光和冷靜的計算（頭腦）。軍事智慧的開端，即為一切思想以具有其可能性為其限度，所以應該學會一方面面臨事實，而另一方面還要保持着信念，因為信念可以使你達到表面上似乎不可能的目標。

二、心中永遠記着你所預定的目標。當你計畫來適應環境時，心中應求記着你的目標，應該認識有許多途徑（指間接路線？）都可以達到同一目標。在考慮任何可能性目標時必須要注意到他是有實際達到的可能性，但切忌會鑽到牛角尖裡去。

三、選擇一條期待性最少的路線。你要站在敵人的位置上來加以考慮，想出那一條路是他們所最不注意的。

四、擴張一條抵抗的最弱的路線。只要這條路線所通到的終點，對於達到你的最後目標是有所貢獻的，在戰術方面當你使用預備隊時就可用這一條公理，在戰略方面，當你擴張任何戰術性成功時，也可應用這一條公理。

五、採取一條可以具有幾個目標的作戰線。因為這樣可使敵人陷於左右為難的窘境，你至少有獲得他防禦力較差的那一個目標的機會，甚至可以連續達到兩個目標，具有交換的幾個目標，使你至少可有達到一個目標的機會。把作戰線和目標混為一談，是一個極普通的錯誤，保持一條單純的作戰線，乃是最聰明的辦法，而保持一個單純的目標卻通常為徒勞無功（此條公理主要的是用於戰略方面，但滲透戰術也同樣適用）。

六、計畫和佈署須具彈性以來適應環境。一切作戰計畫對於下一個步驟一定

要具有適當的準備，無論是成功是失敗，或一部分成功 ── 這是戰爭中最普通的現象，都要有預定的應付辦法。一切兵力部署一定要使你只化極短時間，即可適應一切環境的變化。

消極（反面）要則二項：

七、當敵人有備時，決不可把你兵力的重量投擲在一個打擊之中，這時敵人居於有利位置，他若不是可以擊退你的力量，就是可以避開你的攻擊。除非敵人處於極端劣勢，否則若不先將他們的抵抗力或閃避力加以癱瘓化，那麼你的打擊決不會有效。要使敵人發生癱瘓現象，在物理方面要使他組織渙散，在心理方面要使他士氣瓦解。

八、當一次嘗試失敗之後，不可沿着同一路線或採取同一方式再來發動攻勢。

基本原理三項：

甲、顛覆（指奇襲與癱瘓）。

乙、擴張。前者（甲）係指實際打擊以前，後者（乙）則指實際打擊以後。至於實際打擊的本身，反而是一個比較簡單的行動，如果不能先行造成一個顛覆的機會，或不能乘敵人尚未恢復以前即行擴張第二機會，則所加於敵人的打擊效力，不會具有決定性的效力。

丙、逼迫敵人造成（犯）錯誤：（子）欺敵。（丑）誘敵。一般訓練過分重視正規戰術和技術，遂令忽視了心理上的因素，其着眼點皆在正戰而非奇兵（奇襲），因此他只注意到自己不犯任何錯誤，而忘記了必須設法使敵人違犯錯誤。（其結果）往往會使戰爭毫無結果，因為在戰爭中常常只有迫使敵人違犯其錯誤，才可使戰局發生決定性的變化。

凡是有為的指揮官總是避開敵我所共知的明顯情況，而在不可預測的演變中，去把握其決定性的機會。戰爭與運氣（僥倖）是不能分離的，所以不可預測的發展，乃是獲得成功的最好機會。

決定作戰計畫之因素：

一、作戰目的為無形而不可目視的。二、作戰目標為有形而可目視的。三、有時此二者在實質上可能是一致者甚多。

作戰目的： 一、作戰目的與戰爭目的及戰役目的有相聯關係。二、作戰目的因戰略構想不同而有差異：甲、依殲滅戰略而決定決勝作戰。乙、依消耗戰略而決定持久作戰。三、決勝作戰時之目的為殲滅敵野戰軍。四、持久作戰時之目的為獲得時間之餘裕，對敵軍精神之打擊及對敵軍一部之擊滅等。

作戰目標： 一、因敵有自由意志，故作戰目標之選擇故不能經常選擇其固定之作戰目標。二、作戰目標要求之程度上因目的而有差異，但須作戰手段配合。三、作戰目標之區分：甲、在型態上可分為固定目標與機動目標。乙、在主從上可分為主目標與副目標。

目標點之意義： 一、以敵軍主力為目標。二、機動目標點要看敵軍位置來決定。三、地理（固定）目標點 — 要塞、河流、作戰正面、某一防線、敵人基地或敵軍側翼或交通線。四、政治性目標必須配合戰略或受戰略之支配。

姓名錄

優　　　　周中峯
仝　　　　曹　敏[1]　政幹校組長
仝　　　　阮紹霖[2]　三廳副　海軍　（目差）

　　　　　車慶德　王廣法[3]　九軍參長（察省）砲
候補師長　韓　斌　四十六師副　汪敬煦[4]（杭）二軍團處長　工科
　　　　　陳其鋏[5]　校十（林森）　高　任[6]　預訓部處長

　　　　　李慎端[7]　預訓部副參　吳嘉葉[8]（參校教）　鄒　凱[9]　金防部砲

1　曹敏，字慎之，安徽太平人。1956 年 2 月，任國防部政工幹部學校主任教官，翻譯黑格爾哲學，研究易經，對中西哲學有所心得。著有《匪黨政策之研究》、《俄國思想史：兼論破蘇聯思想之道》。

2　阮紹霖，號一冊，廣東中山人。1956 年 5 月任國防部第三廳副廳長，1959 年 2 月調任國防部動員局副局長。

3　王廣法，字立言，察哈爾陽原人。1956 年 6 月升任第九軍參謀長。1958 年 10 月調任國防部作戰次長室助理次長。1959 年 10 月國防部人事次長室助理次長。

4　汪敬煦，浙江杭縣人。時任第二軍團第三處助理參謀長兼處長。1958 年 11 月，調任第八十一師師長。

5　陳其鋏，字山松，福建閩侯人。1955 年 8 月任預備第三師副師長，後調任預備第一師師長。

6　高任，號庭惠，山東嶧縣人。時任陸軍預備部隊訓練司令部訓練處處長。後任第三十二師師長。1963 年 8 月因行為失檢離職。

7　李慎端，湖南湘潭人。1956 年 4 月，調任國防部第三署副署長。1957 年 2 月，調任陸軍預備部隊訓練司令部副參謀長。1961 年 5 月調任預備第六師師長。

8　吳嘉葉，號其蓁，浙江浦江人。1952 年至 1955 年 7 月，任總統府第二局參謀。1958 年 6 月，調任預備第六師師長。1959 年 3 月，調任第十師師長。

9　鄒凱，號豈凡，安東鳳城人。時任金門防衛司令部砲兵指揮官。1959 年 11 月調任第四十九師師長。

常持綉〔琇〕[1]　10C 參　汪克剛[2]　汪起敬[3]　九二師副

胡旭光　俞伯音[4]　黃旭〔煜〕軒[5]

傅伊仁　羅　列　鄭學樑〔燧〕　周祖達[6]　何　俊

謝光樹[7]　工兵學校　金門參長與柯遠芬　劉明夏〔奎〕

美特訓班　洪士奇[8]　張載宇[9]　陳聲簧[10]　派美學

實踐社六期優

朱秉一[11]　苟雲森[12]　楊敬斌[13]　徐克林[14]

1　常持琇，山東堂邑人。1957 年 8 月調任第十軍參謀長，1958 年 4 月調任第八軍參謀長，1959 年 3 月調任第六十九師師長。

2　汪克剛，湖南慈利人。時任第十師副師長，1960 年 3 月接任陸軍反共救國軍指揮部第一總隊總隊長。

3　汪起敬，字性謙，江西樂平人。時任第九十二師副師長。

4　俞伯音，號正善，浙江桐廬人。原任第六十九師師長。1957 年 6 月調任陸軍傘兵總隊總隊長。

5　黃煜軒，號恩威，廣西蒼梧人。1957 年 9 月任第九師師長，1959 年 2 月調任第二十七師師長。

6　周祖達，四川銅樑人。原任空軍總司令部第四署副署長，1957 年 4 月出任國防部第四廳廳長。

7　謝光樹，時任工兵學校副校長。

8　洪士奇，號壯吾，湖南寧鄉人。歷任高雄要塞司令兼高雄港口司令，1955 年 7 月陸軍供應司令部兵工署署長，1959 年 8 月稱任陸軍供應司令部副司令。

9　張載宇，原名道煮，安徽合肥人。1956 年 6 月，調任陸軍供應司令部參謀長。1958 年 8 月，調任陸軍供應司令部運輸署署長。

10　陳聲簧，號祖堯，湖南寧鄉人。1955 年 7 月任陸軍供應司令部運輸署署長，1958 年 8 月升任陸軍供應司令部副司令。1962 年 11 月轉任臺灣省政府交通處處長。

11　朱秉一，河北鹽城人。時任國防部高級參謀、三軍大學兵學研究所總教官。

12　苟雲森，字運生，四川成都人。歷任第九十六師第八十一團團長、第二十六師副師長，陸軍總部警衛團副團長，三軍大學石牌聯戰班教官。時任國防部高級參謀。1963 年 3 月任陸軍訓練作戰發展司令部副司令。

13　楊敬斌，湖南岳陽人。1955 年升任金門防衛司令部副參謀長。1958 年 1 月，派任第一軍團第三處處長。1959 年 9 月，調任實踐學社教官。1962 年 1 月，調任第二十六師師長。

14　徐克林，山東濰縣人。時任國防部高級參謀，1959 年 3 月任國防部作戰參謀次長室作戰室主任。

鄒　堅[1]（海）

守大擔將領

　　陸志家　四五歲　武漢分校　富陽　九師副

　　劉嶽陶[2]　營長

　　宋國棟[3]　副營長（守北山）　張昭德[4]　副營長

　　叢保志　少校　第一連連長

實踐候學

　　陸志家

　　廖發祥[5]　八十四師　汪克剛　十師副　何竹本[6]　鄒　凱

　　蔡人昌[7]　張定國[8]　三軍副　張儒和　八軍參長

候補師長

　　江學海[9]

　　陳德煌[10]

1　鄒堅，字統亞，又名統球，福建建甌人。歷任各級艦副長、艦長，1954 年 5 月赴美接艦，
　　1957 年調任海軍訓練司令部參謀。時任國防部高級參謀。
2　劉嶽陶，時任砲兵第六○七營營長。
3　宋國棟，山東青島人，時任第九師第二十五團第一營副營長，守大擔北山。
4　張昭德，山東人。時任砲兵第六○七營副營長。
5　廖發祥，號實之，四川三台人。1955 年 8 月調任第八十四師副師長兼馬祖守備區副指
　　揮官，後升任第八十四師師長兼馬祖守備區指揮官。1957 年 5 月免兼馬祖守備區指揮官。
6　何竹本，湖南醴陵人。1954 年 10 月調任第九軍增設副軍長。1958 年 3 月調任第八軍
　　副軍長。
7　蔡人昌，湖南攸縣人。歷任第六軍參謀長、第十軍參謀長、第四軍第二十三師副師長、
　　國防部總政治部第三組組長、第五十七師師長。
8　張定國，山西五臺人。時任第三軍增設副軍長。
9　江學海，字勉之，江西上高人。1955 年 3 月，任第八十四師副師長，7 月調任預備第
　　五師師長。1961 年 9 月，調任陸軍第一士官學校校長。
10　陳德煌，號國屏，湖北漢川人。1957 年 2 月任第五十七師師長，後升任第二軍副軍長。
　　1962 年 12 月調任陸軍步兵學校校長。

李慎端

候補軍長

　　　馬安瀾

　　　雷開瑄 [1]

　　　馬滌心 [2]

　　　唐希順 [3]　潮陽　卅八才　永勝艦長

作為　邱華谷 [4]　鎮海　卅二才　中啟艦長

計畫　龔　愚 [5]　池孟彬 [6]　葉夷冲 [7]　翟文炳 [8]

海　　郭〔葛〕敦華 [9]　卅七歲　林森　　美海參大　英潛艇

　　　曾祥廷　平和　校八　　陸大十六

　　　張儒和　徐州　校十二　陸大廿二

1　雷開瑄，四川閬中人。1954 年 7 月，調任第九十三師師長。1958 年 6 月，調任第八軍增設副軍長，次年升任副軍長。

2　馬滌心，安徽盱眙人。1951 年任第三三九師師長。1952 年該師改編為第六十八師，任師長。1958 年任金門防衛司令部代理參謀長，後任灘頭指揮部指揮官。

3　唐希順，廣東潮陽人。1957 年 2 月任美宏艦艦長，時任永勝艦艦長。

4　邱華谷，浙江鎮海人。1957 年 1 月任沅江艦艦長，時任中啟艦艦長。

5　龔愚，字樂愚，貴州婺川人。1955 年 12 月，任國防部第五廳廳長。1959 年 12 月，調任三軍聯合參謀大學教育長。

6　池孟彬，字敬超，福建林森人。原任國防部第一廳副廳長兼海軍總司令部人事署署長，1957 年 1 月專任海軍總司令部人事署署長。1958 年 12 月，調任駐美海軍武官處武官。

7　葉夷冲，浙江杭縣人。1957 年 5 月，任國防部第五廳副廳長，兼中央計畫作業室編訓組組長。1959 年任參謀總部計劃參謀次長室助理次長。

8　翟文炳，號甫易，河北博野人。1956 年 5 月調任第二軍參謀長，1959 年調任第八十四師師長。

9　葛敦華，福建閩侯人。第二次世界大戰時曾於英國海軍搜索者號（HMS Searcher）護航航空母艦上受訓。回國後歷任各級艦長，時任率真艦（高安艦改名）艦長。

藍其鑄[1]　26D　77i 長　湘西

何世統[2]　馮　龍[3]

馬華　李效〔孝〕式[4]　翁玉〔毓〕麟[5]　朱運興[6]

不行　黃　冑[7]　69D 砲指副　能力差

　　　韓其澤　降傘團副　口結舌

　　　楊清鏡[8]　預六師團長　工科　可用　教育

1　藍其鑄，號立羣，湖南大庸人。1955 年 12 月任第二十六師第七十七團團長，後任第二十六師參謀長。1963 年 2 月調任第三師副師長。

2　何世統，號讓伯，貴州安龍人。原任第二軍軍長，1955 年 2 月調任國防大學校學員，時任陸軍預備部隊訓練司令部副司令，1959 年 1 月離任。後任革命實踐研究院實踐學社副主任兼教育長。

3　馮龍，字六龍，湖北黃陂人。曾任第五十七軍軍長。1949 年底被俘，後逃出。1951 年 9 月化名李奇英，擔任江浙反共救國軍參謀長，1952 年 8 月任披山地區司令兼玉環縣縣長。後任實踐學社主任教官。

4　李孝式，馬來亞華裔政治家和商人，時任馬來亞聯合邦財政部部長。馬華公會和馬來西亞聯盟（即國民陣線前身）創始人之一，《中國報》創辦人暨董事長。

5　翁毓麟，馬來亞華人。1955 年任馬來亞聯合邦第一次拉曼內閣之郵電部部長，1957 年內閣改組，任馬來亞聯合邦勞工暨社會福利部部長。

6　朱運興，馬來亞華人。曾任馬來亞聯合邦第一次拉曼內閣之教育部副部長，時任馬華公會秘書長。

7　黃冑，號鐵笙，安徽懷寧人。時任第六十九師砲兵副指揮官。

8　楊清鏡，江西九江人。1956 年 2 月任預備第六師第十六團團長，3 月考選進入美國陸軍指揮參謀大學正規班第四十六年班，後任國防部計畫參謀次長室第二處處長、金門防衛司令部第二處處長、第五十八師副師長、陸軍總司令部情報署副署長。

臺藉〔籍〕　林伯〔柏〕壽[1]　辜振甫[2]　林挺生[3]　劉兼善[4]　辜振甫[5]
　　　　　黃載德　汪雨辰[6]（高雄市議會長）

讀得　　譚南光　開平　聯總副參　洛校　聖約翰大學
　　　　鄭　昆　江西　陸總政副　校十
　　　　謝光樹　工兵副校長　段昌義

1　林柏壽，字季丞，板橋林家林維源之子，實業家。1954 年，聯合臺灣各大家族接手民
　　營化的臺灣水泥公司，出任董事長。
2　辜振甫，字公亮，鹿港辜家辜顯榮之子，實業家。1947 年，涉入「謀議臺灣獨立案」，
　　遭逮捕及判刑，最終以保外就醫名義釋放。1952 年返臺，經黃少谷推薦，擔任經濟部
　　顧問。1954 年，臺灣水泥公司民營化，擔任常務董事兼協理，1959 年 3 月升任總經理，
　　推動增產擴建計畫。
3　林挺生，大同公司創辦人林尚志之子，實業家。該公司在林挺生領導下，從日治時期
　　的製鋼機械領域跨足到 1949 年後的家電業及重電機業，建立國貨品牌形象。1956 年
　　創設「大同工業專科學校」（今大同大學），任校長。1957 年出任中國青年反共救國
　　團臺北市團委會主任委員。
4　劉兼善，字達麟，臺灣高雄人，生於屏東。戰後自中國大陸返臺，當選第一屆臺灣省
　　參議員，並出任臺灣大學訓導長（1946 年 11 月至 1947 年 2 月）。1949 年中央政府遷
　　臺後，任臺灣省政府委員、臺灣銀行董事、中國國民黨臺灣省黨部委員、考試院考試
　　委員等職。
5　原文如此。
6　汪震，字雨辰，以字行，浙江杭縣人。曾任西安市政府秘書長、海軍總司令部政治部
　　副主任。1958 年 2 月就任第四屆高雄市議會副議長。

國民代表總人數之中（1525）

現在國代人數（■）

四 四　　（報到）

八 七　　（1539

· ·　　1529）　尚餘 14 名

三 五

月 月

選舉總統之額定代表

人數為（1525）

原居海外上次會未出席之代表（55 人）＋（1539）

共計（1589）人

蔣中正日記
Chiang Kai-shek Diaries

索引

蔣中正日記
Chiang Kai-shek Diaries

索引

蔣中正日記 (1958)
Chiang Kai-shek Diaries, 1958

著　　　者：蔣中正
授權出版：國史館館長 陳儀深
統籌策劃：源流成文化
總 編 輯：呂芳上 源流成
責任編輯：高純淑 張傳欣 蔣緒慧
封面設計：溫心忻 源流成
排　　版：蔣緒慧

出 版 者：民國歷史文化學社 有限公司
　　　　　臺北市大安區羅斯福路三段 37 號 7 樓之 1
　　　　　TEL：+886-2-2369-6912

國史館
Academia Historica
臺北市中正區長沙街一段 2 號
TEL：+886-2-2316-1000

贊助出版：蔣經國國際學術交流基金會
Chiang Ching-kuo Foundation for International Scholarly Exchange

世界大同 文創股份有限公司
AGCMT CREATION CORP.

總 發 行：源流成文化股份有限公司
　　　　　臺北市大安區羅斯福路三段 37 號 7 樓之 1
　　　　　TEL：+886-2-2369-6912
　　　　　FAX：+886-2-2369-6990

初版一刷：2024 年 4 月 5 日
定　　價：新臺幣 850 元

ＩＳＢＮ：978-626-7370-66-7（精裝）
　　　　　978-626-7370-69-8（1955-1960 套書）

Republic of China History and Culture Society
http://www.rchcs.com.tw

ISBN 978-626-7370-66-7

9 786267 370667

蔣中正日記 (1958) = Chiang Kai-shek diaries,
1958 / 蔣中正著 . -- 初版 . -- 臺北市 : 民國歷史
文化學社有限公司 , 國史館 , 2024.04
　　面；　公分
ISBN 978-626-7370-66-7(精裝)

1.CST: 蔣中正 2.CST: 傳記

005.32　　　　　　　　　　　113002451